今村力三郎　昭和 25 年頃

幸徳秋水。明治38年新聞紙条例で入獄し、7月に出獄する。
写真は出獄直後（7月28日）。

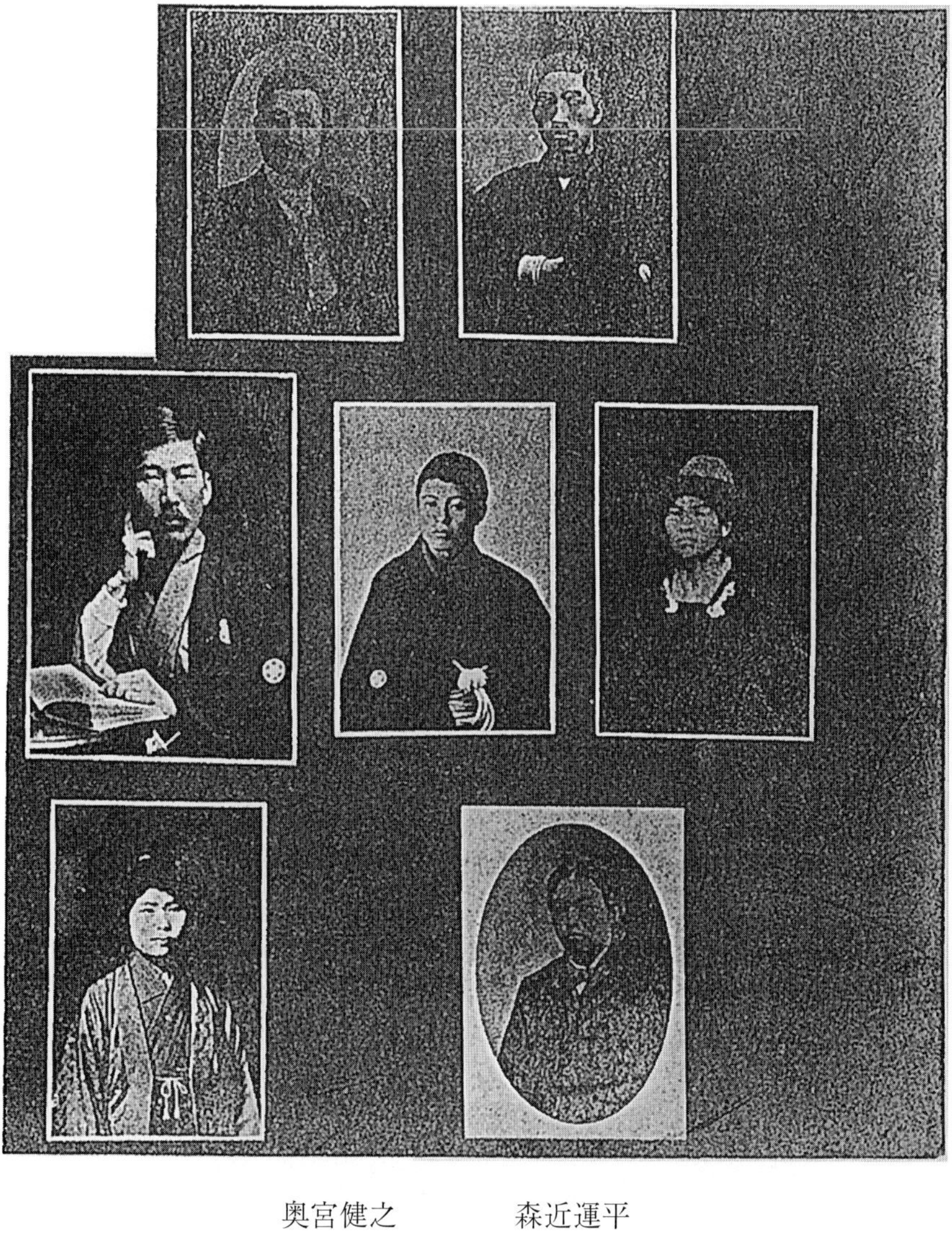

奥宮健之　　　　森近運平
幸徳秋水　　　成石平四郎　　　内山愚童
管野須賀　　　　　　　新見卯一郎

（上段）　新村忠雄　大石誠之助
（中段）　松尾卯一太　宮下太吉
（下段）　古河力作

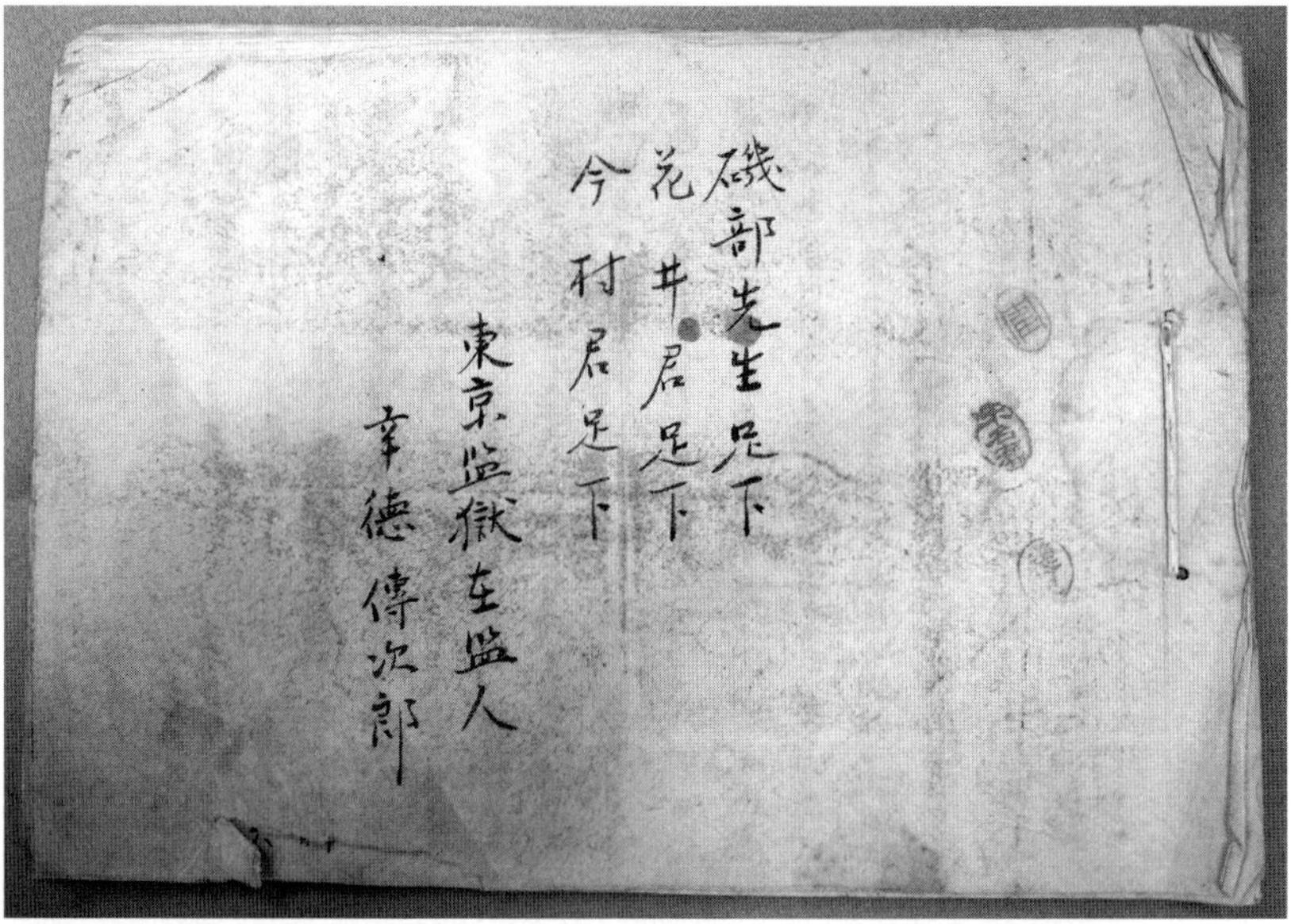

磯部先生足下
花井君足下
今村君足下
東京監獄在監人
幸徳傳次郎

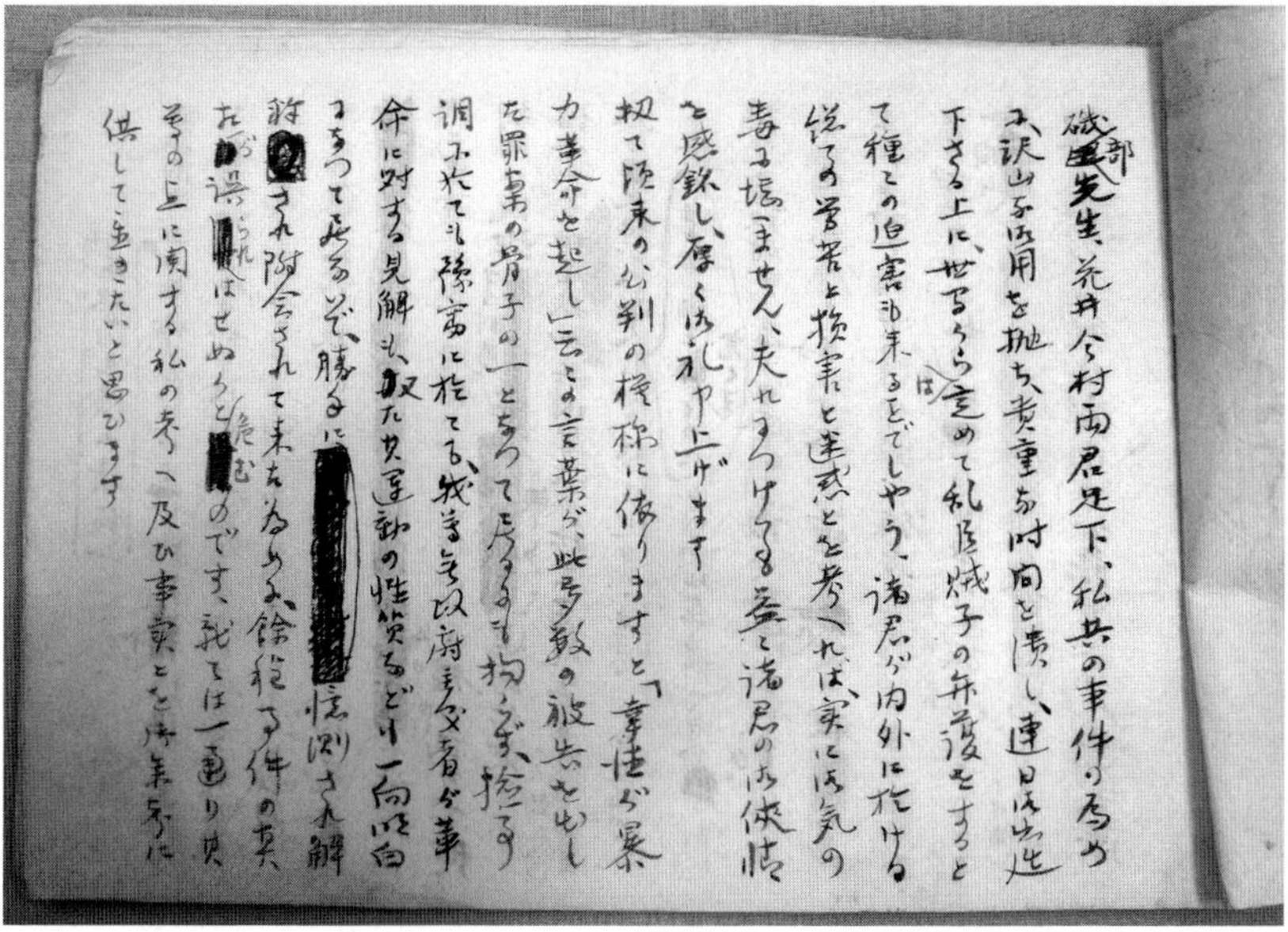

磯部先生、花井今村両君足下、私共の事件の為め
に沢山な御用を抛ち、貴重な時間を潰し、連日御出廷
下さる上に、世間からは定めて乱臣賊子の弁護をすると
て種々の迫害も来ることでしやう、諸君が内外に於ける
従来の名誉と損害と迷惑とを考へれば、実に御気の
毒に堪へません、夫れにつけても諸君の御侠情
を感銘し、厚く御礼申上げます
扨て頃来の公判の模様に依りますと「幸徳が暴
力革命を起し」云々の言葉が、此多数の被告を出し
た罪案の骨子の一となつて居るにも拘らず、検事の
調べに於ても予審に於ても、我等無政府主義者が革
命に対する見解も、[redacted]又た其運動の性質なども一向明白
になつて居ないで、勝手に[redacted]臆測され解
釈[redacted]され附会されて来た為めに、余程事件の真
相お[redacted]誤られ[redacted]はせぬかと危む[redacted]のです、就ては一通り其
等の点に関する私の考へ及び事実とを御参考に
供して置きたいと思ひます

幸徳秋水が獄中より三名の弁護人に宛てた意見書
明治 43 年 12 月 18 日

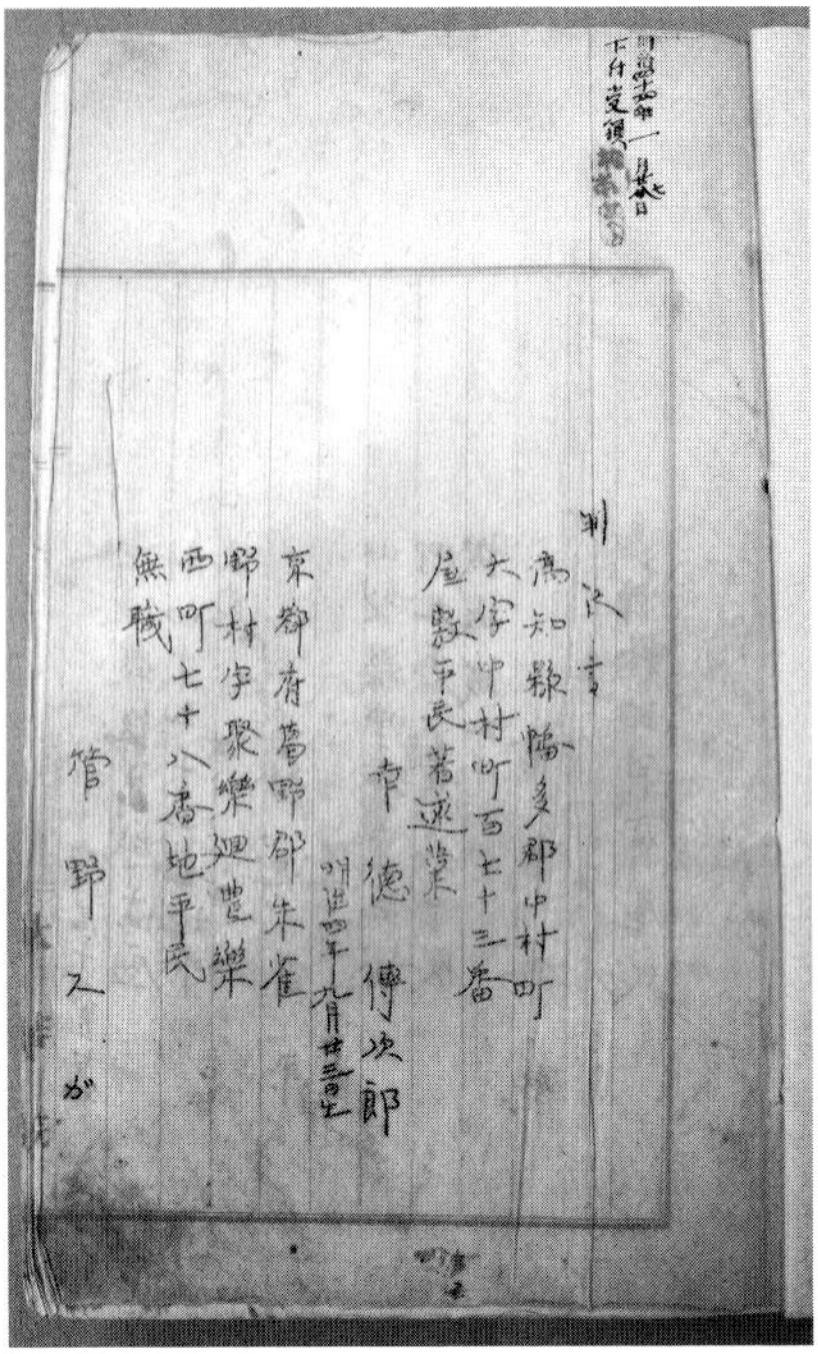

判決書

高知縣幡多郡中村町大字中村町百七十三番屋敷平民著述業
幸徳傳次郎
明治四年九月廿三日生

京都府葛野郡朱雀野村字聚楽廻豊楽西町七十八番地平民
無職
管野スが

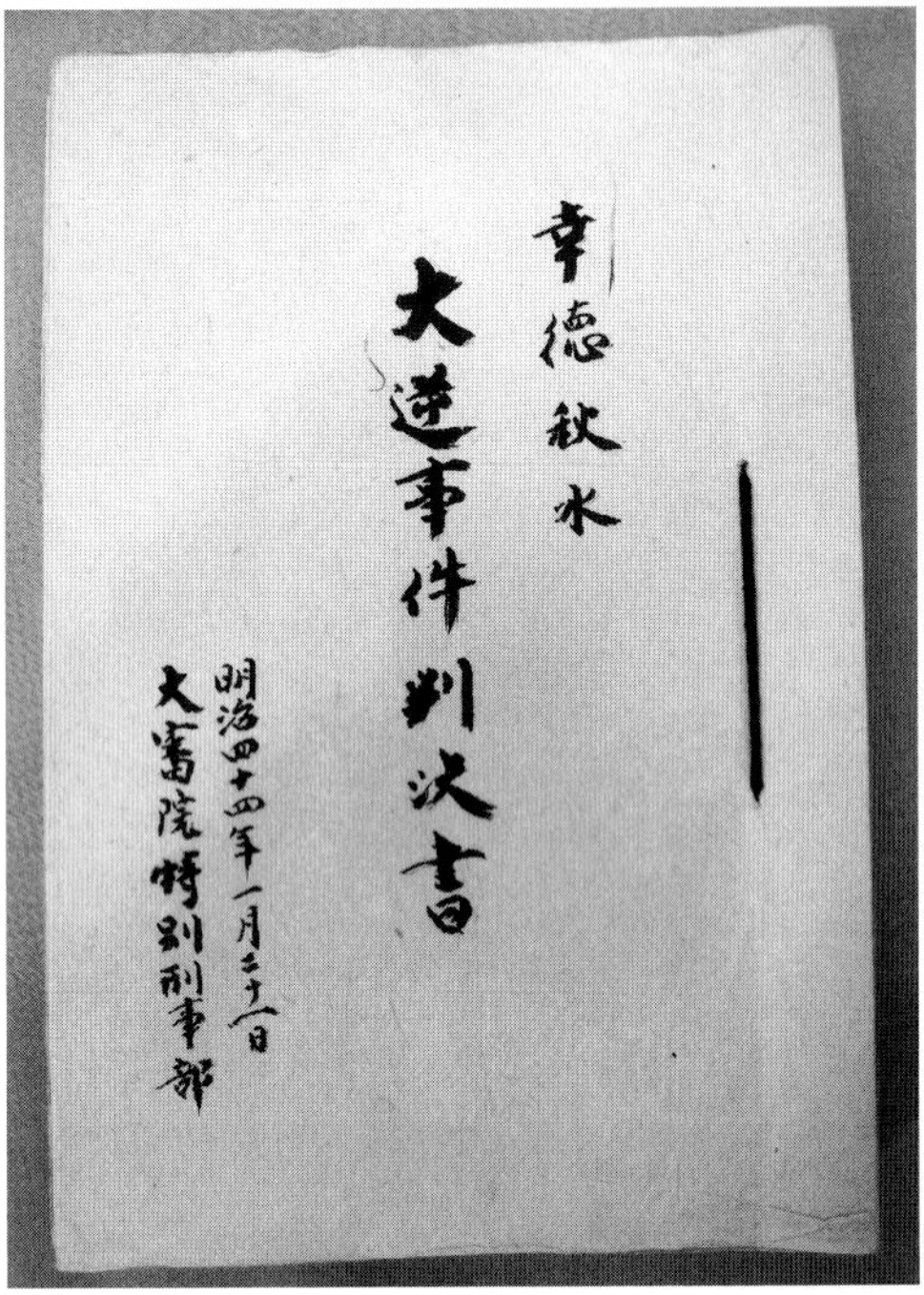

幸徳秋水

大逆事件判決書

明治四十四年一月二十八日
大審院特別刑事部

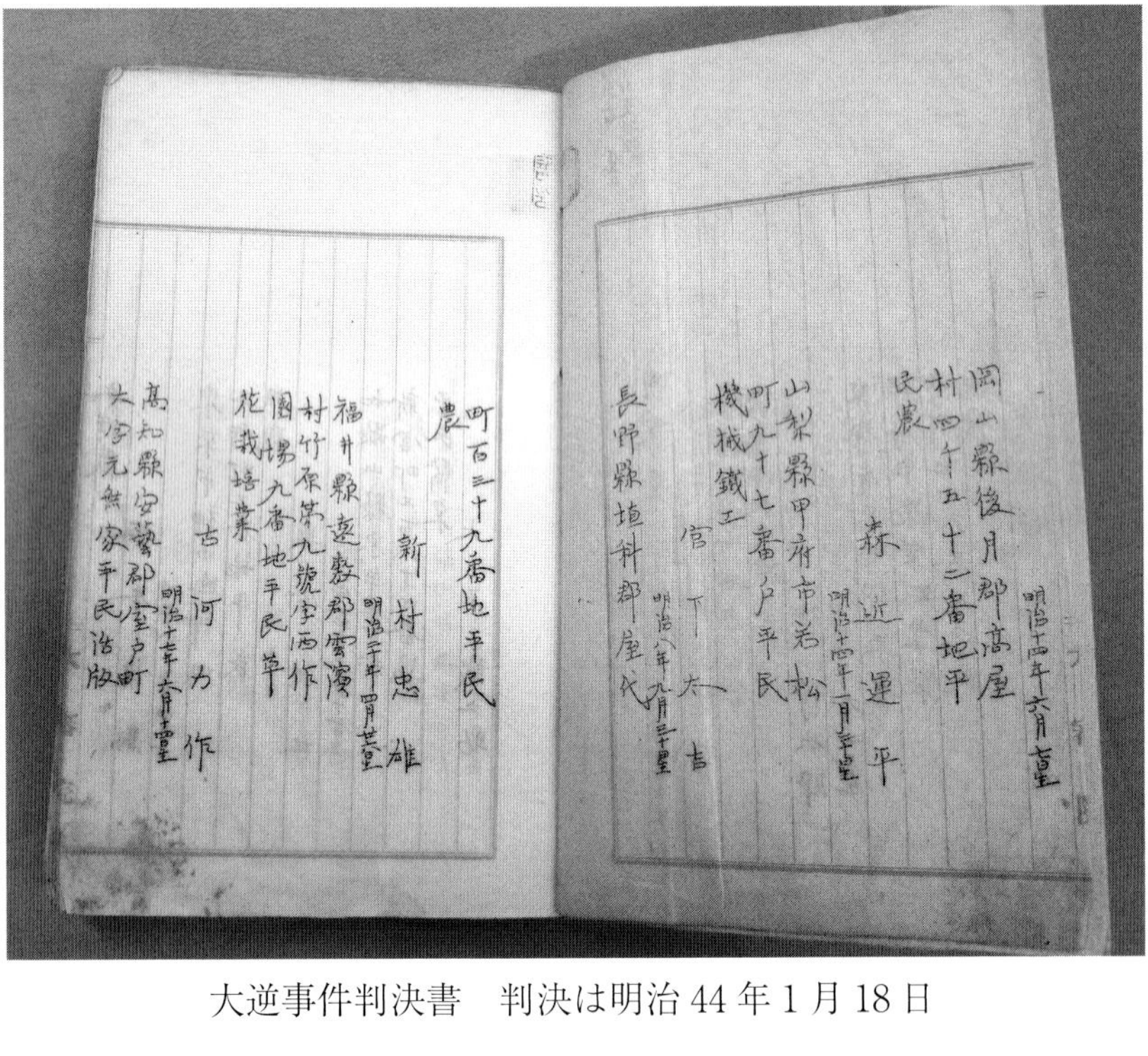

岡山縣後月郡高屋村四千五十二番地平民
農
森近運平
明治十四年一月二十日生

山梨縣甲府市若松町九十七番戸平民
機械鐵工
宮下太吉
明治八年九月三十日生

長野縣埴科郡屋代町百三十九番地平民
農
新村忠雄
明治二十年四月二十六日生

福井縣遠敷郡雲濱村竹原第九號字西作園場九番地平民
花栽培業
古河力作
明治十七年六月十四日生

高知縣安藝郡室戸町大字元無家平民

大逆事件判決書　判決は明治44年1月18日

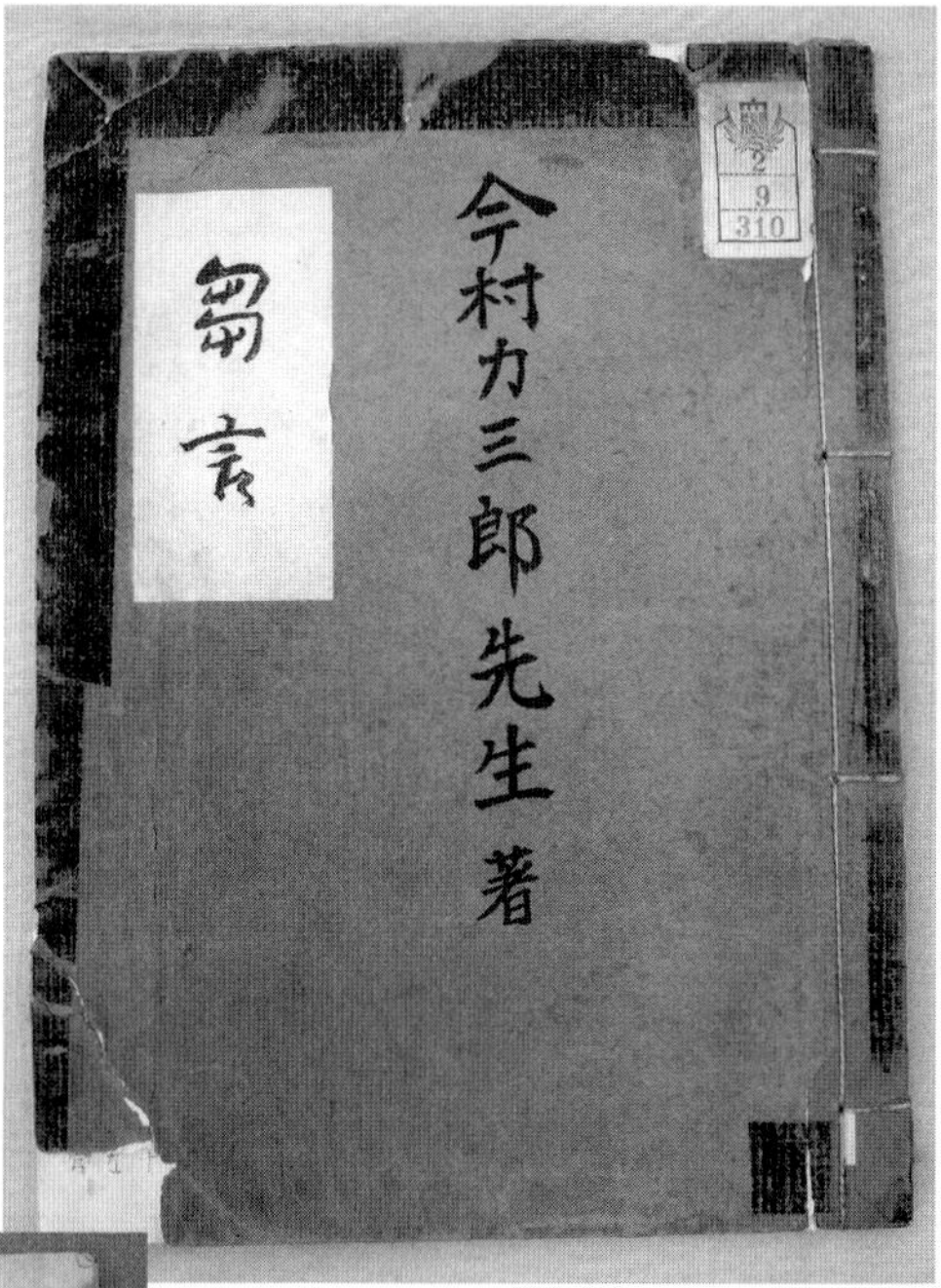

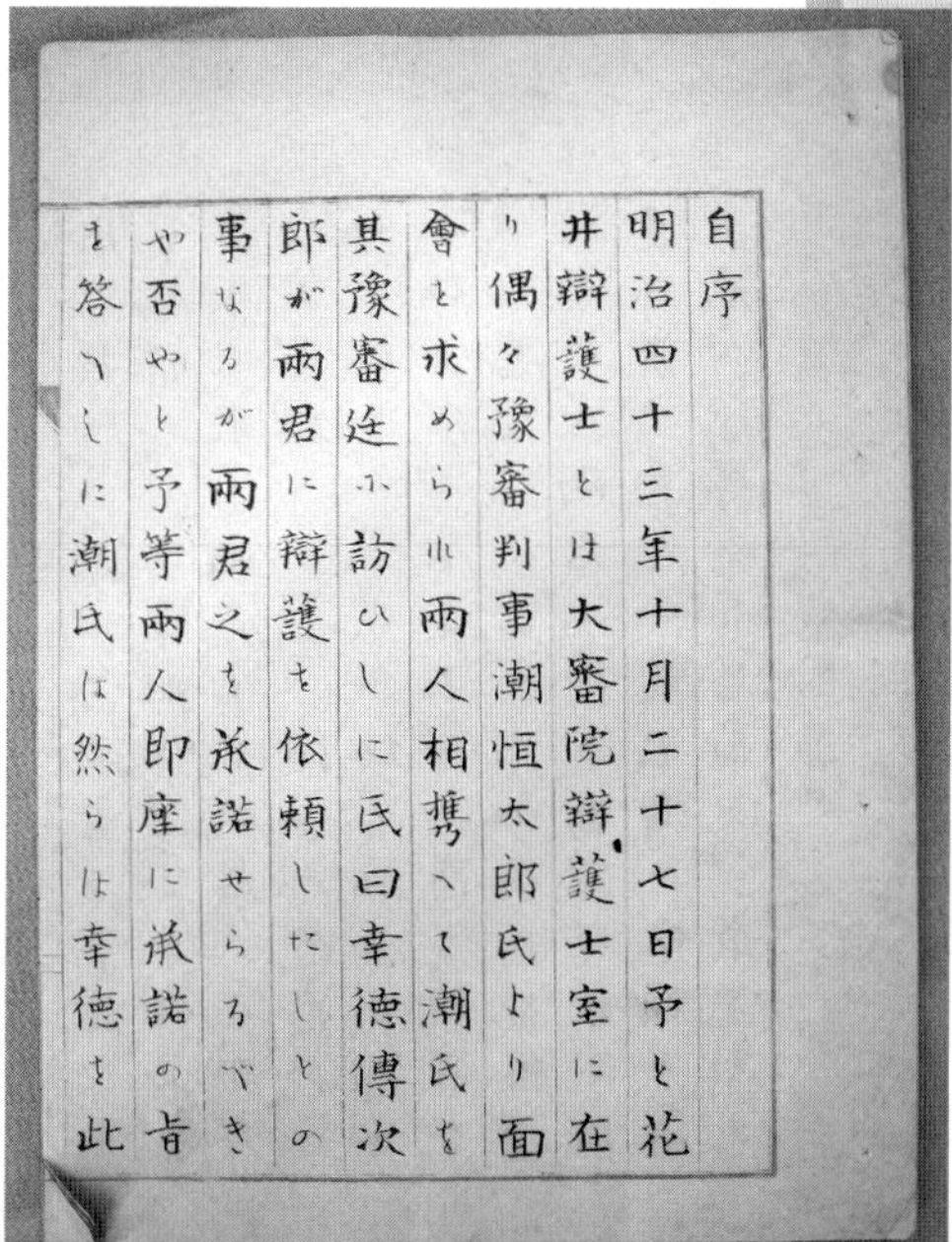
自序
明治四十三年十月二十七日予と花井辯護士とは大審院辯護士室に在り偶々豫審判事潮恒太郎氏より面會を求められ兩人相携へて潮氏を其豫審廷に訪ひしに氏曰幸徳傳次郎が兩君に辯護を依頼したしとの事なるが兩君之を承諾せらるべきや否やと予等兩人即座に承諾の旨を答へしに潮氏は然らは幸徳を此

上：芻言　今村力三郎著（昭和元年　ガリ版刷）
下：芻言草稿

中央公論（昭和10年12月号）に掲載された今村力三郎の「冤罪考」

大逆事件と今村力三郎

訴訟記録・大逆事件　ダイジェスト版

専修大学今村法律研究室【編】

専修大学出版局

序

二〇一〇年から二〇一一年は、幸徳秋水らにかかる大逆事件の裁判、処刑から一〇〇年にあたるため、大逆事件に関する様々な行事が催され、書籍も出版された。

専修大学今村法律研究室は、創立から間もない時期に本学の前身専修学校に学び、代言人となった大先輩であり、かつ第二次大戦後の困難な時期に本学を物心両面で支えた今村力三郎先生の偉業を顕彰してその名を冠する研究所であるが、今村先生はこの事件に官選弁護人の一人として関わられた。そこで、百年の節目に当たり本研究室でも何か記念の事業を行うこととなり、まず、二〇一〇年二月六日専修大学において、「大逆事件と知識人」と題するシンポジウムを開催し、中村文雄氏「大逆事件と知識人」、伊藤和則氏「吼える坂本清馬」、矢澤昇治氏「大逆事件と今村力三郎」、北澤保氏「幸徳秋水と四万十市」の四氏による講演と討論が行われた。

次の事業として、大逆事件における今村弁護士の活動を書籍として残すことになった。大逆事件における今村弁護士の活動については、すでに本研究室から継続的に刊行している今村力三郎訴訟記録の第三〇巻、三一巻、三二巻として『大逆事件㈠』、『大逆事件㈡』、『大逆事件㈢』（平成一三年、一四年、一五年）が刊行されているほか、幸徳事件および虎の門事件の二つの大逆事件に対する思いを吐露した「芻言」を掲載した『今村力三郎「法廷五十年」』（平成五年）も刊行されている。しかし訴訟記録『大逆事件』はかなり以前から絶版となっており、また『法廷五十年』の残部も極めてわずかになっていることが判明した。

そのため、私たちは、これらの書物の中から、今村力三郎先生の弁護活動に関する部分を重点的に抄録することで、『大逆事件と今村力三郎』という一書に纏めて刊行することとした。多くの類書が出版される中で、本研究室らしい大逆事件百年を記念する書籍にしたいと願ってのことである。本書に収録した「今村力三郎　公判ノート」を編集された森長英三郎弁護士の「大逆事件と弁護人（三）」（法学セミナー一九五七年一一月号）によれば、幸徳事件における今村弁護士の弁護活動は「公判ノート」と「芻言」によって明らかになる。本書では、さらに今村先生の「芻言後記」、「冤罪考」を掲載したほか、大審院判決の全文、日高義博氏「大逆事件の裁判の経緯と争点」、および矢澤曻治氏「大逆事件と今村力三郎」を収録した。

今日の研究では幸徳事件の被告人の大半は冤罪であることが明らかになっている。本書に収録した「公判ノート」の書き込みにも見られるとおり、本件における検事の取調べは時には厳しく時には懐柔策を弄するなどして、検察側が自らの描いた構図に従った調書を作成しようとする過程が伺われる。そこには、最近頻発する検察の誤った見込み捜査による冤罪事件と同様の光景が広がっており、心肝を寒からしめる。

本書の刊行にあたり、大逆事件百年記念シンポジウムにおいてご講演くださった皆さま、これまで今村力三郎訴訟記録『大逆事件㈠～㈢』、『今村力三郎「法廷五十年」』の刊行に際して翻刻等に従事された今村法律研究室の諸先輩方、そして校正、出版の労を取られた専修大学出版局に感謝の意を表する。

二〇一二年一月二〇日

専修大学今村法律研究室室長

家永　登

目次

今村公判ノート……………………………………今村　力三郎／森長　英三郎編　37

大逆事件判決書……………………………………大審院特別刑事部　159

大逆事件の裁判の経緯と争点

日高　義博

目次

大逆事件の裁判の経緯と争点

一　事実の概要

(1)　現行刑法は、明治四〇年四月に制定され、同四一年一〇月に施行されたが、その二年数カ月後の明治四四年一月一八日、大審院特別刑事部は、いわゆる大逆事件に対して判決を言い渡している。すなわち、大審院特別刑事部は、刑法七三条（昭和二二年に廃止）の皇室危害罪に該当するとして起訴された幸徳伝次郎（秋水）、管野スガ、森近運平、宮下太吉、新村忠雄、古河力作、坂本清馬、奥宮健之、大石誠之助、成石平四郎、髙木顕明、峯尾節堂、崎久保誓一、成石勘三郎、松尾卯一太、新美卯一郎、佐々木道元、飛松与次郎、内山愚童、武田九平、岡本頴一郎、三浦安太郎、岡林寅松、小松丑治、新田融、新村善兵衛の二六名の被告人に対し、うち二四名の被告人に死刑を言い渡し、被告人二名を有期懲役に処したのである。事件の中心人物が幸徳秋水であったことから、幸徳事件とも呼ばれている。現行刑法の下で起きた大逆事件としては、本件の他に、難波大助事件（虎ノ門事件）がある。本件の幸徳事件は、難波大助事件にも影響を及ぼしたものである。(1)

死刑判決を言い渡された二四名のうち一二名は、判決言い渡しの翌日、御前会議によって特赦が認められ、無期懲役となった。第二次世界大戦後まで生存しえたのは数名であり、そのうちの一人である坂本清馬は、有罪判決から五〇年後に当たる昭和三六年一月一八日、森近運平の妹である森近栄子氏とともに、無罪を求めて、東京高等裁判所に再審請求を提出した。その後、特別抗告を受けた最高裁判所は、昭和四二年七月五日、大法廷において抗告を棄却し[2]、刑事手続による真相追求については終止符が打たれた。

(2) 事実の概要について、再審請求を受けた東京高等裁判所は、大審院判決において認定された事実を次のように要約している[3]。

「被告人らは無政府共産主義を信奉する者またはその臭味を帯びる者であるが、明治四一年六月二二日発生したいわゆる錦輝館赤旗事件における官憲の取締の厳重であるのに憤慨し、国家権力を破壊するには先ず元首を除くにしかずとして兇逆を企てたが中道にして発覚したものであると冒頭したうえ、初め明治四一年一一月三日労働者である被告人宮下太吉の発意で大逆の企図が芽生え、ついで太吉の意を知った被告人幸徳伝次郎から、いずれも東京巣鴨の『平民社』において、同月一九日に被告人大石誠之助、同森近運平に対し、更にそのころ被告人松尾卯一太、同坂本清馬に対し『赤旗事件連累の出獄を待ち決死の士数十名を募つて富豪の財を奪い、顕官を殺し且つ宮城に逼つて大逆を犯す』べき意思が示され、それぞれその同意を得て逆謀が成立し、この謀議は、被告人大石誠之助から同月末ないし翌明治四二年一月までの間に大阪方面及び紀州方面の被告人武田九平ほか七名に対し、また被告人松尾卯一太から明治四一年末ないし翌明治四二年三月までの間に熊本方面の被告人飛松与次郎ほか二名に対し、順次伝えられてその同意を得、さらに被告人幸徳伝次郎と被告人管野スガ、同古河力作との間にも逆謀が成立し、他面被告人内山愚堂は、幸徳らの逆謀を知りながら独自の見解から一層有力な方法として皇儲を殺害する計画を説いて被告人岡林寅松、同小松丑治の同意を得、明治四二年九月には被告人幸徳、同管野、同新村（忠）の間で大逆決行の時期を明治四三年秋と決定して被告人宮下の同意を得、爆裂弾の製造は紀州の被告人成石（平）の方で不成功に終わったが、被告人宮下は、長野県下明科製材工場で幸徳、新村（忠）らより爆薬の送付及びその混合方法等の指示を受け、爆裂弾の試作を遂げ、明治四二年一一月三日にはこれが爆発の実験に成功し、越えて明治四三年一月一日幸徳、管野、新村（忠）、宮下の四名は幸徳方に会合した宮下の携えて来た爆薬及びこれを装填する小鑵の批評をなし且つ交互に小鑵を投げて実用に適するかを試み、同月二三日以降同五月一七日までの間に管野、新村（忠）、古河らは大逆決行の際に爆裂弾投擲の部署の分担を協議し且つ抽籤のうえ決定した。」

大逆事件の発端は、長野県下の明科製材所で爆裂弾を試作し、その爆発の実験に成功していた宮下太吉が逮捕されたことに始まる。検察側は、当初、爆発物取締罰則違反被疑事件として捜査したが、その後、宮下太吉、新村忠雄らの取調べが進むにつれ、幸徳伝次郎を中心に皇室危害の犯行がなされているとして広範囲の捜査がなされ、現行刑法施行後初めての大逆事件に拡大したのである。大審院の認定事実をもとに人的な繋がりの観点からグループ分けをすると、東京・長野グループ（幸徳伝次郎、管野スガ、古河力作、奥宮健之、宮下太吉、新村忠雄、新田融、新村善兵衛）紀州グループ（大石誠之助、髙木顕明、峯尾節堂、崎久保誓一、成石勘三郎、成石平四郎）、大阪グループ（森近運平、武田九平、岡本頴一郎、三浦安太郎、岡林寅松、小林丑治)、熊本グループ(坂本清馬、松尾卯一太、新見卯一郎、佐々木道元、飛松与次郎)に分けられるが、そのほか、小冊子『入獄記念無政府共産』を印刷・領布した内山愚堂は、グループ外にあって活動している。これらのグループの中心に幸徳伝次郎が据えられている。大審院の認定事実によれば、幸徳伝次郎から、「赤旗事件連累者の出獄を待ち決死の士数十名を募つて富豪の財を奪い、顕官を殺し宮城に逼つて大逆を犯す」意思が、明治四三年一一月一九日、東京巣鴨の平民社において紀州・大阪グループの大石誠之助・森近運平に対して示され、その同意を得るとともに、さらにその頃、熊本グループの坂本清馬・松尾卯一太に対しても同様の意思が示されてその同意が得られて逆謀が成立し、その逆謀が各グループに順次伝えられたものとされている。さらに、幸徳伝次郎は、明治四二年九月には、東京・長野グループの管野スガ・新村忠雄との間で大逆決行の時期を明治四三年秋と決定し、宮下太吉の同意も得たものとされている。その後、宮下太吉は爆裂弾の試作・実験を試み、管野スガ、新村忠雄、古河力作らは爆裂弾投擲の部署の分担を協議し決定していたというものである。

(1) 幸徳事件ならびに難波大助事件の双方に弁護人として関与した今村力三郎は、「すでに陳ぶるごとく赤旗事件はその復讐として幸徳事件を発生せしめ、幸徳事件はさらにその復讐として難波事件を醞醸せしめたり。」(専修大学今村法律研究室編『今村力三郎「法廷五十年」』(専修大学出版局、平成五年)六二頁)と指摘している。

なお、大逆事件判決の判例批評としては、松尾浩也「大逆事件」我妻栄編『日本政治裁判史録明治・後』

（昭和四四年）五四四頁がある。また、最近、大逆事件を取り扱ったものとしては、佐木隆三『小説大逆事件』（文藝春秋、平成一三年）が出されている。

（2）最高裁昭和四二年七月五日大法廷決定・刑集二一巻六号七六四頁。

（3）東京高裁昭和四〇年一二月一日決定（参照として刑集二一巻六号七七七頁以下に収録）。なお、大審院明治四四年一月一八日特別刑事部判決の全文については、専修大学今村法律研究室編『大逆事件㈠〈今村力三郎訴訟記録第三十巻〉』（専修大学出版局、平成一三年）九七頁以下参照。

二　裁判の経緯

一　予審について

(1)　本件を処理する上での実体法は現行刑法であるが、手続法は、旧々刑事訴訟法（明治二三年法律第九六号、同二六年一月一日施行）である。旧々刑事訴訟法では、第七編「大審院ノ特別権限ニ属スル訴訟手続」において、三一〇条から三一六条の規定を置いていた。裁判所構成法五〇条二号は、大審院の特別権限に属するものとして、皇室に対する危害罪（刑法七三条、七五条）、内乱罪（刑法七七条、七八条、七九条）などを挙げていた。この場合には大審院が一審にして終審となるほか、捜査権は検事総長に属し（旧々刑訴法三一〇条）、検事総長は大審院の特別権限に属しかつ起訴すべきものと認めたときは、大審院長に対して予審判事を命ずべきことを請求すべきものとされていた。大審院より命を受けた予審判事は、予審をなした上、他に取調べる必要がないと思料したときには、訴訟記録に意見を付して大審院に差出すべきものとされていた（同法三一四条）。つまり、予審終結決定を出さない点が通常の手続とは異なるのである。予審判事の意見を受けた後、大審院は検事総長の意見を聴き、事件を公判に付すべきか否かを決定することになるのである。

本件の場合、刑法七三条の皇室危害罪に当たるとして検事総長（松室致）の捜査権の下に置かれ[4]、予審は、東京地方裁判所の「大審院特別管轄に属する被告事件予審掛」（潮恒太郎、原田鉱、河島臺蔵）のもとで進められた。予審の意見書は、明治四三年一一月一日、大審院長横田国臣に出された。

(2)　意見書では、まず事件の背景として、次のようなことを指摘している[5]。被告幸徳伝次郎が、明治三九年六月、米国より帰朝して社会主義の硬派に属する無政府共産主義を主張するや、その説に和する者を見るに至って、爾来、同主義者相謀り機関新聞紙及び雑誌を発刊し主義の伝播に努めていたが、政府は、その説を公安に害ありと認めて、その発刊を禁止した。明治四一年六月二二日、錦輝舘赤旗事件と称する官吏抗拒及治安警察法違犯被告事件が発生し、同主義者のうち堺利彦、山川均、大杉栄等が皆監獄に投ぜられ有罪の判決を受けた。そのため、同主義者は、政府による同主義の迫害であるとしてその処置に憤慨し、将来その目的を達するためには、労働者の総同盟罷業と暴力の革命を包含する直接主義および秘密出版をなすしかないと信じた。すなわち、経済組織の未来、法律と強権、国家論、入獄記念無政府共産、道徳否認論、帝国軍人座右銘等、いずれも硬派の過激なる論説を叙述した書籍秘密出版をなし、本件被告人等は、各所に密会し暴力的革命の陰謀計画を講じつつあった。

次いで、各被告人の行為について言及しているが、二六名の被告人全員について、逆謀があったことを認めている点が特徴的である。つまり、幸徳伝次郎と各グループにおいて指導的立場にあったものとの間になされた逆謀が、末端の者まで順次伝えられかつ賛同していたとの認定がなされているのである。まさに事件の拡大を順次通謀という論拠によって説明したものと言えよう。意見書の結論は、「事実ノ証憑十分ニシテ各被告ノ所為ハ、何レモ刑法第七十三条ニ該当スル犯罪ナリト思料スルヲ以テ、刑事訴訟法第三百十四条ニ規リ、意見ヲ付シ訴訟記録差出候也。」というものである。

（4）　当時、検事として事件に関与した小原直は、「松室総長の幸徳起訴のやり方は、旧々刑事訴訟法の母法であるフランスにおける刑事訴訟法のやり方で、小林検事正流とは違ったもの」（『小原直回顧録』（中公文庫、昭和六一年）四五頁）であったと回顧している。小林検事正は、事件の取調べに当たった第一人者であるが、その捜査の方針は、「見通しで予審請求をして免訴を出すようなことを厳しく戒め、検事が慎重な捜査を行い、その結果、証拠が整理されたうえで、着実に起訴するという画期的な方式」であったという。フランス法を継受しながらも、日本的な運用が模索され始めている点が興味深い。

（5）　前掲『大逆事件㈠』九頁。

二　大審院判決

(1)　大審院特別刑事部は、鶴丈一郎判事を裁判長とする七名の裁判官によって構成されたが、予審意見書が出されてから極めて迅速な集中審理を行い、約二カ月半後の明治四四年一月一八日に判決を下している。弁護人であった今村力三郎をして、「裁判所が審理を急ぐこと、奔馬のごとく一の証人すらこれを許さざりしは、予の最も遺憾として所なり」(6)と言わしめたほど迅速なものであった。判決では、被告人二四名に対して死刑、被告人二名については有期懲役(新田融に対しては懲役一一年、新村善兵衛に対しては懲役八年)が言い渡された。死刑判決を受けた二四名のうち、坂本清馬、髙木顕明、峯尾節堂、崎久保誓一、成石勘三郎、佐々木道元、飛松与次郎、武田九平、岡本頴一郎、三浦安太郎、岡林寅松、小林丑治の計一二名については、判決言渡の翌日、特赦により無期懲役となった。死刑の執行を受けたのは、幸徳伝次郎、管野スガ、森近運平、宮下太吉、新村忠雄、古河力作、奥宮健之、大石誠之助、成石平四郎、松尾卯一太、新見卯一郎、内山愚堂の計一二名である。

事件の大筋は、予審の認定事実と同一である。まず、事件の発端となった宮下太吉が幸徳伝次郎と接触し、幸徳伝次郎が事件の逆謀を成立させるまでの経過については、次のような認定をしている。(7)

「太吉ハ、内山愚堂出版ノ入獄記念無政府共産ト題スル暴慢危激ノ小冊子ヲ携ヘ東海道大府駅ニ到リ、行幸ノ鹵薄ヲ拝観スル群集ニ頒与シ、且之ニ対シテ過激ノ無政府共産説ヲ宣伝スルヤ、衆皆傾聴スルノ風アレトモ、言一タヒ皇室ノ尊厳ヲ冒スヤ、復耳ヲ仮ス者ナキヲ見テ心ニ以為ク、帝国ノ革命ヲ行ント欲スレハ先ツ大逆ヲ犯シ、以テ人民忠愛ノ信念ヲ殺クニ若カスト。是ニ於テ太吉ハ、爆裂弾ヲ造リ大逆ヲ犯サンコトヲ決意シ、明治四十一年十一月十三日其旨ヲ記シ且一朝東京ニ事アラハ直ニ起テ之ニ応スヘキ旨ヲ記シタル書面ヲ運平ニ送リ、運平ハ之ヲ伝次郎ニ示シ、且太吉ノ意思強固ナルコトヲ推奨シタルニ、伝次郎ハ之ヲ聴テ喜色アリ。

是時ニ当リ、被告大石誠之助、上京シテ被告伝次郎及ヒ管野スガヲ診察シ、伝次郎ノ余命永ク保ツヘカラサルコトヲ知ル。伝次郎之ヲ聞テ心大ニ決スル所アリ。十一月十九日、誠之助ノ伝次郎ヲ訪フヤ、伝次郎ハ運平誠之助ニ対シ、赤旗事件連累者ノ出獄ヲ待チ、決死ノ士数十人ヲ募リテ富豪ノ財ヲ奪ヒ、貧民ヲ賑シ、諸官衙ヲ焼燬シ、当路ノ顕官ヲ殺シ、且宮城ニ逼リテ大逆罪ヲ犯ス意アルコトヲ説キ、予メ決死ノ士ヲ募ランコトヲ託シ、運平誠之助ハ之ニ同意シタリ。同月中、被告松尾卯一太モ亦事ヲ以テ出京シ、一日伝次郎ヲ訪問シテ、伝次郎ヨリ前記ノ計画アルコトヲ聴テ、均シク之ニ同意シタリ。

是ニ於テ、被告伝次郎ハ、更ニ其顛末ヲ被告新村忠雄及ヒ清馬ニ告ケ、特ニ清馬ニ対シテハ、各地ニ遊説シテ決死ノ士ヲ募ルヘキコトヲ勧告シタリ。」

このような逆謀の首謀者が幸徳伝次郎であり、その逆謀は東京・長野グループにおいては勿論のこと、紀州・大阪グループならびに熊本グループにおいても順次伝えられ賛同されたという事実を、予審において得られた供述から認定している。なお、長野グループの中の被告人新田融については、「太吉カ大逆罪ヲ犯サントスル意思アルコトヲ知リテ本文ノ行為ヲ為シタルモノトスヘキ証憑ハ十分ナラス」とし、また同グループの被告人新村善兵衛についても、「忠雄等カ大逆罪ヲ犯サントスル意思アルコトヲ知リテ本文ノ行為ヲ為シタモノト認定スヘキ証憑ハ十分ナラス」としている。したがって、新田融および新村善兵衛の両名については、大逆罪の意思連絡が欠けているとの認定がなされ、予審とは異なった処理をする必要が生じたのである。

(2) 法律判断については、皇室危害罪の成立を認めて死刑に処すとの判断をした部分と、刑法三八条二項の適用を認めて有期懲役に処すとの判断を示した部分とに分かれている。(8)

「法ヲ按スルニ、前掲被告伝次郎、スガ、運平、太吉、忠雄、力作、清馬、健之、誠之助、平四郎、顕明、節堂、誓一、勘三郎、卯一太、卯一郎、道元、与次郎、顓一郎ノ行為ハ、各刑法第七十三条ノ規定中、天皇ニ対シ危害ヲ加ヘントシタル者ハ死刑ニ処ストアルニ該当シ、被告愚堂、寅松、丑治ノ行為ハ、各同条ノ規定中皇太子ニ対シ危害ヲ加ヘントシタル者ハ死刑ニ処スルトアルニ該当シ、被告九平、安太郎ノ行為ハ各同条規定中天皇ニ対シ危害ヲ加ヘントシタル罪ト皇太子ニ対シ危害ヲ加ヘントシタル罪トノ両者ニ該当スレトモ、同法第四十五条、第四十六条ノ規定ニ依リ、天皇ニ危害ヲ加ヘントシタル罪ノ刑ニ処ス」

「被告融ノ行為ハ、刑法第三十八条第二項ニ罪本重カル可クシテ犯ストキ知ラサル者ハ其重キニ従テ処断スルヲ得スト規定シアルニ依リ、前示刑法第七十三条ノ刑ニ処セスシテ、爆発物取締罰則第一条治安ヲ妨ケ又ハ人ノ身体財産ヲ害セントスル目的ヲ以テ爆発物ヲ使用シタル者云々ノ規定、同第五条中第一条ニ記載シタル犯罪者ノ為ノ情ヲ知リテ其（爆発物）使用ニ供スヘキ器具ヲ製造シタル者ハ重懲役ニ処ストノ規定ヲ適用シ、且刑法施行法第十九条第二十条第二条旧刑法第二十二条第二項ニ照シ、九年以上十一年以下ノ範囲内ニ於ル有期懲役ニ処スヘク、被告人善兵衛ノ行為ハ、前示刑法第三十八条第二項ノ規定アルニ依リ、同法第七十三条ノ刑ニ処セスシテ、爆発物取締罰則第一条治安ヲ妨ケ又ハ人ノ身体財産ヲ害サントスル目的々ノ規定、同第三条中第一条ノ目的ヲ以テ爆発物ヲ製造シタル者ハ重懲役ニ処ストアル規定、刑法第六十二条正犯ヲ幇助シタル者ハ従犯トスルトアル規定、同第六十三条従犯ノ刑ハ正犯ノ刑ニ照シテ軽減スルトアル規定ヲ適用シ、且刑法施行法第二十一条旧刑法第百九条同第六十七条刑法施行法第十九条第二条第二十条旧刑法第二十二条第二項ノ規定ニ照シ、六年以上八年以下ノ範囲内ニ於ル有期懲役ニ処ス」

(6) 前掲『今村力三郎「法廷五十年」』二五頁。
なお、松尾浩也教授は、「『迅速過ぎる裁判』の危険性は、この事件で遺憾なく露呈された。」と評し、「もともと予審の制度は功罪両面を持つのであるが、この事件ではその欠陥の方が著しく現われた。」として、昭和二三年の刑事訴訟法改正の際、予審制度が廃止されたその遠因はこのあたりにも見出すことができるであろうと指摘されている（前掲・松尾「大逆事件」五五六頁）。

(7) 前掲『大逆事件㈠』一〇七頁。

(8) 前掲『大逆事件㈠』一九八頁。

三　裁判上の争点

一　皇室危険罪の構成要件

本件においては、各被告人間における逆謀についての意思の連絡が十分なものであったのかは検討を要する点ではあるが、現在では廃止されている刑法七三条の皇室危害罪の構成要件が極めて広範囲のものであったことを勘案しておく必要がある。その構成要件は、次のようなものである。

「第七十三条　天皇、太皇太后、皇太后、皇后、皇太子又ハ皇太孫ニ対シ危害ヲ加ヘ又ハ加ヘントシタル者ハ死刑ニ処ス」

この構成要件においては、天皇等に危害を加えることだけでなく、危害を加えようとしたことも処罰の対象にされている。「危害」は、生命・身体に対する侵害ならびに危険を意味するが、ここでの危険は具体的な危険を言うものと解されていた。したがって、「危害ヲ加ヘル」行為には、生命・身体を侵害しようとする着手以上の行為を包含し、「危害ヲ加ヘントシタ」行為には、着手に至らない予備・陰謀は勿論のこと、教唆・幇助なども含まれ、危害を加えることを目的とする企行を言うものと解されていた。[9] もっとも、単なる内部的な意思にとどまる場合は除外されていた。

本件の場合には、「危害ヲ加ヘントシタ」行為が問題とされたものである。この構成要件的行為が、予備・陰謀だけでなく、教唆・幇助をも含むものであるとすると、被告人らの各行為は、客観的にはすべて構成要件該当性が認められるように思われる。ただ、本罪が成立するためには、客体の認識が必要である。つまり、主観的要件としては、危害の客体が天皇等であることの認識がなければならない。逆謀の成立に直接加わった者、あるいは爆裂弾の投擲の部署の分担を協議し決定した者等については、主観的要件をも充たしていると言えるが、末端の関与者については、この主観的要件が問題となろう。大審院は、新田融と新村善兵衛の二名については、この主観的用件を充たさないと判断したが、それ以外の末端関与者についても主観的要件の認定を厳格にすべきではなかったのかという疑問が残るところである。

（9）泉二新熊『刑法大要』（増訂三五版、昭和一三年）三六六頁。小野清一郎『刑法講義』（二版、昭和八年）三一四頁。瀧川幸辰『刑法講義』（改訂版、昭和六年）一九三頁、など。

二　抽象的事実の錯誤について

本件の場合、新田融と新村善兵衛の関与行為については、抽象的事実の錯誤の処理が問題である。しかも、両名から見るならば、共犯過剰の場合に当たることになろう。大審院は、両名には爆発物取締罰則違反の故意しかなく、大逆罪の故意はなかったものと認定し、刑法三八条二項を適用している。判決の文言では、「刑法第七十三条ノ刑ニ処セスシテ……爆発物取締罰則…ノ規定ヲ適用シ、……九年以上十一年以下ノ範囲内ニ於ル有期懲役ニ処ス」というような叙述をしている。この文言からは、具体的符合説を採ったものなのか、それとも法的符合説を採ったものなのかは俄かに判断できない。「刑法第七十三条ノ刑ニ処セスシテ、……範囲内ノ有期懲役ニ処ス」という表記のしかたからは、抽象的符合説に依拠して、罪名は大逆罪としながら、処断刑を爆発物取締罰則の法定刑の範囲内としたとも解されなくはないのである。しかし、当時の錯誤論の状況からすれば、法定的符合説に立ったものと見るべきであろう。(10)

(10) なお、法定的符合説を押し進めていた前掲・泉二『刑法大要』三六八頁は、皇室に対する罪が生命、身体、自由、名誉等に対する普通犯罪の規定に対し特別法の関係にあるとして、「本章ノ規定ニ付テモ第三十八条ノ適用アルハ勿論ニシテ此特別罪ヲ普通罪ト区別ス可キ被害客体ノ資格ニ付テ認識ナキ場合ハ罪本重カル可クシテ犯ストキ知ラサル者ニ該当スル故ニ本章ノ特別罪ヲ以テ之ヲ処分セスシテ普通罪ノ規定ヲ適用セサル可カラス」との解釈を示している。

(ひだかよしひろ・専修大学長、法科大学院教授)

大逆事件と今村力三郎

矢澤　昇治

大逆事件と今村力三郎

一　私と冤罪への関心

ただ今、紹介をいただきました専修大学法科大学院の矢澤です。私は、現在、二足の草鞋《わらじ》を履いております。一つは、専修大学の教員です。法学部と大学院、そして、法曹養成のための法科大学院、ロースクールの教授で、教えたり、研究したりです。

私の二つ目の草鞋は、弁護士業です。早いもので弁護士登録してから、一八年目になりました。当初は、家事関係と民商事関係の事件だけしかやっておりませんでしたが、一〇年頃前から刑事事件も取り扱うようになりました。そのきっかけとなったことは、大学院で法曹倫理の授業を担当したことです。学部の同僚であり、刑事訴訟法を担当しておられた著名で優れた先生である庭山英雄弁護士、小田中聰樹先生に強く感化されたのです。冤罪事件関係でご尽力された両先生のお名前を皆様ご存じの方も多いと存じます。法曹倫理の授業では、大学院生に、警察、検察そして裁判所という膨大かつ強力な国家権力による刑事事件の対応に目を凝らして欲しいと考え、冤罪をテーマとして取り上げました。

この授業では、多くの人々のお力を借りました。また、とりわけ弁護士の方々にも講師として参加していただきました。ごく一例ですが、その内容を紹介いたします。まず、後藤昌次郎弁護士。皆様も岩波新書『誤った裁判』などを読まれたことがあると思いますが、冤罪全体について話をいただきました。作家の伊佐千尋さんにも「司法改革のまやかし」のテーマで裁判員制度の問題点と陪審制度について、そして、戦後に警察によりでっち上げられた菅生《すごう》事件については、渡辺千古弁護士にお願いしました。渡辺弁護士の所属する牧野内法律事務所の牧野内とは牧野内武人であり、今日お話をする今村力三郎の門弟の一人です。

戦後共産党つぶしのために画策された菅生事件は、弁護士であり参議院議員である諫山博の著書『駐在所爆破事件は現職警官だった』とか『消えた巡査部長』により紹介されました。警察によりフレームアップされた冤罪の典型です。この事件の延長上には、松川事件、三鷹事件があります。授業では、さらに、過日最高裁で再審決定が下された布川事件、茨城県利根町の布川で起きた玉村天象さんの強盗殺人事件については、柴田五郎弁護士にお話をいただきました。今年の一月一二日には、釈放された桜井昌司さんと杯を交わしました。桜井さんは、二九年の刑務所生活を感じさせないエネルギーをもたれていたのには、改めて驚かれました。しかし、二九年という期間の穴埋めはどうなるのでしょうか。いずれにいたしましても、私にとっては、大学院の特別授業で冤罪をテーマに据えたことで、日本の司法の在り方を根本的に検討してみる確かなきっかけができました。

そして、私は、今から五年前に、本日のシンポジウムを主催している今村法律研究室の室長となりました。ここでは、毎年一回冤罪をテーマとして、再審の開始を求めるためのシンポジウムを開催いたしました。取り扱った事件は袴田事件、名張ブドウ酒事件、狭山事件、そして布川事件などについてであります。私は、JR総連つぶしのための浦和電車区事件、ハンセン氏病と疑われたこと端を発する藤本事件そして、福岡事件についてお話いたしました。幸いにも、昨年の一〇月、これらのシンポジウムの結果をまとめた書物『冤罪はいつまで続くのか』を花伝社から出版することができましたので、皆様方にも是非お読みいただき、再審を求めている人達の救済に助力していただきたいと思います。

二　捏罪・・大逆事件

漢字の成り立ちを説明してくれる『説文解字』『説文解字注』によりますと、「屈也从兎从冖兎在る冂下不得走益屈折也」とあり、冤罪という漢字で、「冤」は、「兎が冖（おおい、囲い）の下にありて、走ることできず、屈折することなり」という会意文字であり、市民が身に覚えのない罪について犯人とされ、刑に服することを強いられるというものです（矢澤、「「法」の字義」」専修大学法学研究所所報一六号一〇頁以下）。

過日、再審が決定した布川事件では、桜井さんと杉山さんが二九年間獄中に閉じこめられました。むろん、再審で無罪判決が下されると信じております。しかし、帝銀事件では、平沢貞通が逮捕後三九年後に獄死します。ある日突然、無辜の民が犯人とされる。一七年半ぶりに生還した、足利事件の菅家利和さんも冤罪の犠牲者です（菅家利和『冤罪』（朝日新聞社、二〇〇九年））。そして西には、飯塚事件があります。足利事件と同様に、ＤＮＡ鑑定に疑問がある久間三千年《くまみちとし》さんは、既に、元森法相の下で処刑されているのです。菅谷さんは釈放されましたが、久間さんの絶叫は無視されたのです（http://gonta13.at.infoseek.co.jp/newpage448.htm）。

先程紹介した後藤弁護士は、冤罪は国家によってつくられる、と云いました。また、かって東京都立大学の法学部長を務められた清水誠先生は、布川事件で尽力されましたが、冤罪ではなく、捏造の捏と罪を組み合わせて「捏罪」と表現されております。権力により犯罪がつくり出される様がよく伝わる造語だと思います。さらに、小田中先生は、『冤罪はこうして作られる』の書物を書かれております（講談社現代新書、一九九三年）。そして、本日のシンポの対象とされた事件、大逆《たいぎやく》事件は、わが国の刑事事件では最大の冤罪・捏罪事件です。山県有朋によって社会主義者をわが国から一掃するためにでっち上げられた冤罪です。

後から紹介いたしますが、今村法律研究室の今村とは、弁護士今村力三郎のことです。専修大学出身の最大に誇れることができる人であると信じます。時間の関係で、少しだけ紹介するにとどめます。今村は長野県飯田に生まれ。専修大学の夜学生として苦学し励み、代言人（弁護士）の試験に合格しました。首席で卒業。これについては後ほどお話しいたしますが、弁護士となってより数多くの事件を担当しました。第二次大戦後、専修大学は、新制大学に移行後とりわけ財政難に直面しました。受験者と学生の激減があったからといわれております。今村総長は、この事態を慮かり、杉並区成田東に所在していた、二九〇〇坪の自宅の土地すべてを大学に寄付しました。今村は、八六歳の時から大学の粗末な一室に住み、総長として務め、この部屋で八九歳でなくなりました（『専修大学の歴史』（平凡社、二〇〇九年）二四三頁）。

以下では、今村総長を今村と略称しますが、今村の名を特に後生に残せしめた事件は、今村が官選弁護人、現在の国選弁護人を務めた二つの大逆事件、すなわち幸徳秋水大逆事件と難波大助の虎ノ門事件と呼ばれる大逆事件といっても過言でないと想われます。無論、今村は、他の多くの著名な事件も担当しました。田中正造とともに闘った足尾銅山鉱毒事件、日露講話反対騒擾事件（日比谷事件）、血盟団事件、帝人事件などです。ちなみに、今村の担当した事件の記録は、後に専修大学の学長となり、先程、伊藤和則さんがテーマとしてお話になりました坂本清馬ら四名の再審の弁護団長を務められた鈴木義男により蒐集保存され、大学の図書館に収納されました。そして、これらの今村の訴訟記録は、今村法律研究室から毎年一冊ずつ刊行され、現在まで三七巻に及んでおります。無論、大逆事件も平成一三年から三巻刊行されております。

さて、幸徳秋水大逆事件に戻ることにします。ご承知のように、旧刑法第一一六条「天皇三后皇太子ニ対シ危害ヲ加へ又ハ加ヘントシタル者ハ死刑ニ処ス」、一九四七年改正前の刑法第七三条は、「天皇、太皇太后、皇太后、皇后、皇太子又ハ皇太孫ニ対シ危害ヲ加へ又ハ加ヘントシタル者ハ死刑ニ処ス」と定めておりました。大逆罪とは、「天皇、太皇太后、皇太后、皇后、及び皇太子、皇太孫、そうゆう人達に危害を加えたもの、」あるいは、加えようとしたものは死刑に処するという内容です。大逆罪は、死刑・極刑をもって臨むだけでなく、大審院（現在の最高裁判所）が「第一審ニシテ終審」であり、裁判は非公開で行われたのです。

大逆事件は、一九一〇（明治四三）年、幸徳秋水を首謀者とする多数の社会主義者と無政府主義者が明治天皇の暗殺計画を立てたという被疑事件です。起訴された者は、幸徳秋水を初めとする二六人です。秋水が獄中から今村等の弁護人に宛てた陳述書で述べたように、「検事の聴取書なるものは、殆ど検事の曲筆舞文《きよくひつぶぶん》、牽強附会《けんきようふかい》で出来上がってゐる」ものであり、一〇月一日に作成された予審意見書も、菅野スガが「死出の道草」で書いたように、「譬へば軽焼煎餅《せんべい》か三文文士《さんぶんぶんし》の小説のようなもの」であったと表現しております。とはいえ、一二月一〇日から公判という名の秘密裁判が始まり、一二月二四日には被告人の訊問が終わり、二五日平沼騏一郎主任検事による論告、松室致検事総長による全員死刑の求刑が行われました。それから二七日から三日間休日返上の弁護人による弁論後、翌年明治四四年一月一八日鶴丈一郎裁判長による「鶴の一声」により二四名の死刑判決が下されました。一二名には無期懲役への減刑がなされたが、秋水ら一二名は、判決の一週間後に一月二四日と翌日に死刑が執行されたのです（渡辺順三編、江口渙解説『大逆事件の人々』（新興出版社、一九六四年）。二六名の多数の被告人に対する第・回公判から死刑執行までわずか四〇日という短期間の裁判でした。

今村が、二つの大逆事件について、両事件は、原因・動機において密接な関係あるとして大逆事件裁判に批判的な所感を率直に披瀝した書である『芻言《すうげん》』の「自序」で述べるように、「幸徳事件にありては、幸徳伝次郎（秋水）、菅野スガ、宮下太吉、新村忠雄の四名は事実上に争いなきもその他の二〇名に至りては果たし大逆罪の犯意ありしや否やは大なる疑問にして、大多数の被告は不敬罪に過ぎざるものと認むるを当たりとせん。予は今日に至るも、その判決に心服するものに非ず」という言明には理がある（森下澄男「今村力三郎」、潮見俊隆編著『日本の弁護士』（日本評論社、一九七二年））。さらに、幸徳秋水は、首謀者でもなければ、計画に加担したともいえないのである。秋水が無政府主義者であるから暗殺主義者（テロリスト）であるとの前提で、多数の被告が大逆罪に断ぜざられんことを慮り、秋水は、「死を期して法廷に立ち、自らのための弁疏《べんそ》の辞を加へざりしため、直接彼より何も聞くことを得なかったとはいえ、衷心大に諒ととすべきものである」（平出修「意見書」）。

この原稿を準備しているときに、友人から管野スガが秋水の無罪を嘆願する書簡が我孫子市で一〇〇年ぶりに発見されたの報道があったことを聞くに及び驚きました。毎日新聞では、元明治大学副学長の山泉さんがコメントされておられました。まさしく、大逆事件と秋水そしてスガの一〇〇年目の真実ということではないでしょうか。（http://mainichi.jp/select/wadai/news/20100129k0000e040085000c.html）

三　大逆事件における今村の弁護活動

大逆事件において、今村は、どのような弁護活動をしたのでありましょうか。結果は、衷心忸怩《ちゅうしんじくじ》たるもの、何もできなかったということであります。まず、今村は、司法省側から事件が事件であり、国の内外の目が注がれ、後生に残る裁判だから、弁護も当代一流の弁護士に担当して欲しいとの意向が示され、花井卓蔵と今村に白羽の矢が当たったという次第です。当時、今村は四四歳でした（平出修研究会編『平出修とその時代』（教育出版センター、一九八五年）一七四頁））。今村と花井は、秋水、菅野スガ、新村忠雄、宮下太吉の弁護を引き受けました。結果は、これらの被告人が四名とも死刑でした。今村の弁護人としての評定には「特色ナシ」との酷評もあるのですが、今村は、弁論をとことん尽くしたかったにもかかわらず、それが叶わなかったというのが本当のところではあるまいかと私は判断しております。

今村は、自ら『芻言《すうげん》』で、大逆事件の審理について、このように言い放ちます。「ことに、裁判所が審理を急ぐこと、奔馬《ほんば》のごとく一の証人すらこれを許さざりしは、予の最も遺憾とした所なり、当時予は弁論を結ぶにかくのごとき事件にありては、裁判所は宜しく普く被告に利益なる事実と証拠とを調査し、苟も疑いある者には無罪の判決をなし、その上にもまだ無罪の人がいないかと一人にても多くの無罪の人を出すことに努力すべきである。かくすることが国史の汚点を薄くする所以であるとの言を以てせし事を記憶せり。」（今村力三郎「芻言」『法廷五十年』（専修大学出版局、一九八八年。本書二四三頁以下に再録）。漢文混じりで、少し理解しがたいところもあろうかと思いますが、要するに、一人の証人の採用も認めず、十分な弁護活動をさせずに、時の権力者が予断と偏見を持って、被告人を有罪に導いたことに対して、今村は怒り心頭に発すというところでしょうか。

大逆事件の弁護人たちは、裁判構成の必要上、法廷に並んだだけでで、一人の証人の採用さえ許されず、公開が禁止され、裁判所は調書に基づき事前に予断を抱いて形式的な審理をしたにとどまり、二六名の被告に死刑を宣告したのです。要するに、今村らの弁護人は、その能力を如何なく発揮するどころか、その任務を何ら果たす機会が与えられなかったので、手も足もだせなかったのである。今村は、端的に述べます。「弁護人としての任務を尽くし得なかったことは、いまなお自ら顧みて衷心忸怩《ちゅうしんじくじ》たるを覚えるのである」。

四　今村弁護士の懲戒請求事件

今村の記した『芻言』は、朝野の少数の有識者に配布されたガリ版刷りの意見書です。私も、ある書店からガリ版刷りのものを購入しました。

しかし、手に取ってみると贋物《がんぶつ》のようです。それはともかくとして、『芻言』の内容は、二つの大逆事件の相関関係を指摘しながら、大逆事件への批判的所感を述べて、為政者の反省を促そうとしたのです。そして、今村は、このような不合理な裁判制度に抵抗できるものとは、エリートではなく人民大衆であり、人民のための真実公正な裁判を求める世論の組織と裁判の監視であるといいます。

このように為政者を諫めた今村に対しては、権力者が弁護士としての資格を奪いとろうとする事件がでっち上げられます。これが今村個人に対する冤罪事件、『今村懲戒事件』です。詳しくは、今村法律研究室から出版されたに訴訟記録を見ていただくしかありませんが（『今村懲戒事件㈠～㈥』、専修大学出版局、二〇〇七～二〇一一年）、事件のあらましは、次のとおりです。今村らは、貴族院議員藤田謙一に対する業務上横領事件、合同毛織事件の弁護人を務めておりました。ところが藤田の相被告人の一人が病気となり、分離して審理されることになりました。とすれば、藤田被告人も分離して審理がなされるはずであり、今村らの弁護人と裁判所との間で、その旨の合意も存在していたのです。ところが、裁判長の垂水克己は、併合罪を併合しないで別々に裁判するという暴挙に出ました。そこで、今村らの弁護人らは垂水裁判長の忌避の申立をしたのです。この垂水克己裁判長は、戦後、最高裁入りを果たし、あの松川事件では、田中耕太郎長官とともに少数意見に組みしたことで知られる裁判官です。今村の懲戒事件もあの松川事件も権力者によりでっち上げられた冤罪事件に他なりません。さて、垂水裁判長はこの申立を即日却下しました。今村らは抗告をして、抗告に対する裁判がなされるまでは退廷すると述べたところ、垂水裁判長は、「宜しうございます」ということで、今村らは退廷しました。これが、懲戒事件の引き金となりました。後日、今村らが忌避を申し立て退廷したことが、訴訟手続を中止して専ら訴訟を遅滞させる目的であるとの理由で、懲戒請求請求されたのです。今村は、起訴されて東京控訴院で有罪、大審院でようやく不処罰の判決が得られたのです。

五　今村の国家権力の思想問題に対する所見

専修大学の法学部の元教授でありました栄澤幸二さんは、訴訟記録の『大逆事件㈢』（専修大学出版局、二〇〇三年）で「大逆事件の歴史的背景と今村力三郎の思想的特徴」という興味深い御論文を書かれております。今村は、社会主義者や無政府主義者のみならず自分に対しても、権力者が非常の圧政をなし、言論集会出版の権利自由を奪い、甚だしきは生活の方法も奪っていると断罪しました。「今村力三郎は、言論・思想・表現の自由という、立憲政治にとって、必要不可欠な前提条件である市民的自由を制限・抑圧しようとする司法当局や、原敬内閣の許し難い「謬見」が、「壓制」と「迫害」ならびに下からの「反抗」や「暴力」を惹起する根因である。その結果は、「反動と失敗」に終わるだけだ、と断言していたのです。しかも、今村が権力の憂慮すべき動向として、こう述べていた事実を、重ねて強調しておきたい」。

話は少し変わりますが、私たちは、現在、東京地裁で「憲法二一条集団訴訟」を闘っております。この訴訟は、今は亡き日弁連会長の土屋公献弁護士らが呼びかけ人となり、平和と反戦を求めて集会を開催したところ、七〇名にのぼる公安警察が、会場の入口付近に蝟集し監視し、さらに、近くのカフェからビデオカメラで参加者のすべてを盗撮したことに対する国賠訴訟です。公安警察、その本質のみならず行動もかっての特高です。弁護団も二〇〇名を超えております。私も団長をつとめておりまして、この訴訟により、私たちは民主主義国家の根幹をなす基本的人権である集会の開催と参加の自由を憲法論として確立したいとの決意を新たにしております。私がこのように対応できる精神的支柱は、今村弁護士の「反骨」や土屋公献弁護士の「弁護士魂」が根付いていると云っても過誤ではありません。

しかし、今時の裁判官は、言論や表現の自由の擁護の最後の砦になっているでしょうか。私は現実はそのようでないと思います。日の丸掲揚、君が代斉唱の強制、それに異を唱える教諭の処分、官舎の郵便受けに政治ビラの投入を有罪とするなど、むしろ、裁判官は、民衆の表現の自由、集会の自由等に対する公権力からの侵害や弾圧と抑圧を背後で支えているかのようなていたらくです。

今村は、第二次大戦後に民主主義憲法が制定されても、これを「強く正しく尊守し、発展して」いくことができるかと問題提起し、「これを守る日本人が呉下の旧阿蒙（昔のままで進歩のない人）であっては憲法が憲法たる真価を発揮する事ができないと言い切ります。さらに、今村は、明治、大正、昭和の三時代を通じて、わが国の司法権は人権擁護の任務を尽くしてきたと言えるかと問い、「憲法が改まり、軍国主義の旧套を脱ぎ去り、民主主義の新衣を飾る日本国民も、最後の城壁たる裁判が、時勢や権力に阿附追随する醜態依然たるものであっては、民主主義の達成も甚だ心許ないものである」といいました。特に、裁判官に対する批判は、傾聴に値すると思います。

私は不幸な事であると思いますが、裁判官は戦争責任を問われなかったのです。ですから、先程触れた垂水克己裁判官も失職せずに生きながらえて、最高裁入りを果たしました。憲法七六条により、裁判官は良心に従いその職務を行うことができると身分保障されています。しかし、どうでしょうか皆さん。今時の裁判官は、俗にいわれるヒラメの裁判官、つまり最高裁判所事務局の評価だけに気を遣う裁判官が多くいる、い過ぎると思いませんか。今村は、裁判官の独立は裁判を神聖ならしめんとする精神的立法であって、決して、老巧若巧の保護や誤判の無責任を保障したものではないと断じました。わが国で発生してきた数多くの冤罪事件でも、裁判官も検察官も誰一人責任をとろうともしませんね。その例外は袴田事件の担当裁判官であった熊本典通さん位でしょうか。足利事件の森川検事も酷いですね。菅家さんに謝罪するどころか、組織防衛をして居直っておりました。さらに酷いことは、わが国では、このような冤罪事件の被害者に対しても国家賠償が認められない事が多いのです。青森で起きた弘前事件の那須さん、彼にも国賠は認められませんでした。今村の心配していたことが、まさしく、現実、そして日常的となっております（森下「今村力三郎」前掲書一三二頁以下）。今お話した例外が発生しました。一昨日下された横浜事件の国賠訴訟に対する大島裁判官です、実質的な無罪を認めたにとどまらず、国賠請求を認めた意義は大きいと思います。

六　ヒュマニストである秋水

(1)　死刑廃止論者

さて、幸徳秋水は、大逆事件の首謀者として絞首刑に処せられ、四〇数年の生涯の幕を綴じることになるのですが、この事件は、政府の陰謀的創作（「冤罪」）であったことが、後に総理大臣となる平沼騏一郎自らにより既に認められているところであります。今村が秋水の私選弁護人を務め、彼の無罪を確信し弁論してきたことは、『芻言』で知りうることであります。しかるに、大逆事件の被告人達は、暴力革命や明治天皇の殺害の共同謀議など全くしていないにもかかわらず、世間では「畏るべき事件」として、闇に葬り去られてきたのであります。むしろ、私は、幸徳秋水が権力を否定し、戦争に反対することに徹底したヒューマニストであったと確信していきました。明治三五年三月二四日付けの「死刑廃止」の社会時評は、まさしくその確信を裏付けるものです。そして、この時評は、現在でも死刑廃止論の核心を穿《うが》つ内容を備えております。

死刑廃止論の一部を紹介する。

「西人曰く、人の生命は地球よりも重しと、夫れ世に地球よりも重きの生命を絶たしむるに相當する程の犯罪ある乎、縦令如此きの犯罪ありとするも、誰か能く之を判別することを得る乎、神ならずして誰が能く人の生命を絶つべしと宣告しうるの資格を有する乎。…吾人は實に絶対の悪人なる者を想像すること能わず、而して實に之あることを信ずる能わず縦令之有りとするも、而も人は決して之を判別し得可からずして、而して其生命を絶つの権利ある可らざる也、況や其宣告の錯誤に出るを発見するも、一たび刑を行うや遂に回復の途なきや、況や道徳の標準や程度や、常に其の世代に随ってことなるをや、豈其死に當するの永遠に通じて動かす可らざるの犯罪なるものあらんや。而して、死刑は永遠に地球よりも重きの生命を断送する也。」（幸徳秋水『評論と随想』（自由評論社、一九四九年））。秋水は、このように述べて、死刑廃止を唱えました。そして、冤罪により取り返しのつかない生命の権力の剥奪の不合理性も指摘したのです。しかし、皮肉なことが起きたのです。死刑の求刑。悲しいことに、秋水は冤罪で死刑宣告され、わずか一週間後に処刑されたのです。

一九五〇年にティモシー・エバァンス事件が起きました。かれは、自分の妻と子供を殺したとして死刑を宣告され、そしてティモシー・エバァンスは処刑されました。しかし、実は、目撃証人をした隣の男が真犯人であったのです。わが国でも、再審によってかろうじて死刑台から還った人もおります。免田、財田川、松山、島田事件の元死刑確定囚であります。しかし、足利事件と並んで焦眉の的となっている飯塚事件の久間三千年さんは、既に処刑されているのです。わが国でも、冤罪で死刑に処せられるというおそましい国家犯罪が存続し続けている現実を直視しなければならないと考えます。

(2) 非戦論

幸徳秋水が時の権力者から抹殺すべき目標とされたことは、今日のシンポジウムのテーマに深く関わることであると思います。なぜ権力者は秋水を死刑台に送る必要があったのでしょうか。先程述べましたように、秋水の死刑廃止論の根底にあるのは、秋水が、一九〇四年の平民新聞に投稿した内容からも知ることができます。秋水は堺利彦と創刊した平民新聞に一文を載せました。「真理の為めに、正義の為めに、天下万生の利福の為めに、戦争防止を絶叫すべきの時は来れり。夫れ人類博愛の道を尽さしめんが為めに、人種の区別、政体の異動を問わず、世界を挙げて軍備を撤去し、戦争を禁絶するの急要」であると訴えたのです。

近代日本の国家権力は、被抑圧諸階層としての民衆、その利害を代弁する政治権力の下からの反権威的、反権力的、反体制的な運動と対決し、これらを根絶することに努めました。権力者は、直接的な行動にとどまらず、「厭世思想」や社会主義などを危険思想と考え、「流毒を未然に防ぐ」ためにあらゆる予防措置が講じられたという次第です。与謝野晶子が籌三郎《ちゅうざぶろう》が出征し、「死んで行くさだめを持った弟に対する嘆き」を「君死にたまうことなかれ」と読んだ（中村文雄『君死たまうこと勿れ』（和泉選書、一九九四年）一〇一頁以下）。秋水も、同様に、平民新聞の「兵士を送る」という時事評論で徴兵され日露戦争に出征する兵士を自動機械として、「英霊なる人生を強いる」ことに真っ向から批判していたのです。

さらに、秋水は、日韓併合についても論じております。今年は、日韓併合一〇〇年です。啄木風に表現すれば、日韓併合などの時代閉塞状況、すなわち権力者は併合という名目で日本帝国を作り出すために邁進しており、啄木はこれが口実に過ぎないことを断罪しております。このような秋水の日韓併合に対する断罪が正しかったことは、歴史的にすでに証明済みです。しかし、秋水は、時の権力者により、この非戦論を含めた博愛精神の持ち主ということがやり玉に挙げられ、目の仇とされ、死刑台に送られたという次第です。(http://www.ne.jp/asahi/anarchy/anarchy/data/koutoku02.html)

七　今村力三郎という人物

今村により、戦後執筆された『芻言後記』(本書三一七頁以下に再録)には、司法権のあり方について、重要なことが書かれているので紹介いたします。今村は、戦後民主主義憲法が制定されても、「強く正しく尊守し朽、発展して行く殊ができるか」について問い、「これを守る日本人が依然として呉下の旧阿蒙であっては憲法が憲法たる真価を発揮することが出来ないと思う」というのです。そして、さらに、「言論自由最後の城壁は、国家の司法権に依て擁護せられるのであるが、明治・大正・昭和の三時代を通じて、我司法権は果たして人権擁護の任務を果たしたでしょうか」。「憲法は改まり、軍国主義の旧套を脱ぎ去り、民主主義の新衣を飾る日本国民も、最後の城壁たる裁判が、時勢や権力に阿附追随する醜態依然たるものであっては、民主主義の達成もはなはだ心許ないものがある」。殊に、「裁判官を終身官とし独立官としたのは、裁判を神聖ならしめんとする精神的立法であって、老朽弱朽《ろうきゅう》の保護や誤判の無責任を保障したものではない」とした（森下、前掲論文一三二－一三三頁）。

今ひとつ歴史の皮肉をお話ししたいと思います。中村文雄先生がお書きになっておられるように、平出修《しゅう》は大逆事件で、崎久保誓一と高木顕明の私選弁護人を務めました。彼の弁護は「感服された」ようです。しかし、平出修は、三七歳の若さで死亡しました。皮肉であるというのは、長男平出禾《ひいづ》のことです。昭和三六年、坂本清馬と森近運平の再審の請求がなされました。この事件は最高裁大法廷に回付されましたが、担当検事が平出禾なんですね。何という巡り合わせですか。弁護団長は、再審請求の半ばで死亡した専修大学長鈴木義男、そして、平出禾は、後に専修大学の教授として赴任されたのです。はい、以上です（荒畑寒村『大逆事件への証言』（新泉社、一九七五年）一九六頁以下）。

八　終わりに

時間が参りましたので、私のお話を終えることにいたします。最後となりますが大逆事件は、世界各国でも知られ、轟々たる批判を受けた権力者による最悪の捏罪事件です。無辜の国民がゆえなく死刑台に送られた忌まわしき事件です。

私たちは、大逆事件を今一度再検証して、皆様方とともに、我が国の民主主義の礎たる、言論、思想、表現そして集会、さらには職業選択の自由を確立、維持するために邁進いたしたく思います。

（本稿は、二〇一〇年二月六日に専修大学今村法律研究室が開催したシンポジウム『大逆事件と知識人』における講演原稿である。今日に至るまでに、多々、事情は変化した、例えば、布川事件再審無罪、袴田事件のＤＮＡ再鑑定決定、後藤昌次郎弁護士のご逝去などである。しかし、本書への掲載に際しては、特に手を入れなかった。）

（やざわしょうじ・専修大学法科大学院教授）

今村公判ノート

今村　力三郎
森長英三郎編

年（　）

号

依頼人　幸徳伝次郎

件名

今村法律事務所

今村ノートについて

一、今村力三郎弁護人のノートは全部で十七冊（内古河力作分は何の参考にもならぬので省略しました）。

二、平出修弁護人の法廷覚書とともに、現在大逆事件の公判の模様を知る唯一の貴重なものです。

三、ノート中下欄に数字のあるものは、大審院記録の冊数と丁数です。例「十六ノ二九六」は第十六冊二九六丁のことです。「予調」とあるは「予審調書」の略号、「聴取」とあるのは検事の「聴取書」の略号。今村弁護人は各被告人ごとに有利、不利の材料を記録の丁数を示して索引的に集約したものです。短い期間に大変な勉強をされたものです。

四、下に丁数のない部分は公判における各被告人の供述です。従つて「公判摘要」のノート以外にも各冊にわたつて公判廷の供述が記載されています。

五、上欄及び随所に今村弁護人の意見または感想が書き込まれていますが、その部分はおのずからわかると思います。

六、草書で非常に達筆で書かれているので、判読するのに困難で、そのために本謄写で多くのミスプリントをつくりました。左に正誤表をつくりましたので、お手数ながら御訂正下さい。

（森　長）

正誤表

頁	行	誤	正
三	五	岡村	岡林
〃	七	知リ見モノ	知リタルモノ
〃	十一	至リ見ル	至リタル
四	四	加藤ママ	加藤咄堂（?）
五	八	シナキヤ	シナキヤ
六	五	全硫黄	金硫黄

（?）とあるは不安をもちながら判読したもの

頁	行	誤	正
七	七	横浜を物	横浜モ物
十一	十六	西内山	西　内
十二	十四	影響スル如何	影響スル事如何
十七	十三	答ヘ在キ	答ヘ置キ
十八	十六	新村カ頗ル	新村カ怒ル（?）
十九	四	テ逆罪	テ大逆罪
二二	二	聴取出	聴取書
二三	十三	起シタリ	起シタイ
二四	四	喰　ヲ	喰　テ
二七	五	書ケナシ	書テナシ
二八	三	人ヲ新村	人テ新村
〃	七	の計画	ノ計画
〃	十二	の空鑵	ノ空鑵
〃	上欄	幸徳の部	幸徳ノ部
二九	二	貰ヒ受ケレト	貰ヒ受ケント
〃	八	取リシ送レ	取リテ送レ
三〇	六	間　署	官　署
〃	十五	細君ノ事ニハ	細君ノ事ニ付

頁	行	誤	正
三一	四	ヲ富豪	ヲ焼払ヒ富豪
三二	八	為サシタルモ	為サシメタルモ
〃	十七	話レリ	語レリ
三七	十三	尤モカモ知レ又	犬カモ知レヌ
三八	三	之ヲ漏センニ	之ヲ漏セシニ
〃	六	革命テアル	革命モアル
三九	五	被告ヲ自宅ニ	報告ヲ自宅ニ
〃	〃	被告ヲ見テ	報告ヲ見テ
〃	六	報告ナトヲ	報告ナルヲ
〃	九	幸モ	幸徳モ
四〇	十	三重ニママリ	三重ニ去リ
四三	五	其買タル人	其署名人
四四	六	ナル各前ニテ	ナル名前ニテ
〃	九	貴族トヤリ	貴族トアリ
〃	十	診　療	診　察
〃	十三	云フヲ居ル人アル	云フテ居ル人カアル
〃	十八	行ハザルトキハ	行ハザルトセハ
四五	八	話セリシニ	話アリシニ

頁	行	誤	正
四五	十一	述ブヘキ答ナ	述ブヘキ筈ナ
四七	十七	起ルヲママテ	起ルヲ援テ（?）
四八	十四	云々トママセラレ	云々ト難詰セラレ
〃	十七	通リママシウム	通リ宜シュウゴザイマス
〃	上欄	巡査ママ	巡査添付
五〇	一	各ハ揚テヌ	名ハ揚ラヌ
五三	三	嘉六日	嘉六曰
〃	八	依頼ヲママケ	依頼ヲ援ケ（?）
五四	一	之レラ	之レテ
五五	九	シハ宮下ヘ至極	シテ宮下ハ至極
五六	四	宜シトヤセリ	宜シト申セリ
〃	八	人　数	人　類
〃	上欄	大杉ヤスオ	大杉ヤスヲ
五七	八	話モナリ	話モナク
〃	十七	談其名簿	読者名簿
五八	二	問ヒタルナク	問ヒタルナリ
〃	六	目的ニヤラス	目的ニアラス
〃	十四	暗殺セヨトキハス	暗殺セヨト云ハス

頁	行	誤	正
五八	十九	行フヲ主義	行フテ主義
五九	七	筈ナレ	筈ナシ
〃	十四	森近軍平	森近運平
〃	十六	申聞ママラレ	申聞ケラレ
〃	十七	申聞ママニ依リ	申聞ケニ依リ
〃	十九	来訪セントキ	来訪セシトキ
六〇	三	「内山愚堂午後」	（この五字を四行目とする、すなわち次行以下の見出し）
〃	四	訪ヒレハ	訪ヒシハ
〃	五	横浜ヘ何モ	横浜ハ何モ
六一	十三	入ラシトスル	入ラントスル
〃	十六	所以テ	所以ヲ
〃	十七	非ラヤ	非スヤ
六三	十	ハ岡林	ニ岡林
〃	十三	夫レヲ過激	夫レハ過激
〃	十四	必要ナラシカ	必要ナランカ
六四	六	岡　村	岡　林
〃	十五	公判延	公判廷
六六	六	約束ナリ	約束ナク

頁	行	誤	正
六六	十一	同意スガ之	同意ス加之
〃	十四	式ニ対シ	弐ニ対シ
六八	一	大石ニ被告	大石ニ報告
〃	八	自由ナリ	自由ナク
〃	十八	セヨトヤ送	セヨト申送
六九	七	博レ謄力	博シ謄力
〃	十二	幸徳宅ニテ眩キタル	幸徳宅ニテ聴キタル
〃	十八	申遣ハンタリ	申遣ハシタリ
七〇	七	借入シ送リ	借入レ送リ
〃	十八	十月也ママノ	十月也敵ノ
〃	十九	事ナリ少シモ	事ナソ少シモ
七一	一	徒食ノママハ	徒食ノ輩ハ
〃	十六	武器トシテ在カン	武器トシテ研究シ置カン
七二	十四	製造スル奴之ヲ	製造スル故之ヲ
七三	八	革命ヲ免ンサル	革命ヲ免レサル
〃	十	伝播ナリハ	伝播ナクハ
七四	六	森近ヘ家族	森近ハ家族
〃	十三	善クト云ヒシ	善イト云ヒシ

頁	行	誤	正
七四	十七	問ハル、ハ	問ハル、レハ
七五	一	ル、筈ナシ	ルノ筈ナシ
〃	三	談話ナル	談話会ナル
七六	三	帰タ	帰レ
〃	十二	意見トンテハ	意見トシテハ
〃	〃	豫　書	豫　審
七七	三	上京正々ハ	上京云々ハ
〃	十六	以下ママ取出	以下聴取書
八〇	十三	ノ如キハ	××ノ如キハ
八一	十一	熟レヲ	熟シテ
〃	十二	一蹴ニシテ	一班ニシテ
〃	十三	平等モ	手段モ
〃	上欄	ハ思想ヲ論也	ハ思想ヲ罰スル論也
八二	三、四	無政府主義	無政府主義者
〃	十四	スルヲ滅却セシメタルナリ	スル心ヲ滅却セシメタルモノナリ
〃	十六	表ハレタル	表ハシタル
〃	上欄	本気ニ之ツノ	本気ニ立ツノ

頁	行	誤	正
八三	八	一ノロ談ナリ	一ノ嘘談ナリ（?）
〃	上欄	決意セシハ	決意セレハ
〃		言下ニ確答セラル事	宮下ニ確答セサル事
八五	八	善ハ四	善八回
〃	十四	真意ナリシテ	真意ナクシテ
八六	十	ノ是ナリ	ヲ是ナリ
八七	十九	主義ニ非ス	主義者ニ非ス
八八	上欄	之ハ相談セシハ	之モ相談セシハ
〃		経歴ママ証ノ自由	経歴ヲ証ト言ハ無証ノ自由

平出大審院特別法廷覚書

頁	行	誤	正
四一	一〇	レ逆意ノ	シ逆意ノ

平出意見書

頁	行	誤	正
六一	十二	悪く約せられ	悪く解せられ

頁	行	誤	正
〃	十三	了約し得た	了解し得た
七二	十九	彼の客ママ	彼の答弁

原文のまま写したるも、正字を推定すると

頁	行	原文	推定
二〇	一	清水太郎	清水太市郎
二三	一〇	爆	爆裂弾
三〇	九	相談ヲナルヲ	相談ヲセルヲ
三三	九	天下ヲ	天子ヲ
六〇	十三	席マ	席　間
七二	七	森近ト大石トハ	森近ト坂本ハ

左の頁の棒線抹消はそのまま写したるもの
一九、二八、二九、三四、三九頁

【編注】森長氏作成の「公判ノート」原典では、ノート下部に算用数字のページ番号が印刷されており、正誤表では漢数字でページが表示されている。本書では原典にしたがった。

年（　）号

依頼人

件名

刑法第七十三條罪

△大石誠之助
△幸徳伝次郎
△管野スガ
△森近運平
△新村忠雄
△仝善兵衛
△宮下太吉
○武田九平
○松尾卯一太
○新美卯一郎
□岡林寅松
□小松丑治
○峯尾節堂
□内山愚童
△古河力作
官選
○飛松与次郎

今村法律事務所

内山ニ問
海民病院ニテ硝子ノ管ニ硫酸云々ト言ヒシハ何故カ
石巻ニ横浜ノ曙会ニテ爆弾ヲ研究スト告ケシ如何
田中佐市二五ノ二
四八丁参照
松尾ノ申立
幸徳へ質問
宮下ノ申立
成石ノ申立後
忠雄カ無政

新村忠雄　古川力作　宮下太吉　管野スガノ四人間ニテ謀議セリ

新村忠雄カ大石方へ来リシハ四十二年春書面ヲ以テ幸徳へ薬局生ノ周旋ヲ依頼シ幸徳カ新村忠雄ヲ遣ハシタリ此時一ケ年以上継続ノ約東ナリシカ其夏幸徳カ無人ニテ困ルトテ忠雄ヲ返シ呉トノ申入アリ同年八月東京へ戻セリ同年九月中ニ忠雄ヨリ紀州へ帰ルトノ通知アリシモ其時ハ忙シクモナリヌ一年ノ約ニ背キタルヲ不快トスルヲ以テ再ヒ来ルニ及ハサル旨ヲ返事セリ

一七六九ノ二　社会党分派事情
一五五一ノ二　謀叛人ノ隊長

太吉ニ問　忠雄ト太吉トハ相互ニ事情ヲ明セシ人各々ヲ告ケ合ヒタリヤ

忠雄ニ問フ大石ニ対スル申立予テ面会ノ節話セシ事ト違フハ如何

太吉ニ問フ試発ノ場所ハ警官ニ発見スル能ハス予

府主義者ノ暴挙云々ト云ヒシハ如何

主義ヲ捨テシモノハ古河力作。宮下太吉。佐々木道元。内山愚童。峯尾節堂。飛松与次郎。三浦安太郎。武田九平。坂本清馬。成石平四郎。

無政府主義ノ概念

革命ノ意義

無政府主義ノ目的ヲ達スル方法

新村　松尾　大石

幸徳　岡村　飛松

新美　宮下

忠雄曰幸徳宮下管野忠雄古河・五人ノ外ニハ此計画ヲ知リ見モノナシト信セシニ四十三年五月十四日ニ宮下カラ明科ニ於テ清水太市郎ニ打明ケタリト聞キ大ニ驚キ明科ヨリ屋代へ帰リ五月十七日晩着京ス管野ニハ面会シテ此事ヲ告ケ幸徳ニハ湯河原へ手紙ニテ報ス

紀州ニ至リ見ルトキ大石ニ宮下ト云フ職工アリ実際運動ヲヤルト云ツテ居ルト告ケタリ又宮下七月十九日ニ塩酸加里ヲ送リ呉ト云ヒ来リシトキ大石ニ告テ畑村ヨリ取リテ送ル

宮下太吉曰幸徳管野新村古河宮下ノ五人ハ計画ヲ知レリ但幸徳ハ実行ニ加ハラズ

新田ト清水ニ話シタル事ハ前以テ忠雄ニ告ケズ後ニ明科へ忠雄ヲ招キテ之ヲ告ケタリ

十一月三日試発ヲナセリ時間ハ午後ノ七時ヨリ八時迄ノ間ニテ明科ノ村端瓦屋ト酒屋ト相対スル所ヨリ大足街道ノ終ヲ十町程山中ニ入リ大足街道ヨリ山壑ニ向テ投ケタリ

大石曰金銭ヲ与ヘタルハ社会主義者ノミナラス其他加藤□□与謝野等ニモ与フ

新村忠雄其他ノ青年ノ大言壮語ヲ聞キテモ聞流シトナシ居タリ

成石勘三郎ニ鶏冠石ヲ与ヘタルモ塩酸加里ヲ与ヘズワセリン油ヲ入レヨト教ヘタルハ摩擦ヲ拒クモノ故之ヲ混入スレハ無効トナルト信シタリ

松尾卯一太

飛松ハ熊本評論ニ居タルハ十四五日ナリ其後ハ卯一太ノ宅ニ七月末ヨリ十一月迄同居セリ

主義上ノ事ハ飛松ニ話サス

郷里へ帰テ役場ニデモ出デヨト忠告ス

佐々木ニモ教員デモセヨト忠告セリ

岡林寅松

海民病院ノ応接間ニテ内山ニ面会セリ応接間ハ三十丈位アリ

内山ヨリ入獄記念無政府共産ヲ配布シタリヤトノ質問アリ小松岡林
中村浅吉ノ三人ノミ見テ配布セズト答フ
内山ヨリ幸徳カ余命幾モナケレハ大ニ決スル所アリトノ話アリ
内山カ神戸ニ企アリヤト問ヒ平民クラブハ茶話会モセズ又何モ運動
セズト答ヘタリ
暴力革命ノ話ハ記憶ナシ
爆裂弾ノ話ヲ内山ト小松ト対話中岡林カロヲ出シリスリンモ入レハ
シナキヤト言フ

新美卯一郎
無政府主義ニ傾キタルモ何人ニモ語リタルコトナシ原田判事ニノミ
此心中ヲ語レリ

幸徳
社会主義ノ伝道ヲナセトシ無政府主義ノ伝道セズ
飛松与次郎
松尾カ読者名簿ニ依テ熊本評論社記者ノ名刺ヲ以テ読者ヲ訪問セヨ
ト言ヒシハ読者ノ意見ヲ聞テ新聞ノ材料ヲ得ントスルニ在リテ
決死隊ノ話ナシ
鑑定摘要

二ノ一一七　鑑定命令　松本ノ押収品成分　危険爆裂等
二ノ三三五　鑑定命令　被告大石ニ付前項同一ノ鑑定命令
四ノ　三八　鑑定命令　被告森近ニ付前同様
四ノ一六九　鑑　定　書
六ノ二六四　塩酸加里ト全硫黄ノ配分其他ノ照会
八ノ二九二　鑑定命令　塩酸加里鶏冠石其他ノ調合ニ関スル鑑定
八ノ二九六
　右ノ鑑定

又逢歳改独長叶　四十無聞　奈下愚始信文章真末技　却知漁釣是良
国
離家懐母客情切売衣典衣生計迂　海内交遊如聞我　百年碌々一寒儒

裁判長ノ摘読ハ悉被告事件ニ不利益ノ点ノミニ限レリ被告ニ利益ナル部分ハ少シモ摘読セズ斯ノ如クシハ陪席判事ニ果シテ如何ナル心証ヲ与フヘキヤ不利益測ルヘカラズ之ニ処スル如何

◎
大石ノ証人
中口光次郎
井手義行
冲野岩三郎
松尾新美ノ為
松尾静枝
武田九平ノ為
福田武三郎
奥宮健之ノ為
飯野吉三郎

四十一年七月幸徳大石等舟ヲ熊野川ニ浮ベタルトキ同舟シタルモノハ中口光次郎井手義行冲野岩三郎ノ両氏アリ

麹町区紀尾井町諏訪館
玉置醒

紀州ニテハ成石平四郎本年六月廿七日爆発物取締規則違犯ニテ勾引セラレ七月四日武富検事出張七十三条ニ仕上ケタリ横浜ノ田中佐市ニ対スル小山検事ノ筆法成効シタルナリ武富ナラハ横浜を物ニシタルナラン

宮下太吉幸徳ニ計画ヲ話シタルニ幸徳同意セズ
太吉ノ長野ニ於ケル検事聴取書　一ノ一八
五月廿六日付忠雄宛ノ手紙ニ「君カ爆裂弾ヲ持ツテ居ナクナツタ
云々ニテ幸徳ノ無干係ヲ知ルニ足ル　忠検聴　一ノ一三六
古河力作ハ此計画ヲ幸徳ニ話サズ又新村ニ幸徳ニ話シタカト聴キタ
ルニ同人モ話サスト答ヘタリ幸徳先生ヲ此計画ニ引入ルノハ宜シカ
ラズト思フ　古川聴取　一ノ一四三
幸徳ヨリ忠雄宛押第一号ノ一四七ニ君カ爆裂弾ヲ持テ居ナクナツタ
云々ノ流説ハ謄写版ノ訛伝ニテ滑稽ナリトアリ
以テ幸徳ノ無干係ヲ見ル可シ　証拠物三冊　三六
太吉カ最初ニ此計画ヲ話シ賛成ヲ求メタルハ幸徳森近ノ二人ナレト
モ二人共賛成セス　太吉検聴　二ノ四三
管野ノ鈍イノハ幸徳ノ止メテ居ル為ト思フ　同　上　二ノ四五
幸徳ハ三月廿二日管野ト湯河原ニ赴キ幸徳ハ管野ヲシテ新村宮下ノ
計画ニ加入セシメル態度ヲ探ル　幸徳検聴　二ノ八三
四三年一月幸徳宅ニテ忠雄ト力作ト話シタルトキハ幸徳管野ハ不在
忠　予　二ノ一〇一
爆裂弾事件ニ付幸徳ニ何等ノ相談ナシ　管　予　二ノ一三〇
幸徳ハ筆ノ人ニテ主義ノ伝道ニ適スルモ実行ニ適セス　管　予　二ノ一三〇

余又開タロカ塞カラヌ

此点大ニ疑問也

幸徳ハ著述ノ為メ残シタイ　同　　同

新村ヨリ宮下カ爆薬ヲ清水太市郎ニ預ケタリト聞キタルトキ親愛スル幸徳ニサヘモ秘スル事テアルノニ宮下ハ何故軽忽ナ事ヲスルノカト言フ　管　予　　二ノ一四五

何ンニモ知ラヌ幸徳ヤ新村善兵衛カ被告トナリ爆薬ヲ預ッタ清水カ被告ニナラヌト聞テ開タロカ塞ラヌ

清水ハ犬ナリ　管　予調　　二ノ一四

忠雄曰幸徳ト管野ト同居セシムレハ管野ノ決心カ鈍ル故可成幸徳ト分ルル様ニセヨト説ク　忠　予　　二ノ一五九

四二年秋管野新村古河ノ三人爆裂弾テ天皇ヲ斃ス事ヲ相談セシモ其席ニ幸徳ハ居ラス　古　河　予　　二ノ一六三

幸徳ハ全然仲間ニ非ズ国ニ母モアリ本人モ遣ルマイト思フカ話サヌ事ニ約束セリ　　二ノ一六六

四二年一月出京シテ宮下太吉ハ幸徳ヲ訪ヒ爆裂弾ノ計画ヲ話シタルニ幸徳ハ向後左様ナ必要ナ場合モアラン又左様ナ事ヲ実行スル人モ出テ来ラント答フ

太吉予」　　二ノ一九六

宮下カ爆裂弾製造法ヲ発明セリトノ手紙ヲ幸徳ニ送レリ

古　河　予　　三ノ二八

年（　）　　号

依頼人　管野スガ

件名

今村法律事務所

管野五回予ニ幸徳ノ決心ノ状況ヲ詳述ス

宮下カ計画ヲ幸徳ニ話シタルトキ幸徳ハ後来其必要モアロウ又其様ナ事ヲ致ス人モ出来ルテアロウトノミ云ヒ賛否ヲ云ハス　太吉予　三ノ五二

太吉ハ爆裂弾発明云々ト幸徳ニ申送リタル事ナシ若シ幸徳カ古河ニ話シタリトセハ管野ニ通知セシ事ヲ伝聞セシナラン　太吉予　三ノ五五

幸徳ハ宮下太吉ノ計画ヲ称揚シテ忠雄ニ語ル　忠予　三ノ一六五

忠雄曰四十二年九月紀州ヨリ帰リ平民社ニ於テ管野幸徳忠雄ノ三人ニテ爆裂弾ヲ元首ニ投付クル具体的ノ相談ヲナス　忠予　三ノ一六六

幸徳ハ初メ計画ニ同意シ後ニ臆病ニナル　忠予　三ノ一七〇

四二年二月中宮下太吉カ平民社ニ来リ爆裂弾ヲ以テ元首ヲ斃ストノ事ハ幸徳ヨリ聞ケリ　管野予　三ノ二二二

幸徳カ決死ノ士五十人モアレハ大ナル革命運動カ出来ルト云ヒシ様ニ思フ　同上　三ノ二二三

幸徳ハ革命ノ実行ハ加ハラサルモ其相談ニ与ッタニ相違ナシ　同上　三ノ二二四

幸徳ハ本年二月頃ヨリ結局駄目ラシクナリ革命運動ハ到底成功スル見込ナシトテ実行ニ干与セズ　三ノ二二八

一月一日平民社ニ於テ宮下携帯ノ鑵ヲ投ゲテ代ル〳〵稽古ヲナス　太吉予　三ノ二三八

四十二年二月中太吉来訪爆裂弾ヲ以テ害ヲ至尊ニ加ヘントスル事。

同年九月忠雄管野幸徳等ト至尊ノ通御ヲ覗フ事。決行ニ同意シタル
事四十三年一月太吉上京空鑵ノ試擲ヲナセシ事四十二年十一月五六
日此太吉ヨリ爆裂弾試発ノ報アリシ事四十三年二月小泉細野等ノ忠
告ニ依リ計画ニ干係ヲ絶チシ事

幸徳第二回　三ノ二六一

新村カ爆弾ヲ持テ所在不明トナリシ事ハ永田常太郎ナル巡査カ幸徳
ニ告シナリ　永田予　三ノ二九四

忠雄曰幸徳管野ハ今回ノ計画ヲ企テ忠雄等ハ賛成者ナル事。幸徳ハ
今回ノ計画ノ成効不成効ニ拘ハラス思想上ニ効果アル事　忠。六予　三ノ三〇三

太吉曰四二年四五月頃　幸徳宛ニ主義ノ為ニ倒レルト云ヒ送リタル
トキハ幸徳一人宛ナリシカ返事ハ管野ヨリ来レリ　太十四回　五ノ七一

忠雄曰爆裂弾ノ割合ハ塩サンカリト鶏冠石トヲ四ト六ノ割合ニテ製
造スルモノナリトノ事ヲ幸徳ヨリ聞キテ太吉ニ報知セリ　忠　予　五ノ七九

四二年十月自宅ニ於テ爆裂弾ノ製法ヲ忠雄ニ指示ス
幸徳聴取　五ノ二六三

奥宮健之曰幸徳ニ爆裂弾ノ事ヲ問ハレ西内山正基ニ合剤ノ割ヲ聞キ
教ヘタリ　奥宮健之二回　六ノ一〇七

健之曰試験（爆裂弾）ハ好成績ナリト幸徳ヨリ通知アリ
同　六ノ一一四

幸徳カ暴力革命ニ決死隊五十人ヲ要スト八議論ニシテ実行ヲ準備セズ
忠雄十一回
六ノ一八六

宮下ハ亀崎ヨリ明科ニ赴ク途中四十二年六月六七両日ハ平民社ニ宿泊シ爆裂弾ヲ以テ至尊ニ危害ヲ加フヘキ事ヲ相談シ管野幸徳之ニ同意ス
幸徳予
十六ノ六

四十一年十一月頃幸徳ハ坂本清馬ニ地方ニ行キテ決死ノ士ヲ募ツテ呉レト頼ミタリ
坂本
十六ノ二七九

決死ノ士五十人ト運動ニ要スル金カアレハ大仕掛ノ革命運動ヲナサント欲スレトモ決死ノ士モ金モナキ故大仕掛ノ革命ハ出来ヌト幸徳ハ云ヘリ
予太吉二〇
七ノ五

幸徳ハ坂本ニ対シ決死ノ士ヲ地方ニ募レト云ヒ坂本ハ之ヲ承諾ス
坂本聴取
七ノ三

宮下公判
幸徳ニ今日大逆罪ヲ実行スレハ無政府主義ニ影響スル如何トノ意見ヲ尋ネタリ

卅九年七月帰朝秋迄帰郷四十年日刊新聞ヲ発刊シタレトモ直接行動ヲ主張シタリ労働組合ハ皆直接行動ヲ主張ス組合ハ無政府主義カ愛

国主義モ包含ス無政府主義ハ伝道セス
四十年四月ニ日刊新聞ハ西園寺内閣ノ圧迫ノ為ニ倒ル
総同盟罷工論ヲ飜訳セリ原稿ヲ書肆ニ売ル本書カ活字迄組上タルニ
警視庁ノ圧迫ノタメ出版セズ四十年七八月頃社会主義夏期講習会ヲ
開キ道徳論ヲ講ズ
四十年十月帰国ス此時清人張啓〔継〕ニ総同盟罷工論ヲ渡ス其後東京
ニテ経済組織ノ未来ト題シ出版セラル
大阪紀州熊本ノ人等ニ皇室論ヲ唱ヘタル事ナシ
大石ニハ一二回熊本ノ松尾新美ニ一度大阪へ帰国ノ時一度逢ヒタリ
大阪ノ人ニ逢ヒシハ初面会ナリ歓迎会ハ酒食ノ間ニ名乗リテ自分ノ
感想ヲ述ベタルノミ其時ノ挨拶ハ智識・富・自由ノ三ニテ科学生産
反抗カ此三ノ必要ナリトノ旨意ニテ当時ハ大阪平民新聞ニ載セタル
モノヲ奇貨トシタルナラン
紀州ニテ大石又ハ其ノ他ノ人ニ逢ヒシモ皇室ノ事ヤ無政府主義ノ事
ヲ話サス
無法ナル迫害ヲ加ヘルモノニ対シテハ反抗スルハ権利ヲ重ンスルノ
為ニシテ無政府主義者トシテノノミニアラズ
之ニ対シ演説会ヲ開キ大ニ抵抗セントシタルモ同志カ之ヲ諫止スル
ヲ以テ一時見合セタリ然シ貧富ノ懸隔益甚シク間接ニ貧民ヲ殺スモ

ノナルハ此不景気カ続キ凶年カ続キタルナラバ富豪ノ財ヲ収用シテ貧民ヲ賑ハストノ意見ヲ述ヘ大石松尾等ニハ此時ニ処スル心構ヘヲシテ呉レト申セリ

計画トシテ話シタルニアラス或ハ貧民カパンヲ呉レト云ッテ王宮ニ迫リタル事モアレハ日本テモ二重橋ニ迫ルカモ知レヌト云ヒタルノミ

二重橋ニ迫ルトハ危害ヲ意味セズ示威運動モ請願モアルト云ヒシニ是ハ書カズ

成石カ爆弾ヲ研究シ居トノ事ハ新村ヨリ聞キタル此後ノ事也

大石松尾ヨリ東京ニテ話シタル事ニ付何等ノ通信ナシ四十一年十二月ニパンノ略取ヲ出版シ十二月一月ハ多忙ナリ

四十二年二月宮下来

同年四月雑誌ヲ発行セントシタルモ五月ニ発行ス

同年六月爆弾ノ方法ヲ知リ信州へ行クト云フヲ之ニ賛成セリ然シ此時ニ確然タル約束デハナシ古河モ推薦ト云フ程ニ非ス九月ニハ激昂シ天皇ニ爆弾ヲ投ケントスル話ハ九月ニ出タ

雑誌ハ禁セラレ千円ノ罰金ヲ科セラレ警察ノ圧迫ハ益甚シク政府ノ胆ヲ奪ハントシテ此計画トナル

此頃主義ノ為利害如何ニ惑ヒ奥宮ニモ相談セリ

大石モ相談センカト思ヒシカ手紙ヲ書クカ書カヌカ覚ヘス但シ大石
ヨリ手紙ヲ得タル覚ナシ
宮下ノ爆弾ノ出来ルヤ否ハ不明故新村ヲ明科ニ遣ハス新村ヨリ宮下
ハ出来ヌ様子ナリトノ事故奥宮ニ聞テ教ヘタリ
十一月三十日管野退院ト同時ニ引込ム相談ヲナシ四十三年一月ニ宮
下来ル

五月十四日増田方ノ管野ノ枕辺ニ於テ実行ノ際管野ヲ合図役ニスル事ヲ談合ス　忠検聴　二ノ五一

管野スカ子武富ヲ痛罵ス　二ノ六八

赤旗事件ノタメ革命ト暗殺ヲ行ハント決心ス　二ノ一三一

管野通御ノ警戒ヲ笑フ　二ノ一三四

赤旗事件カ動機ト為リ遂ニ過激急進ノ実行者トナル　管予　二ノ一三八

新村カ紀州ヨリ帰テ後四十二年九月頃幸徳カ一度大石ニ相談シテ見ヨウト申セリ大石カ最初ヨリ知レハ九月ニ相談ショウカト云フ筈ナシ

善兵衛ニ対シ外国ニ行クト忠雄カ申シ居タリ

幸徳ト湯河原ニテ分レ六月十三日ニ幸徳ヨリ先妻ニ送リタル手紙ヲ見テ幸徳ト分レル事ヲ予審判事ニ通知シテ貰ヘリ

私も時々天子の行列を見ましたか警戒なら誠に笑ふへきもので爆弾さへあれは何人の手も借らす私一人て目的を遂けられる

年（　）号

依頼人　新村忠雄

件名

今村法律事務所

管野ノ紹介ニテ宮下太吉ト書面ノ往復ヲ為シ遂ニ太吉ノ計画ニ加ハル
（太吉ノ長野検事局聴取）　一ノ一九

今度ノ目的ハ元首ヲ斃スニ在リ
忠聴取　二ノ二七

四二年九月明科ニテ太吉ヨリ元首ヲ斃ス話ヲ聴キテ之ニ同意ス
忠検聴　二ノ六

太吉曰鑵ノ製法形状薬ノ配合ハ忠雄ヨリ四十二年十月中ニ書面ニテ申来ル
太十三回　五ノ五七

革命ノ資本ヲ一万円ト予算シ管野ト忠雄ト両人ニテ引受リ
忠十五　十六ノ七八

公判廷ニ於ケル忠雄ノ申立

小原検事ノ取調ニ対シ宮下ノ計画ニ参同シタル事ヲ答ヘシカ小原ハ幸徳大石ノ煽動ニテ此計画ヲナシタルモノナリト責メラレ赤旗事件ニ付憤慨シタル旨ヲ答ヘ在キタリ

大石カ拘引後幸徳管野新村宮下ノ計画ナル旨ヲ申立タリ

社会主義ニハ非戦論ヨリ入ル

中江板垣等ノ政治論ヤ村会議員ノ行動ニテ社会主義ニ入ル

講習会ニ来リ東京ノ同志ノツマラヌ様ヲ見テ田舎ニ帰リ同志ト伝道ス

赤旗事件ニ付警察官ニ喧嘩ヲ仕掛ケラレ二年ノ刑ニ処セラレヌ一刀

養老館

両断帝王首ト書キタリトテ佐藤ナル青年カ三年半ノ刑ニ処セラル

坂本カ自分ハパンノ略取ノ署名人ニテ近々拘引セラレル故幸徳ハ一人トナリテ困ル故来テ呉レト云ハレ上京シテ面会シテ見レハ検事局ヘ呼出サレルカ「ツライ」トテ泣テ居ル竹内曰彼奴ハ熊本テモ困テ追返サレタ森近モ弱クテ駄目ダ

坂本ハ無政府主義者トシテ彼レテハ駄目タト攻撃シタラ飛出ス森近モ誤解テ幸徳ヲ攻撃ス自分カ同志ノ不真面目ナルニ憤慨シタル折宮下カ出来リ天子ヲ遣ルト云ヒ大ニ之ニ感シ此時成石カ来リ大石ハ大人物ト聞テ居ル故逢テ見タイト思フテ紀州ニ行ク

大石方ニテ何カ職業ヲ求メントシテ大石ニ相談シテ薬局生トナル

大石ノ書タモノヲ編輯セリ

紀州ノ人カ無茶苦茶ニ自分カ偉ヒモノノ様ニ申立被告カ弁解シテモ例ノ武富ハ聴入レズ

新聞ヲ拵ヘル為メ太吉ニ金ヲ出シテ呉ト云ヒタレトモ明白ニ答ヘズ

成石カ仏露革命ノ話ヲナシ新聞ノ話ニ至ルト大石ハモー帰ルト云フテ成石新村カ頻ル其ノ後又、峯尾カ怒テ寺ヘ帰ル

東京ヘ帰テ後一時ニテモ東京ヲ無政府ノ状態ニシテ資本家ヲ脅カシテ遣リタイト話セリ

信州ニ至リ宮下ニ逢フテ話スト宮下ハ社会主義ノ学者ヲ攻撃シ自分

独リテ遣ルト云フカラ賛成ス天子ニ対スル態度ハ初メヨリ幸徳ハ反対
二月十三日ニハ宮下ノ計画ヲ聴キ九月ニ至リテ初メテ宮下ト両人ニテ逆罪ヲ決心ス東京ニテハ此決心ヲ何人ニモ語ラス紀州ニテ語ル
紀州ニテ東京ノ話ヲナシ宮下ハ感心ナ男ダ爆裂弾ノ研究ヲシテ居ルト語レリ天子ニ危険ノ事ハ少シモ話サズ
東京へ帰リシ後大石へ何モ通知セズ
四十一年十一月平民社ニ於ケル革命云々ハ唯話アリシノミナリ此時ニハ暴力革命ノ話ナシ

年（　）号

依頼人　宮下太吉

件名

今村法律事務所

宮下太吉　清水太郎ニ爆発物製造乃共同目的ヲ語ル
清水第一回聴取書　一ノ四三

清水太市郎宮下太吉ノ爆発物製造ノ目的ヲ陳述ス
清水聞取書　一ノ一〇七

新田融ニ情ヲ告ケテ同人方ニテ製造ス
宮下聴取書　一ノ一三〇

本年三四月頃清水太市郎ニ計画ヲ告ク　一ノ一三三

管野ハ実行ノ際ノ合図役　一ノ一三四

関西御巡幸ノ際ニ元首ヲ斃ス決心ヲナス
太吉予　二ノ一九〇

亀崎ヨリ明科ニ赴ク途中東京ニ来リ四十二年六月初メテ管野ト元首ヲ斃ス相談ヲナス
太吉予　三ノ五四

宮下太吉カ武市製材所ニ来リテ器械据付中外出シタルハ二月廿五日ノ十時ヨリ二月廿八日ノ朝ヨリノ二度
証人　関根栄司　三ノ一五三

七巻四一丁以下検事小山松吉報告書

太吉曰日露戦役中華項宮殿下カ三笠ニテ負傷シ玉ヘル記事ヲ見テ涕泣ス。自分ハ社会主義ノ書ヲ見テ他ノ書ヲ見サル為メ迷信ニ陥ル。此度ノ同志ハ皆不具者也幸徳管野ハ病人古河ハ矯小忠雄ハ生殖不能ニテ自分ハ片輪ト道連トナル。

今日限リ社会主義ヲ捨ツル証拠トシテ貴官ノ知ラヌ事ヲ申立ツトテ
記録ノ事ヲ陳ブ奥宮ノ事ヲ述ブ

年（　）号

依頼人　古河力作

件名

今村法律事務所

力作ノ弟三樹松妹ツナ何レモ矮小十一歳ト八才

力作ノ父母ハ従兄弟ノ結婚

川田倉吉ノ聴取書又ハ調書ノ趣旨ヲ聞キタシ

虚政ヲ行クモノニ対シ今年ノ秋期ニ爆裂弾ヲ投スル事ノ相談ヲ新村ヨリ受ケ之ニ同意ス　力作聴取書

元首ニ対シ凶暴ヲ加フルノ意ナシ

古河力作社会主義ヲ捨ツ　力作予

力作ノ叔母古河チヨ白痴　七八年前死

力作ノ曽祖父三島孫右衛門ノ妹アサ白痴

力作ノ曽祖父孫右衛門　白痴

孫右衛門ノ祖母ヤス白痴

力作ノ祖母古河サクノ弟古河教成　狂

力作ノ祖母古河サクノ叔父古河嘉六　狂

力作ノ父慎一ノ従弟古河成一（教成ノ長男）ハ現存セルモ頗陰鬱

唐楽園ノ主人遠藤熊児ノ妻同ヲトナ（音鳴）ナルモノ力作ノ横浜ヘ行キ投身スト騒キタル事ヲ知ル

婦人ハ先天的ニ物ヲ擲ル事ハ出来ス管野カ婦人ニシテ此計画ニ入リ抽籤ニ加ヘルハ甚可怪

一ノ一四二

一ノ一四三

三ノ一三九

古河も流の
音に恐れけ
むしんそこ
さくるけふ
の久るしさ

四十一年春田畑脳病院ニテ一度診察ヲ受ク

一月一日ニ宮下カ帰リ去リ嘘ト思ヒ抽籤ニテ半信半疑トナリ書面ヲ出ス

宮下カ心カンフツタノヲ抽籤ニ加ヘタル事新村ノ来リシハ銭ヲ借リニ来リシ事

年（　）号

依頼人　森近運平

件名

今村法律事務所

◎ 太吉森近運平ニ計画ヲ告ケタルニ森近ハ妻子アル身分故仲間ニ入ラスト断ル　（太吉ノ長野検事局聴取出小原　一ノ一八

◎ 太吉カ此計画ヲ話シ賛成ヲ求メタルハ幸徳森近カ最初ナレトモ此ニ人ハ跳ネ付テ賛成セス　太吉検聴取　小原　二ノ四三

四二年二月中旬平民社ニ於テ宮下、森近、新村ノ三人同坐シ爆裂弾ニテ元首ヲ遣ツ付ヨウト話シタル事アリトモ別段進ミシ話ニ非ス新村モ仲間入スト云ハス　忠予　二ノ一五三

◎ 宮下太吉四十二年一月森近ヲ訪ヒ爆弾ノ計画ヲ話シタルニ森近ハ妻子アル身故左様ノ計画ニ仲間入リセズト答フ　太吉予　二ノ一九六

◎ 宮下太吉カ四十二年二月中平民社ニ来リ宮下森近新村ノ三人同席シ宮下ヨリ我々器械職工故何ツ器械ニ巻込マルヽカモ知レス一身ヲ犠牲ニ供シテ天子ヲ斃ス云々トノ話アリシトキ森近ハ妻子アル故同意セズト答ヘタリ　忠雄予　二ノ二六三

◎ 四十二年二月宮下太吉カ幸徳ヲ訪ヒ其足ニテ森近方ニ至リタルトキ森近ニ賛成ヲ求メタルニ同人ハ断然謝絶ス　太吉予　三ノ七九

◎ 太吉曰森近ハ妻子アリ思ヒ切リタル運動ニ加ハル能ハス郷里ニ帰リ農民ニ伝道シ他日東京ニ騒動ノ起リタルトキ直ニ之ヲ援助スト云ヘリ　太吉予　三ノ三〇八

幸徳森近等ノ空想五十人ノ決死隊無政府共産ノ詔勅　森近聴取　四ノ二五

太吉曰森近カ他日騒動ノアッタトキハ援兵ヲ率テ出京スルト云ヒタルトキハ太吉カ未タ徳重ヨリ爆裂弾ノ製法ヲ聞カヌ以前ナレハ今年秋ニ実行スルト云フヘキ筈ナシ故ニ他日トハ何時ヲ指シテ云ヒタルニ非ス　太吉十五回　六ノ三

太吉曰森近ノ騒動カアレハ援兵ニ出ルトノ意ハ爆裂弾ノ挙力失敗シタルトキ後継者タルノ意ニ非ス又大阪ニテ官署焼払囚人解放ノ談アリシモ天皇ヤ二重橋侵入ヤ無政府共産主義ノ詔勅ノ話ハナシ　太吉十六回　六ノ九七

押三四　手紙ノ事ハ宮下カ森近へ爆ニテ天皇ヲ斃ス外仕様カナイト認メ森近ヨリ幸徳ニ示シタルナリ　太吉十八回　六ノ二〇三

幸徳ハ一度ハ死ナヽケレハナラヌ能キ死所ヲ見付タヒト云ヘリ
決死ノ士之百人ニテ革命ヲ起シタリト云ヘリ　森　予　六ノ三〇三

四十一年十一月大石松尾上京ノ時幸徳ハ決死ノ士ヲ募リ暴力革命ヲ起シ危害ヲ皇室ニ加ヘタイトノ相談ヲナセリ
一時幸徳ノ暴力革命ニ同意シテ親ヤ妻子ノ為メ脱退ス　森　予　六ノ三四五

森近ハ温和説ニシテ明治四十二年一月頃主義ヲ止メルト明言セリ　同　六ノ二四五

◎

証　築比地仲助

内山愚童曰遣ツ付ケルナラ倅ダト云ヒシトキ森近ハ君達ハ激敷咄ヲ
スルナト云ヒシニ付私ハ君ハ直接行動ヲ主張シタモノテハナイカト
喰ヲ懸リシニ森近ハ己レハ迚モソンナ激敷仲間ニハ這入レヌト申シ
タリ　　内山　七回

主義ノ為ニ尽スモ人間ノ義務ナレトモ親ヲ養フモ人間ノ義務ナリト
森近カ演説シ同志ハ意外ニ感シタリ
　右大阪茶話会席上　岡本陳述　公判

◎

宮下ノ公判申立
森近カ古河ハ胆力アリト云ヒシハ話ノ中ニマジリシニテ森近カ自分
ノ代リニ推シタルニ非ス

森近ノ干係
○宮下太吉ノ提議ニ賛成セシヤ否
○古河力作ヲ推撰セシヤ否
　宮下太吉ノ大逆罪ノ書面ハ四十一年十一月十三日
　宮下ノ来訪ハ四十二年二月十三日
　　古河力作ノ胆力談ハ此時也
古河力作カ新村忠雄ヨリ大逆罪ノ計画ヲ聞キタルハ四十二年十

八ノ二七一

十五ノ三〇

月上旬森近ノ胆力談ヨリ約十ケ月後四二年六月太吉平民社ニテ
古河ノ事ヲ聞ク
　古河力作ト宮下太吉トハ一度モ面会シタル事ナシ
　　○予審判事ノ意見書ニ革命ニハ同志ヲ率キテ出京応援スヘシ
　　　トアルモ太吉ハ此時未ダ爆弾ノ製法ヲ知ラズ
○森近カ四十年十一月幸徳ノ歓迎会ヲ開キタル事アルモ此事ハ何等
ノ犯罪行為ニ非ス
○宮下太吉ハ森近ノ説ニテ決意シタルカ如ク認メラレタルモ実ハ不
然

年（　）号

依頼人　奥宮健之

件名

今村法律事務所

幸徳曰奥宮ニ爆裂弾ノ製法ヲ聴キタルトキハ田舎ノ人カ爆裂弾ヲ製造シ暴動ヲ為サント企テタルモノアリト言ヒシノミ至尊ニ危害ヲ加ヘントスルモノアリト告ケス　幸五　六ノ一三〇

幸徳ハ奥宮ニ対シ爆裂弾ヲ以テ至尊ニ危害ヲ加ヘントスルノ情ヲ告ゲズ　管野十　六ノ一六七

奥宮ハ革命ノ相談ニ反対ス　管野十三　十六ノ六〇

幸徳ヨリ爆裂弾ノ製造法ヲ問ハレ西内正基ニ聞ヒテ幸徳ニ知ラス
奥宮十回　十六ノ三九一

其後幸徳ヨリ爆裂弾試験良好ノ通知アリ　同上　十六ノ三九二

年（　）

号

依頼人　大石誠之助

件名

今村法律事務所

決死トハ形容詞ナリ◎
白髪三千丈
怒髪衝冠
決眦　×◎
大阪ニテ愚童ノ出版物ヲ焼棄セシム　◎
×◎
×◎

忠雄ハ古河力作ノ外誰ニモ賛同ヲ求（メ）ス　忠検聴　一ノ一三
忠雄出獄後身体ノ保養ヲ為サントシ観光旁四二年三月末大石方ニ至リ八月廿日迄滞在シ薬局ニ手伝フ　忠予調　二ノ九四
忠雄カ大石方ニ居ルトキ宮下ヨリ爆裂弾製造ノ事ヲ申来リシモ目的ノ事ハ何トモ書ケナシ　忠予調　二ノ九八
新村忠雄カ四二年八月紀州ヨリ帰京シタルトキ管野ヨリ宮下ノ計画ヲ忠雄ニ話シ同人モ参同セリ　管予　二ノ一三五
新宮ニ忠雄ノ居タルトキ宮下ヨリ爆弾製造研究中ナリト申来リタル事アルモ其時ハ未元首ヲ斃スト云フ事ハ申サズ　忠予　二ノ一五三
忠雄曰大石ニハ此計画ヲ話サズ。宮下カラ爆弾ヲ拵ヘルトノ手紙ノ事ヲ話シタルトキ大石ハ鼻ノ先キデフント言ツタ。元首ニ対シテ計画アル事ハ云ワズ。大石ハエライ人ト思ヒシカ突合ツテ見レハ夫程ノ人物ニアラズ。妻モアリ財産モアリ社会主義の為ト言フヨリ唯万屋ニ騒ク人ナリ。　忠予　二ノ一六一
宮下ヨリ忠雄宛ニ手紙ノ来リシトキ大石ニ話シタルニ大石ハ軽蔑シテ「フン」ト云フ。
大石ニ宮下カ爆裂弾ヲ以テ天子ヲ斃ス計画ヲ話シタル故大石ハ其目的ヲ知ル　忠雄予調　二ノ二八六
大石ハ新村忠雄滞在中其目的ヲ知リ之ヲ避クル為メ之ニ携ハル事ヲ

恐レ忠雄ノ再来ヲ辞ス　二ノ二九一

同　上

◎　大石ハ困テ居ル同志ヲ世話スル人ヲ新村ハ仕事ナキ故大石方ニ行ク

管　予　二ノ二三六

◎　忠雄曰　大石ハ同志カ新聞ヲ出セハ何カ書クカ主義ノ為ノ運動ハ冷淡也　忠　予　三ノ四

忠雄ハ或人ノ爆裂弾の計画ニ加ハリシ故紀州ニ行クコトハ出来ヌト断ハ（ル）。夫ト行違ニ大石ヨリモ紀州ヘ来ル事ヲ断ハル。大石ハ忠雄ヲ危険ニ感シタル也　忠　予　二ノ六

×◎　四十二年九月平民社ニ於テ管野幸徳忠雄ノ三人元首ニ爆裂弾ヲ投スル具体的ノ相談ハ紀州ヨリ忠雄ノ帰リシ後ナリ　忠　予　三ノ一六六

幸徳の部ニ入ルベキ筈［誤記］　四十三年一月一日平民社ニ於テ宮下携帯ノ空鑵ヲ幸徳管野宮下忠雄ノ四人ニテ試投ス　忠　予　三ノ一六七

大石方ニ滞在中東京ノ計画ハ不残忠雄ヨリ大石ニ話セリ　忠　予　三ノ一七〇

注意―‖　忠雄カ紀州ニ赴キタルハ幸徳カ管野ト恋愛干係ヲ生シ同志ニ擯斥セラレタル為メ大石ニ幸徳ノ為　弁解セント欲シタルナリ　此陳述ハ虚栄ヨリ出ツ　忠六予　三ノ三〇六

宮下太吉ノ明科着後紀州ノ新村忠雄ニ塩酸加里ノ送付ヲ求メ忠雄ヨ

リ送来　太十三回予　五ノ五六
○忠雄曰宮下カラ来タ手紙ヲ大石ニ示シ塩酸加里ヲ貰ヒ受ケレト望ミ
大石ノ指図ニテ新宮本町ノ薬店畑林某方ヨリ一磅ヲ大石名義ニテ買
求メ夜分荷作リヲナシテ宮下太吉方ヘ送レリ大石ハ宮下ノ計画ヲ以
前ヨリ知リ居ルヲ以テ塩酸加里使用ノ目的モ知リ居ル也
忠雄七回　五ノ七
忠雄曰大石ニ宮下ノ手紙ヲ示シ塩サンカリヲ貰ヒ受度ト申シタルニ
大石ハ買掛リノ薬店ヨリ取リシ送レト云ヘリ　忠雄聴取　五ノ二六四
◎証人高木顕明曰忠雄ハ大石ハ金持テアルニ我々ニ小使銭モ与エズ
我々ノ一身ノ世話モセス主義ノ事モ甚冷淡ナリト憤慨シテ高木ニ語
レリ　六ノ四七
◎忠雄ヨリ高木顕明宛押二〇一ノ一、二、三、ニ再ヒ紀州ヘ来ルカ大
石方ハ面白クナイカラ何処カ安イ所ハナイカト言フ　証高木　六ノ四九
忠雄曰塩酸加里ハ大石ノ家人ニ知ラセス只大石主人ノミ買入ヲ知テ
居ル　忠雄九回　六ノ九二
忠雄曰四二年四月上旬大石ニ宮下ナルモノカ爆裂弾ヲ以テ至尊ニ危
害ヲ加ヘントスルノ計画アル旨ヲ語レリ　忠雄十一回　六ノ一八七
大石ノ許ヲ得塩酸加里ヲ宮下ニ送ル　一八八
薬研ヲ借入レルトキハ用途ヲ兄ニ話サス。四三年二月ニ爆弾製造ノ

△忠雄ハ大石ヘ通知シタリト云フモ押収中ニ斯ル手紙存在セズ殊ニ四十二年八月七日ノ書面ヲ見ヨ　○

為使用シタル事ヲ告グ。兄ハ大ニ驚キタリ。宮下ノ保証ヲナシタル事ヲ後悔セリ　忠　予

忠雄カ再度紀州行ヲ止メタルハ大石ニ迷惑ヲ掛クルヲ恐レタルナリ　忠　予　六ノ一九七

四十一年十一月中幸徳ハ大石ニ決死ノ士五十人モアレハ爆裂弾ヲ以テ富豪ヲ襲ヒ間署ヲ焼払ヒ貧民ヲ賑ハシタイト思フカラ今ヨリ確リシタモノヲ見附ケテ置カウト語ル　幸徳八回　六ノ二九六

忠雄曰大石カ四十二年一月頃峯尾高木崎久保成石ヲ自宅ニ招キ暴力革命ノ相談ヲナルヲ聞ク　忠十二回　六ノ三二四

忠雄曰大石ハ爆裂弾研究ノ為塩酸加里ト雞冠石トヲ電話ニテ薬種屋ヨリ取寄セタリ。大石ハ又ワセリン油ヲ入レタラ宜カラウト申セリ。四二年七月大石ハ新宮町ノ料理店養老館ニテ成石兄弟ニ爆裂弾ニテ諸官署ヲ打壊シ皇室ヲ倒スト云ヘリ　忠十二回　六ノ三三六

忠雄帰京後爆裂弾試発ノ事。一月一日及廿三日ノ会合ノ事。宮下カ細君ノ事ニハ煩悶ノ事、清水太市郎ニ打明ケタル事ヲ報ス　忠十二回　六ノ三三九

忠雄曰五月十七日増田方　部署ノ事ヲ大石ニ通知ス　同　同

幸徳曰土佐ヨリ上京ノ際紀州ニ大石ヲ訪ヒ相談ヲナシタルモ何等具

体的ノ相談ナシ　幸徳予　十六ノ一〇

四十一年十一月大石上京ノトキ平民社ニ於テ幸徳ハ政府ノ迫害甚シキヲ以テ決死ノ士五十人ヲ以テ爆裂弾ニ依リ暴力革命ヲ起シ諸官省ヲ富豪ノ財物ヲ掠奪シ二重橋ニ迫リ番兵ヲ追払ヒ皇居ニ侵入シ皇室ニ危害ヲ加ヘタイカラ決死ノ士ヲ募テ呉レト大石ニ相談シ大石モ同意セリ　幸徳予　十六ノ二〇

幸徳カ土佐ノ帰途大石方ニ立寄リタルモ革命ノ相談ヲナセシ事ヲ聞カス　管野十三回　十六ノ四三

忠雄曰四十二年四月中成石平四郎ト川湯ニ赴キタル際同人ヨリ大石カ崎久保成石高木峯尾ノ四人ヲ招キ幸徳ノ暴力革命ニ同意セシメタリトノ事ヲ聞ク　忠十五予　十六ノ六七

八月一日宮下ヨリ塩酸加里ノ催促ノ手紙ヲ大石ニ示シ畑林ヨリ取リ八月七日宮下ヘ送クリ大石ニハ四月中事情ヲ告ケタリ　忠十五回　十六ノ七〇

大石ハ雞冠石塩酸加里ヲ成石勘三郎ニ与ヘテ爆裂弾ヲ研究セシム　忠十五回　十六ノ七〇

四十一年十一月上京シ平民社ニ三泊シタルトキ幸徳ヨリ決死ノ士五十人ヲ以テ裁判所監獄署市役所其他ノ官庁ヲ焼払ヒ二重橋ニ迫ッテ見タイカラ確カリシタ人物ヲ見付ケテ置テ呉レ云ハレ国ヘ帰テ同志ニ話シテ見様ト言ヒ置ケリ　大石十二回　十六ノ一八四

四十一年十一月二十六日紀州ヘノ帰途京都ニテ徳美松太郎ニ大阪ニ
テ武田九平岡本穎一郎三浦安太郎岩出金次郎佐山某ニ幸徳ノ決死ノ
士五十人云々ノ企ヲ報告ス　同　上　十六ノ一八七

四二年一月末大石宅ニ成石高木峯尾崎久保ヲ招キ幸徳ノ企ヲ報告シ
タルニ皆喜ンテ賛成ス　同　上　十六ノ一八八

幸徳カ東京ニテ事ヲ挙クレハ紀州ノ他ノ四人ヲ連レテ出京スル積也
大石十二回　十六ノ一九〇

成石勘三郎雞冠石ト塩酸加里ヲ与ヘ爆裂弾ノ研究ヲ為サシタルモ後
ニ之ヲ悔ヒ「ワセリン油」ヲ入ルレハ成効シマイト思イ爆裂弾ニワ
セリン油ヲ入レヨト教ヘタリ　大石十二回　十六ノ一九二

四二年七月宮下ヨリ忠雄宛ノ書面ヲ見タル事ナシ　忠雄カ畑林薬店
ヨリ塩酸加里ヲ買ヒ宮下ヘ送リタル事ハ不知　大石十二回　十六ノ一九五

武田九平曰大石カ東京ヨリ帰途幸徳カ富豪ノ米庫ヲ開キ三越ヲ掠奪
シ貧民ヲ賑ハシテ見タイト云ヒ居タリトノ話ヲナセルヲ記憶スルモ
暴力革命ノ記憶ナシ　武田五回　十六ノ三〇〇

大石ハ四十一年十二月一日村上旅館茶話会ニ於テ此以上政府ヲ威ス
必要ハナイ政府ハ余程怖レテ居ルト話レリ　三浦安太郎　十六ノ三二四

決死ノ士ヲ募ルニ付大石ト話シタル事ナシ　坂本清馬一回　七ノ一二〇

大石ヨリ其後大阪方面同志ノ状況ヲ通知シ来リタル事ナシ

△○

崎久保ハ前科者也主義ヲ捨タル故、寛大ノ処置ヲ願フ云々

幸徳ヨリ決死堅固ノ士カアレハ革命運動カ出来ルトノ憤慨談アリシ　幸徳十二　七ノ一六八
モ実行計画ニアラス　岡野辰之助聴取書　八ノ三
幸徳カ決死ノ士ヲ募リ云々ノ話アリシトキ大石ハ紀州ニモ信用ノ出
来ル同志カ四五人アルト云ヘリ　徳永保之助聴取　八ノ一四八
大石曰忠雄ヨリ彼ノ大言壮語ヲ聞キタル事アレトモ到底実行ハ出
来ヌモノト思ヘリ　大石一回　九ノ五三
宮下太吉カ新村忠雄ニ書面ヲ以テ塩酸加里ノ分与ヲ請求シ忠雄カ畑
林薬店ヨリ之ヲ取リテ太吉ニ送リタル事ハ不知　大石四回　九ノ八一
忠雄カ天下ヲ斃ス計画アルヲ知リタル事爆裂弾ノ成効ノ報知アリシ
事ハ取消　同　九ノ八二
崎久保誓一曰大石ハ度々露国的革命ヲ遣ラネハ不可ト申セリ
崎久保一回　九ノ一〇〇
崎久保曰四十二年二月此大石ハ東京ヨリ帰リ成石高木峯尾崎久保ノ
四人ニ決死ノ士ヲ募テ暴力革命ヲナスベキ必要ヲ語リ運動ヲ共ニス
可シト云ヘリ　崎久保一回　九ノ一〇三
峯尾曰大石ハ政府ノ迫害甚シキ故暴力革命ヲヤラネハ駄目ダト云ヒ
タルモ準備ハナサス　峯尾一回　九ノ一一七
峯尾又曰大石カ四十二年一二月頃東京ヨリ帰リ幸徳ノ決死ノ士云々

ヲ語リ峯尾モ之ニ同意セリ　同上　九ノ二三

峯尾又曰忠雄ノ滞在中革命用ニ同志ノ者カ爆裂弾ノ研究ヲナシツツ居ル事ヲ聞ケリ　同上　九ノ二三

峯尾又曰同様ノ事ヲ大石ヨリモ聞ク　同上　同上

成石勘三郎曰成石平四郎大石誠之助ノ依頼ニテ暴力革命ノ為メ爆裂弾製造ノ研究ヲナシタルモ成効セス　成勘一回予　九ノ二四

成石平四郎曰大石カ東京ヨリ帰リ幸徳ノ決死ノ士云々ノ話アリタルトキ決死ノ士ニ加ハル事ニ賛成セリ　成平一回　九ノ二五

成石勘三郎曰大石ノ依頼ニ大石ヨリ鶏冠石塩酸加里ヲ貰受ケ爆裂弾ノ研究ヲナシタリ大石ハ監獄ヲ破壊シ諸官署ヲ倒シ皇室ヲモ倒スト云ヘリ　成勘二回　九ノ二六

高木顕明第一回予調ニモ峯尾成石同様ノ申立アリ

大石誠之助第五回予審ニ於テ幸徳ヨリ決死隊ノ相談アリタル事帰テ紀州ノ同志ニ相談シタル事等ヲ自白ス

成石勘三郎曰爆裂弾製造用ノ雞冠石塩酸加里ハ花火製造ノ残物　成勘三回　十ノ四五

大阪ノ村上旅館ニテハ五十人ノ決死隊ノ事ハ云ハス　大石　十ノ五八

大阪ニテ幸徳ノ決死ノ士五十人云々ヲ話セシモ賛否ヲ求メタルニ非ス　大石八回　十ノ一八九

△ 十二月一日村上旅館ニテ茶話会ヲ催フシ幸徳ノ五十人決死隊ノ話ヲナシタルニ武田岡本三浦岩出佐山賛成ノ態度ヲ示セリ　大石十一ノ二三

△ 三浦安太郎曰四十一年秋大石来阪村上旅館ニ於テ東京ノ同志ニ対シ迫害甚シキ故我々同志ハ読書修養ノ外ナシト語ル　三浦聴取書　十三ノ三

岡本穎一郎曰村上旅館ニ於ケル大石ノ談話
一、東京ノ同志ニ警戒厳シク警犬カ大学ノ書生ト称シ大石ヲ訪問セル事
二、政府ノ迫害ヒドク何事モ出来ズ今ハ同志ノ修養時代ナル事、出版物ニテ連絡ヲ取ル事
三、幸徳余命ナキ事
四、幸徳カ東京ニテ決死隊五十人アレハ革命運動ハ出来ルト云ヒシコト
注、五十人ヲ募ルニ非ス報告ノ意タル事明也　岡本聴取　十三ノ四二

△◎ 武田九平曰大石ハ内山ノ入獄記念無政府共産ヲ見テ武田ニ向ヒアヽ云フモノヲ分配スルハ主義伝道ノ為メ却テ悪シト云ヘリ　武田聴取書　十三ノ七三

△ 岡本曰村上旅館ニテ大石ノ話ヲ聞キシモ何ノ感モ起ラズ　岡本聴取　十三ノ八二

△ 三浦曰大石ノ村上旅館ノ話ニ何人モ賛成不賛成ヲ言ハズ

岩出金次郎曰村上旅館ニ於テ大石ノナシタル談話ハ
一、人類千万年中私有財産ハ五千年
二、幸徳管野余命ナシ
三、幸徳宅大学生風ノ警犬
四、政府迫害何事モ出来ズ
以上ノ外決死隊革命運動等ハ記憶ナシ
注、岩出ハ其席ニテ何事モ言ハス同人ハ被告人トナラス大石ノ談話カ罪トナラザル証也

三浦聴取　十三ノ八七
岩出聴取　十三ノ九六

△
三浦曰大石ハ村上旅館ニ於テ吾々ハ目下如何共運動スル能ハス、修養ノ外ナシト

三浦聴取　十三ノ一五九

鑑定書

◎
ワセリン油ヲ用ヰテ爆裂弾ヲ製造スルヲ得ス

八ノ三〇五

村上旅館ニ於テ大石カ幸徳ハ花々敷死ニ度ト申シテ居ルト云ヒシモ幸徳カアバレ死ヲスルト云フハ其以前ヨリ伝ワリシ事ニテ森近ヨリモ度々聞キシ事アリ

三浦四回　十四ノ九〇

想像ヲ事実ラシクスル例証
内山愚童曰大石カ紀州ニ於テ爆裂弾ヲ研究シテ居ルト田中佐市等ニ語リシハ大石ハ医者ノ事故多分研究シテ居ルナラント思ヒシナリ

内山七回　十五ノ三八

宮下公判

内山ノ法螺

内山愚童ハ石巻良夫ニ横浜ノ曙会ニテモ爆裂弾ノ研究ヲナシ居ルト法螺ヲ吹ク　石巻聴取

田中佐市ハ内山愚童ニ向テ横浜ニハ火薬ヲ持テ居ルモノハナイト答フ　田中佐市聴取

成石平四郎其他十七冊ノ申立

一四三丁ニテ武富ニ天皇弑逆ノ意ヲ自白ス

一六五丁崎久保曰四十二年二月中大石方テ同人ハ幸徳ハ天皇ヲ暗殺スル決心ナリト語レリ

天皇ノ話ハ出デズ

一七〇丁成石平四郎三回大石東京ヨリ帰リ報告ト意見ヲ兼ネ決死ノ士三十人ニテ実行ニ取掛リ大臣ヲ暗殺ス云々

一七六丁成石天皇弑逆ノ事ハ大石ニ話シタト思フカ確ト記憶セス

三浦安太郎ハ尤モカモ知レヌ同志カ寄会タトキ殴ッテ仕舞ヘト大石カ云フ　三浦公判

忠雄ニ薬品ヲ送リ呉ト云ヒシトキハ大石ハ勿論之ヲ知ラズ　明科ニテ忠雄ニ逢ヒシトキ忠雄カ大石ニハ心配ヲ掛ルカラ少シモ話サズト云ヘリ

忠雄ニ塩酸加里ヲ送テ呉レト云ヒシトキノ手紙ニ塩酸加里ヲ送テ呉レ爆発物ヲ作ルト云ヒ遣リタルモ目的ハ少シモ書カズ

十五ノ一九七

十五ノ二四八

高柳
有本＞調書

成石平四郎曰四十二年十二月中大石ト絶交セリ
大石ハ金ノ相談ニナルト外ニソラス大石ニ不平アリ東京へ行カント
スル意アリテ之ヲ漏センニ東京へ何ニ行クト詰問セラレタ　武富検
事カオ前ノ首ハナイモノダ新村ト大逆罪ノ相談モナサス又大石ノ裏
坐敷ノトキモ具体的ノモノニアラズ　革命トハ平和ノミニテハ出来
ズト云フタト思フ　将来ニハ暴力的ノ革命テアルト云ヒタリ
四三押第一号一九五ノ五。
証拠写第四巻四六三丁忠雄ヨリ大石宛書面
私もぢつとして居るのかいやになつた。一寸突飛な事して運動し
たい（四十二年八月七日付忠雄帰京後ノ書面也）

忠雄ノ申立
前後矛盾
彼又三浦組

大石ニ利益ナル事実
「内山ノ入獄記念ノ焼却ヲ武田ニ勧メタル事
「村上旅館ニ同志ノ修養ヲ説ク事
「成石ニ鶏冠石塩酸加里ニワセリンヲ混セヨト教エタル事
「大石ノ精神（未刊原稿）

忠雄ヨリ大石ニ
通知セント云フ
モ其書面ナシ

忠雄ノ冷罵　忠雄ノ来リシトキハ何人モ未決
忠雄ノ来リシハ　幸徳管野ノ為ニ非ズ　又観光ニ非ス　坂本ト同様
也

新聞発行ト決死ト両立セス

忠雄紀州入ノ理由

横浜ト新宮

小山ト武富

峯尾成石ノ陳述

東京ヘ決死隊ノ通知ナキ事

「熊野川ノ舟遊

忠雄ハ時々報告セリト云フモ押収中ニ書面ナシ

八月七日付書面ハ忠雄ノ決心ナキノ証拠ハ大石ニ何事モ語ラサルヲ見ル

帰国後漸く翌年ニ被告ヲ自宅ニ催フシタル事　大阪ノ被告ヲ見テ紀州モ報告ナトヲ知ル事

紀州ノ決死隊ハ武富ノ製造新村忠雄ハ四十二年二月十三日ニハ来タ

宮下太吉ニ面会セズ唯幸徳ヨリ後ニ伝聞シタルノミナリ

幸モコノ時ハ来タ明白ニ賛成セス　将来ハ其必要モアロウ　又左様ナ人カ出来ルテアロートト答ヘシノミ　四十二年九月上旬平民社ニ幸

管新平民社ニ会シ九月十五日忠雄信州ニ出発シ初メテ宮下ト会見シタル也

四十二年九月中幸徳奥宮ニ至尊危害云々ノ問題ヲ出ス

四十二年十月幸徳奥宮ニ爆弾ノ製法ヲ問フ

四十二年十一月三日宮下試発　同月五六日良好ノ通知

年（　）号

依頼人　峯尾節堂

件名

今村法律事務所

峯尾ハ四十二年八月大石ノ主義ニ冷淡ナルヲ怒リ三重県ニ帰ル 幸徳曰新宮滞在中峯尾節堂成石平四郎高木顕明崎久保誓一ニ向テ迫害ニ対シ反抗セネハナラヌト云ヒシモ具体的計画ハ出来居ラサルニ付其以上ノ事ハ話サス	幸徳予	十六ノ一〇
忠雄曰紀州ニテ成石平四郎ハ大石ハ冷淡　高木ハ老年峯尾ハ境遇性格ヨリ到底実行ニ加ハラス 故ニ成石ハ忠雄ト二人実行ニ加ハルト云ヒシモ其後成石モ社会主義ヲ止メルトノ告白演説ヲナシタリ	忠雄十三回予	七ノ二四
忠雄曰東京ノ様子ハ峯尾ニモ崎久保ニモ通知セス其故ニ峯尾ハ憤慨シテ三重ニ□リ崎久保ハ主義ヲ止メタレハナリ成石ニモ通知セス	同	同
紀州ノ同志ハ革命ニ加ヘズ	同	同
四十二年八月社会主義ヲ止ム	峯尾一回予	九ノ二六
峯尾曰大石東京ヨリ帰リ幸徳ハ爆裂弾ニテ諸官署ヲ焼払ヒ貧民モ騒出シ掠奪ヲ行フト云フフ如何トノ事デ私ハ賛成シ他ノ一人ハ大ニ遺ルヘシト答ヘ其外ハ黙テ賛成ス	峯尾	十七ノ一九一

年（　）号

依頼人　武田九平

件名

今村法律事務所

武田ノ被告事件ハ皆三浦安太郎ノ想像ヨリ来ル	大阪東警察署ハ角袖ヤ正服ヲ武田ノ店頭ニ配置シ営業ヲ妨害シ為之益無政府主義トナル	武田十二回	十六ノ二九四
	完全ナル労働組合モ出来サル今日革命運動ハ思ヒモ寄ラス	同	十六ノ二九六
	内山ノ秘密出版物ヲ三浦安太郎岡本穎一郎岩出金次郎佐山芳三郎ニ頒ツ	同	十六ノ三二九
福田武三郎ノ証人	四十二年五月廿日武田方ヘ内山来訪	武田予	十六ノ三〇三
	大石カ幸徳ノ決死隊ノ話ヲナシタルトキ武田九平ハ賛否ノ意見ヲ述ベス		
武富済ノ証人	三浦安太郎曰内山カ悴ヲ遣レハ親父ハ吃驚シテ死ヌト云ヒシトキ武田時ニウンソーカト笑フ	三浦聴取	十三ノ二四
	福田武三郎カ天皇ノ事ヲ申セシトキ武田カ之ニ反対シタレハ福田ハ武田ヲ意気地ナシト罵レリ	武田聴取	十三ノ七九
	内山三浦武田ノ三人武田宅ニテ晩食ノ際武田ハモーコーナッタラ仕様カナイ暫ク休養タト云ヘリ	三浦聴取	十三ノ九三
大石又内山ノ来リシトキ大阪ニテ	内山カ日本テハ悴タト云ヒシトキハ大言壮語ト思ヒ共ニ笑フ	三浦聴取	十三ノ一六一
	内山カ東方ヘ帰リシ後三浦ヨリ東京ニテハ時計ニ爆裂弾ヲ仕込ミタ		

爆弾ノ研究云々ノ事ナキノ証トス

三浦ノ如キ過激ナル文字ヲ書ク奴ニ碌ナ奴ナシ

評□□ニフ

常陸山ハ転レマイ

三浦ノ聴取書ニアル武田カモーコーナツテハ仕様ガナイ

ルモノカ来リ居ルトノ事ヲ聞ケリ（武田カ）

武田二回予　十三ノ一六五

幸徳カ明治四十年十一月土佐へ引越ス途中大阪ニ立寄リ森近カ主ト為リ歓迎会ヲ平民社ニ開キタルトキ松尾某カ感想談ヲナシ満座皆泣ク此時幸徳ハ社会ハ科学労働反抗ニ依リ進歩スト説キテ之ヲ慰藉ス

岡本予調　十四ノ五四

村上旅館ノ茶話会ニ出席シタルハ岡本武田岩出佐山三浦大石ノ六人

同　十四ノ五七

三浦安太郎曰四十二年五月二日武田九平宅ニ内山三浦武田ノ三人会合セシトキハ予メ警察ニ告ケ武田ノ家ヘ刑事来リ居タリ

三浦予四回　十四ノ九六

武田九平曰決死ノ士五十人ニテ革命ハ出来ルモノテナヒト思ヒ居タルヲ以テソンナ事ハ覚ナシ

武田五回　十四ノ一九

武田九平曰愚童ヨリ親父ヨリ悴タト云ヒシヲ聴カズ初面会ノ者ニ左様ノ事ハ申スマイ

武田六回　十四ノ一七

岡本穎一郎曰幸徳ハ暴力革命ヲ為スモノト思ハヌ故大石ノ五十名決死ノ士ノ言葉ヲ念頭ニ置カズ

岡本七回　十五ノ一四

今ハ暫ク休養タネート云ヒシトキ被告ハ不覚ニ答フ是正直ナル言ニ非スヤ

十二月廿二日九平ヤ□二西山某ナル新聞記者ニ今回ノ事ハ皇室ニ対スル罪ニアラスト話セリ

三浦ハ低能児

三浦ハ葦原将軍ノ卵子也此男ヲ入監セシムル内ニハ必誇

武田九平　十二月十五日公判

名古屋ニテ女工ノ悲惨ナル状態ヲ見又金子ノ演説ニ職工ハ自ラ卑ムヘキモノニ非ストノ説ヲ聞キ社会主義ニ入ル動機也

日野宮崎中井等カ活殺ナル雑誌ヲ作リ森近主筆トナル此雑誌ハ一回ニテ止ム　森近カ大阪平民新聞ヲ作リ其買タル人トナル

幸徳カ来リシトキ歓迎会ヲ開キタルトキノ演説ハ森近ノ如シ自ヲ研究シテ硬派トナル軟派ノ人ハ議会ニテ革命ヲ行フト云フニ在リ被告等ハ労働組合ヤ社会党ヲ踏台ニシテ大臣トナル人モアレトモ是テハ直接行動カ好ヒ総同盟罷工カ好ヒト思ヒタリ革命ト一揆反乱暗殺トハ干係ナシ被告ハ西洋ニ革命ノ見本ヲ示サレ日本ハ後ニ行ハル、モノト思ヘリ西洋ハ労働組合カ非常ニ発達セルモ日本ニハ此労働組合ナキ故到底出来ヌト思ヘリ　故ニ労働者ニ智識ヲ与フルヲ職務ト思ヘリ一代二代ニテ革命ハ出来ヌ　被告一己ノ意見トシテハ陛下ノ暗殺ヤ五十人ノ一揆ニテ出来ルモノニ非ズ

大妄想狂トナル可シ

平民クラブヲ拵ヘタ後集会シタルハ二三回ノミ福田武三郎同居ノ時被告ト議論シタルト福田ハ陛下ノ責任トシ被告ハ総理ノ責任ナリト言ヒシ事アリ此誤伝ナラン阪梨ト福田ト懇意故福田カ之ヲ伝ヘタルナラン

無政府共産ト云フ秘密出版ハ岡本三浦阪梨岩出佐山等ニ与ヘタリト思フ平民倶楽部ナル各前ニテ来リシ故倶楽部員ニ頒ケシナリ危険ナリト思ヒシカ独断ニテ処分出来サル故之ヲ頒テリ

大石ニ相談シテ配布ノ残ヲ焼捨テタリ冊子中ニ歌アリ元歌ハ天子ニアラズ貴族トヤリタリト思フ

大石ヲ四十一年十一月村上ニ訪問ス、大石ノ談ハ幸徳ノ診療

赤旗事件ニテ警察ノ留置所ニ佐藤カ不敬ノ事ヲ書タト云フカ宇都宮ナラントノ事　東京ノ同志ハ米倉ヲ開テ貧民ヲ賑ハシ三井呉服店ノ品ヲ奪ツテ貧民ヲ賑ハスト云フヲ居ル人アル馬鹿ナ事出来ソーナ理屈カナイト云ヘリ暴力革命ノ話ナシ

四十二年五月廿一日内山カ来訪セシ事ハ間違ナシ然シ談話ノ要領ハ記憶セサルモ重大ナル話ナシ

無準備ノトキニ革命起レハ必悲惨ノ状態ニ陥ル可シ革命ハ来ルモ血ヲ流スハ好マサル也去レト万一革命カ平和ニ行ハザルトキハ爆弾研究ノ必要アリ

三浦ヨリ爆弾ノ見本カ東京ニ来テ居ルトノ事ヲ後ニ聴ケリ
武富ニ非常ニ罵倒セラレタリ無教育ノ者カ人類ノ為ナソ生意気ナリ
云ハレ此人ニ申立ヲ其儘トス
武富カ陛下ハ紳士ノ如キ御方ナリ陛下ハ特種ノ人種ト見ル事ハ出来
ヌト述ヘラレタリ
内山ノ来リシトキ大阪ノ高等刑事来リ居タリ
十二月十六日
内山三浦カ武田宅ニ来リシトキ爆裂弾ノ話セリシニ非ズ武富検事カ
革命ノ折ニ爆裂弾ノ必要アルニ非スヤト言ハレ必要アリト答ヘタル
ナリ
三浦ニ疑ヲ懐キ居タルヲ以テ大石ハ五十人決死云々ト述ブヘキ答ナ
シ
三浦曰内山ハ武田ニ対シ革命談ヲナサズ
三浦曰神戸ヨリ送還ノ途中電車ヨリ飛ンテ死セント思ヒシモ懐中ニ
金二円アリ甘ヒモノヲ食テ死ナウト一時思止マル
武田曰村上旅館ノ会合ニハ刑事巡査ヨリ今晩会合カアルソーダトカ
大石カ来テ居ルダロウトカ云ハレ大ニ驚テ警戒セリ

年（　）号

依頼人　松尾卯一太

件名

今村法律事務所

熊本評論ハ社会主義ノ新聞テアラス坂本清馬カ来リテ社会主義トナル

沢井検事カ猛烈ノ勢ヲ以テ訊問シタル聴取書ハ事実ヲ得ス　松尾静枝ヲ五日間警察ニ留置シタルハ何ノ為メカ

松尾ノ妻証人

四十一年十一月中松尾大石ニ決死ノ士五十人モアレハ爆裂弾ヲ以テ富豪ヲ襲ヒ貧民ヲ賑ハシ官署ヲ焼払ヒ度ト思フカラ確カリシタ同志ヲ見付テ置カウト相談シタリ
二重橋ニ迫リ番兵ヲ追払ヒ云々ノ事モ語レリ　幸徳八回　六ノ二九六

決死ノ士五十人二重橋云々ノ事ヲ松尾ニ話シタリ　幸　予　十六ノ二〇

四十一年十一月廿五日幸徳カ決死ノ士五十人ヲ以テ無政府ノ状態ヲ現出セシメタシ確リシタル人物ヲ見付呉ト云ヒタルニ付夫々同意シテ人物ヲ見付テ置カウト答ヘタリ　卯一太三　十六ノ三〇

松尾卯一太曰蕎麦ヲ喰フニハ三角ヲ潰サネバナラズ、幸福ヲ得ルニハ帝ヲ潰ブサネハナラス　飛松五回　十六ノ二七三

坂本清馬曰松尾ハ東京ニテ幸徳ニ同意シタレトモ熊本ニテ妻子モアリ親モアリ容易ニ遣レナイト云ヘリ　坂本五回　十六ノ二八三

坂本清馬曰東京ニテ松尾卯一太ニ幸徳ノ決死ノ士五十人云々ノ説ヲ語リタルニ松尾モ賛成シ一緒ニ遣ロウト云ヘリ　坂本聴取　七ノ三

坂本清馬曰熊本ニ松尾卯一太ニ面会シタルトキ妻子アリ親アリ革命ニテ死ヌル人ニハナレヌト云ヘリ　同上　七ノ一四

坂本曰革命ノ際ニハ先天皇ヲ倒サネバナラヌト云ヒ松尾カ夫カ順序ダト云ヒシト飛松カ申立ツルモ夫ハ虚言ナリ飛松ハ信用ノ出来ヌ男

ナリ　松尾カ決死ノ云々ニ付親モ妻子モアリト言ヒタルハ他ニ聞ヘタ談話ナリ　坂本四回　七ノ一八〇

坂本曰松尾ヨリ蕎麦ヲ食フニハ三角ヲ潰サネハナラス幸福ヲ得ルニハミカドヲ潰サネハナラヌト云フ事ヲ聴カズ　坂本四回　七ノ一八五

坂本ハ熊本ニ於テ他人ニ嫌ハレタル為メ連レテ上京シテ呉トノ依頼アリシ同伴上京ス　志賀連聴取　十一ノ六七

松尾ハ明。言。セザレトモ当時ノ言動ヲ綜合スレハ革命実行ノ言葉ニハ皇室ヲ倒シ天皇ヲ暗殺スル意味ヲ含ム　佐々木道元聴取　十一ノ一〇三

松尾ノ言ニ動カサレ一時狂熱トナリタルモ松尾ノ宅ヨリ自宅ニ帰レハ決心ヲ飜ヘス　同上　十一ノ一〇六

松尾ハ山県ヲ暗殺ストハ云ハザルモ武断派ハ嫌ダカラ反対タト云フ　徳永五松聴取　十一ノ一二八

松尾ハ飛松ニ対シ決死ノ士タレト云ハズ　評論社ノ名刺ヲ以テ講読者ニ遊説セヨト云フノデアル　飛松予　十二ノ一六

松尾卯一太カ脚ト腕ノ時代ト云ヒシハ伝道シテ同志者ヲ募ルトノ意也　佐々木道元予　十二ノ三三

松尾新美等ノ革命方法ハ経済界ノ恐慌ニ乗シ貧民ノ暴動ノ起ルヲ□テ富者ノ米ヲ奪フテ之ヲ分ツニ在リ皇室ノ事ハ松尾新美ヨリ聞カズ　佐々木予　十二ノ八三・八四

東京電報
巡査□一夜
検事廷
検事人情

熊本ニテ決死ノ士ヲ募ルトノ事ハ聞カズ　証人　田村次夫　十二ノ一七四

坂本カ徳永五松ヲ「ガボシ」ニ例ヘタルヲ聞ケトモ二重橋ヨリ打入ルトノ事聞カズ　証人　徳永五松　十二ノ一八四

松尾新美ヨリ過激ナル言論ヤ至尊ニ対スル計画ヲ聴キタル事ナシ　証人　奥村一馬　十二ノ二四七　二五五

松尾ヨリ天皇ニ危害ヲ加フルトノ計画ヲ聴キタル事ナシ　証人　吉田勝蔵　十二ノ二五五

松尾静枝ヨリ卯一太宛書翰警察ノ陳述ノ圧迫ヲ訴フルモノ　証拠押第五〇三　六ノ一九

松尾公判ノ申立十二月廿二日

佐々木道元十二月廿二日公判申立
武富カオ前ハ嘘バカリ申立ル若真実ヲ言ハサレハ東京監獄ニ打込ムト恐喝サレ其上ニ今東京カラ松尾ノ検事ニ申立タ電報カ来タ松尾ハオ前カ皇室ヲ転覆シタラ愉快タロウト云々ト□法セラレ検事ハ天皇ノ代理タル検事ヲ欺クハ天皇ヲ欺クト同一ナリト叱ラレ其上考ヘ出ス迄此室ニ居レト一夜ヲ予審廷ニ明サレタリ
夜明此武富又来リ思出シタカト云ワレ結局松尾カ云フ通リ□シウムト云ヒシニ検事モ人情カアル云々ト言ハレ又一両日シテ呼出サレ武

東京押送

富検事カ東京監獄ヘ送ル手続キヲシタリ
オ前ノ申立ハ曖昧ダ松尾ヤ坂本ノ事ヲ問ハレ其後書記カ調書ヲ持来リ革命動乱天皇弑逆云々ハ愉快タロウト書キアリ夫レニ署名セシメラレタリ

年（　）　　号

依頼人　飛松与次郎

件名

今村法律事務所

飛松ハ爆裂弾ヲ以テ暗殺スト云ヘトス熊本ニハ爆弾ノ計画ナシ　是彼カ間ニ任セテ虚偽ノ申立ヲナセル証也。

新美卯一郎ハ飛松ニ対シ革命運動ニ加ハラサレバ各ハ揚テ又故名ヲ揚ケントセハ革命運動ニ入レト言ヒタリ　新美四回予　十六ノ三二

松尾カ今ハ言論ノ時代ニアラズ革命ノ時代ナレハ読者名簿ニ依テ決死ノ士ヲ募リ県レヨ君達ノ決死ノ士トナレト云ハレ之ヲ承諾セリ然レトモ読者訪問ハ其儘トナル　飛松五回　十六ノ二六

松尾ヨリ革命談ヲ聞キ之ニ同意シタリ　同　上　十六ノ二八

革命ハ空想故之ヲ止メル事ニシ巡査徳富田中ニ其意ヲ洩セリ　同　十六ノ二七〇

松尾新美ヨリ鼓吹セラレタルモ革命思想ハ七八日位ニテ消散ス　飛松聴取　十一ノ三七

飛松ハ社会主義ヲ後悔シ新美松尾ト遠カラント欲シ巡査徳富源助ニ依頼シ下宿ヲ代ヘントシ同巡査ノ周旋ニテ吉田嘉市ナルモノノ家ニ移ル　証人　徳富源助　十二ノ二六七

飛松ニ向ヒ佐々木カ演説シテ廻ハラントト提議シタルニ飛松ハ演説ハ出来ヌ故文章ニテ新聞ニ書クト答ヘタリトアリ果シテ然ラハ決死ノ士ハ演説又ハ文章ニテ募ルノ意カ文章演説ニテ確リシタ同志ヲ募ルトセバ是陰謀ノ同志ニアラス主義ノ同志也

飛松ノ予審調書ハ自己心中ニ潜シタル感想ナリ予審判事カ強テ此感

想ヲ訊問シテ不敬ノ言語ヲ調書ニ残シタルノミ予審判事ノ訊問前ニハ此調書以前何人ニモ表明セサル心裡ノ思想也
十二月廿二日公判申立
松尾ヨリ聞キタル事ハ度々ニ少シ宛ヲ聞タルモノニテ九日ノ日ニ一度ニ全部ヲ聞キタルニアラス

年（　）号

依頼人　新村善兵衛

件名

今村法律事務所

五月十七日宮下太吉新村忠雄ヲ尋ネテ善兵衛方ニ来リシモ忠雄上京　一ノ二五
面会セズ

山口元吉大石誠之助幸徳秋水ヘ忠雄拘引ノ端書ヲ出サントス　一ノ二八

四二年十月◎　忠雄柿崎嘉六ニ直接ニ西村八重治ノ薬研借入ヲ依頼ス
嘉六聴取　一ノ四〇

◎　新村善兵衛ニハ秘シテ事情ヲ告ゲス
太吉長野聴取　一ノ二七

◎　善兵衛ヲ同主義ニ引入レントシタルモ賛成セス
忠雄聴取　一ノ二一

◎　西村ヨリ薬研ヲ借出シタルハ忠雄カ四二年九月明科ニ赴キタル際同
人ヨリ爆発物製造ノ目的ニテ薬研ヲ借入レシ事ヲ依頼セラレ忠雄自
ラ西村方ヘ赴キタルモ当時西村ニハ他ヘ貸与中ナリシヲ以テ柿崎嘉
六ニ頼ミ置キテ上京ス当時未宮下カ爆発物製造ノ目的ヲ確然知了セ
ス況ンヤ善兵衛オヤ
忠雄検事聴取　一ノ二一

◎　忠雄　兄ハ進化論ヲ読ミ社会主義ニ反対ス
忠予調　二ノ九六

◎　西村八重治ニ薬研ヲ借ラント欲シ自ラ同人方ニ至リシモ他ニ貸附ア
ルヲ以テ取戻シテ用立ツヘシト云ハレ柿崎嘉六ニ頼ミ西村方ヨリ薬
研ヲ取リ寄シ善兵衛之ヲ宮下ニ送ル
忠予調　二ノ九七

◎　善兵衛ニ此度ノ計画ハ話サヌ此秋ハ社会党ト絶縁シテ洋行スト告ケ
母兄大ニ喜フ
忠予　二ノ一〇二

◎　新村善兵衛ハ主義者ニアラズ勿論計画ニ加ハラズ忠雄ハ此秋実行前

ニハ外国ニ行クト云フテ兄ヲ誑シテ東京ニ出ル積ナリト云ヘリ
管予　二ノ二三

◎ 柿崎嘉六曰西村八重治ヨリ薬研ヲ借入シタルハ善兵衛カラ頼マレタカ其方ハ確カリセス忠雄ニ頼マレタリト覚ヘテ居ル忠雄ハ面白キモノヲ拵ヘル故薬研ヲ借リテ来イト云フ
同人予　五ノ二九

◎ 押第五五ノ忠雄手紙ニ依レハ西村ヘ薬研ヲ返ス事ヲ忠雄ヨリ善兵衛ニ依頼セルモノナリ
忠予　六ノ二〇

註　善兵衛同志ナラハ忠雄ノ依頼ヲ□ケ借リタリ返シタリスル事ナカル可シ

押第六八書面ハ疑ハシキ書面ナル様ニ見ユ　六ノ二〇

此書面カ善兵衛方ニ焼棄セラレズシテ存在スルハ社会主義者ナラザルノ証

◎ 善兵衛曰弟ハ平素革命説ヲ主張スル故爆裂弾ヲ製造スル為ニ使用スルモノデハアルマイカトノ感想ヲ懐キテ薬研ヲ借リテ遣ル
検聴取古賀　六ノ二四

四三年二月忠雄ヨリ此薬研ニテ宮下カ爆裂弾ヲ製造シタル事ヲ聞ケリ
同古賀　同

◎ 忠雄カ紀州ヨリ「アナキスト」ト書タ手紙モアリ今日ヨリ見テ薬研ヲ借入シタルハ爆裂弾製造ノ事ヲ知テ周旋シタリト云ハルルモ致方

ナケレト実際知ラス又宮下カ之レラ爆弾ヲ製シタリト聞キタルハ四三年二月也　善兵衛予　六ノ一五三

◎ 薬研ヲ借入ルルトキ用途ヲ兄ニ話サズ。四三年二月ニ至リ爆裂弾製造ノ為使用シタル事ヲ告グ。兄ハ大ニ驚キ宮下ノ保証ヲ悔ユ　忠予　六ノ一四

◎ 善兵衛ヨリ薬研ヲ送リシトキハ太吉ハ来タ善兵衛ニ面会シタル事ナシ又忠雄ヨリ善兵衛ニ事情ヲ告ケントノ話モナシ　太吉十八　六ノ二〇六

七二号ハ忠雄ヨリ善兵衛ヘ送リシ書面

善兵衛曰忠雄ニ革命ノ意志ナル事ヲ推察シ一人ノ母ニ心配ヲ掛クルヨリ早ク帰レト言ヒ送レリ　善兵衛六回　七ノ八五

◎ 善兵衛曰薬研ヲ太吉ニ送ルトキハ爆裂弾ヲ作ルモノカト思ヘトモ其使用ノ目的ハ不知　同上　七ノ八六

◎ 善兵衛曰忠雄ニ過激ナル意見ヲ持ツナト忠告ス　同上　七ノ九九

宮下公判

◎ 明科ニテ九月忠雄ニ逢ヒシトキ家ヘ来テハ少シモ此話ヲシテ呉レルナト度々云ヘリ

善兵衛公判

被告善兵衛ニ累ヲナスモノハ忠雄ノ書面ナレトモ斯ル青年カ生意気ナ英語交リノ手紙ニ妄想ヲ書キタルモノテ貰ヒ受タリトテ之カ為ニ犯罪ヲ構成セヌ
手紙ヲ今日迄保存セシハ不知情ノ証拠
同人カ逮捕セラレタルハ大石幸徳山口ノ三人ヘ忠雄拘引ノ報ヲナシタル為也
弟ノ拘引ニ驚キ弟ノ平素交アル人ヘ知ラセルハ人情也三人中山口ハ主義ノ人ニ非ズ
四十二年九月忠雄帰郷シハ宮下ヘ至極温順ナリト其人格ヲ称揚セリ

年（　）号

依頼人　内山愚童

件名

今村法律事務所

大杉ヤスオ証人トシ管野内山対談ノ顛末

田中佐市ノ証人

内山四十二年五月大阪ニ至ル

岡野辰之助ヲ証人トシテ君達ハエライ事ヲ云々

四十一年九月巣鴨平民社ニ於テ幸徳ヨリ暴力革命ノ話ヲ聞ク　内山一

四十二年一月十四日幸徳宅ニテ爆裂弾ノ図ヲ見タルトキ内山ハ遣ルナラ悴ヲ遣ツタ方カ宜シトヤセリ　内山一

十二月十五日愚童公判摘要

出版法違犯二年

爆発物　五年

人数幸福主義ノ為苦痛ヲ救済スルノ目的ニテ宗教ニ入ル然シ人ハパンノミニテ活クル能ハサルト共ニ精神ノミニテ話タル能ハス是ニ於テ経済問題ヲ研究スルノ必要ヨリ社会主義ニ入ル

具体的ニ実際運動ニ干係シタルハ秘密出版カ初メナリ

箱根大平台ハ挽物職人ト問屋ノ少数ヨリ成立スル村ナレハ此土地ニ於テ問屋即資本家ハ職工ノ汗ヲ絞リタルモノナリト説明スレハ壇下ノ反対ヲ買ヒ自己ノ生活問題ニ影響スル故此土地ニテハ何等ノ運動セズ自分ハ出版ヲ為サントシタルモ政府ハ主義者ノ出版ハ印刷中ニ押ヘラレル如キ有様ナレハ自分カ自宅ニテ印刷セント欲シ二六ノ森田ヨリ五十円位ニテ出来ルト教ヘラレ金ヲ才覚シテ東京ニ来リ印刷機械ヲ買ヒタリ是ハ赤旗事件ノ前ナレハ被告ハ赤旗事件ノ為メ憤慨シタルニ非ズ

十六ノ三四

十六ノ三〇

検事ハ自分カ予定線ヲ張リ之ニ被告人ヲ追込マントスル為メ押問答ヲスル被告カ其予定線ニ入レハ事実カ真相ナリヤ否ハ敢テ問ハス爰ニ於テ被告ハ運命ト諦メルカ又ハ嘲弄スルカノ外ナシ
杉本カ道徳否認論ヲ内山カ書タカト押問答ノ末内山カ之ヲ書タト云フテ之ヲ認メテ事済トナレリ内山ハ之ヲ飜訳スル学力ナシ検事ハ之ヲ知ラス自分ノ馬鹿ヲ棚ニ上テ予定線ニ追込ミ得々タリ
赤旗事件ノ後始末ニ付上京スルト云フモ皆同様ナリ
幸徳ノ宿泊セシトキニ赤旗事件ノ後始末ノ話モナリ別段ノ話ナシ
幸徳ハパンノ掠取ヲ出版ストノ話アリ
暴力革命トノ語ヲ幸徳ヨリ聞キタル事ナシ又幸徳カ手ト足トノ運動トノ事モ聞カス
幸徳ニ向テ此頃ハ出版ノ自由ナキ故秘密出版ヲスル意ナリト告ケシニ幸徳ハ夫レハ中々出来マイ日本ニテハ活字カ多キ故若必要アレハ活版所ヲ買収スレハ出来ル素人ニハ出来マイト云ヘリ
入獄記念無政府共産ナル出版ヲナシ方々ニ配レリ之ヲ拵ヘ発送シタルハ十月末ト思フ発送部数ハ五百以上ナラン
森近ヨリ平民新聞ノ談其名簿ヲ借リテ之ヲ発送ス幸徳ノパンノ略取ハ箱根ニテ原稿ヲ一読シ四十一年九月頃幸徳ニ質問シタルハ「クロポトキン」ノ革命手段ヲ問ヒタリ

夫ハ平生各宗教ノ極楽天国ニ至ルヘキ道行ヲ知ラント苦心シタルカ故ニ幸徳ニ問ヒタルナク其時ノ答ニ革命ノ先導者ハ導火線タルニ過キス貧民又ハ労働者ニ口火ヲ付クレハ感染性ノモノナリ革命家ハ出来上リタル後ニ名誉ヲ得ントスルハ禁物ナリ自分ハ革命ノ礎トナルノカ革命家ノ任也而シテ革命ノ手段ハ総同盟罷工ナリ総同盟罷工ハ直接行動ニシテ乱暴カ目的ニヤラス要求ヲ達スルカ目的ナリ而シテ之ヲ甘ク遣ルノハ統率者ノ手腕ニシテ熟練カ必要ナリ之ヲ遣リ損セハ却テ労働者ノ不幸トナル

四十二年一月又幸徳ヲ訪フテ其際幸徳方ニテ爆裂弾ノ図ヲ見タリ其時坂本ニ爆裂弾ハドー云フモノナリヤト聴キタルニ坂本ハ其図ハ先生カ持テ居ルト云フカラ之ヲ幸徳ヨリ借リ神川マサ坂本ト被告ト三人ニテ見タリ

之ニハ唯図ノミニテ三人カ批評セリ

坂本ハ之ヲ以テ大官ヲ暗殺セヨトキハス自分モ皇太子殿下ニ害ヲ加ヘント言ヒタル事ナシ

其夜幸徳ノ食堂ニ神川坂本森近岡野内山六人主義トラブノ干係ニ渉リ坂本ハラブヲ捨テテモ主義ノ為メラブヲ捨テル神川ハラブト主義ト衝突セズ幸徳ハラブノ為メ主義ヲ捨ルト云ヒ坂本ハ幸徳ヲ攻撃シ神川マツカ避妊法ヲ行フヲ主義ノ為メ尽スト云フヲ聞キ森近カ「エ

ライ」コトヲ云フナト申シタルニ依リ内山カ森近ヲ攻撃シタリ

翌日管野ヲ柏木ニ訪問ス大杉管野ニ夫人ト内山ト対座シ三種「軍人座有銘」道徳否認論、入獄記念無政府共産ノ出版後大杉ノ日刊平民新聞ニ連載シタル原稿ノ事ヲ聞キ平民新聞ノ切抜ヲ原稿用紙ニ貼付シタルモノヲ借リタリ

検事曰幸徳管野カ余命幾何モナキ故死ヲ決シテ何カスルト大阪モ熊本モ申立ツルカ其方ハ知ラサル筈ナレト云ハレ小山検事カ管野カ内山ニ言ヒタリト云フテ其調書カ出来タルモ事実ハ今ニ至ルモ思ヒ出サス

管野ヨリ死ヲ決シテ主義ノ為メニ尽ストノ事モ聞カズ同意シタル事モナシ

自分カ火薬ヲ持居タル事モ話シタル記憶ナシ誰カニ云ヒタル事ハアル

森近軍平愚童尋問中ニ立テ曰爆裂弾ノ図ヲ見タル折皇太子殿下云々ノ問題ハ小山太田黒諸検事カ名古屋大阪等ニテ盛ンニ皇太子殿下云々セシ事ヲ申聞□ラレ自分カエライ事ヲ云フナト云ヒシ観念ト混同シテ検事ノ申聞□ニ依リ皇太子殿下の事ヤ花瓶ノ台ノ事ハ皆検事ノ申聞ニテ左様ナル調書トナル

管野曰内山カ柏木へ来訪セントキノ事ヲ訊ネラレ内山ノ名古屋大阪

△古賀検事カ名古屋ノ石巻ヲ調ヘタル電報ヲ示

神戸ニ三ノ調書ヲ示サレ小山検事カ監獄ニ来リ幸徳モ云ハストスレハ管野カ主義ノ為メ死ヲ決シテ何カヤルト内山ニ申シタノデショウト云フノカ小山ノ調書トナル内山愚童午後
横浜ニテ田中佐市ヲ訪ヒレハタ刻ナリ其後ハ東京ノ迫害ハ甚シイ横浜ハ如何横浜ヘ何モ遣ラナイカラ何事モナイト答ヘパンノ略取モ売レナイト云フトソンナラ少シ取テ置テモ善ヒト云ヒシ事ヲ記憶ス総同盟罷工ノ準備ニ気永ニ労働者ノ団体ヲ作ラネハナラヌ秘密出版ヲスルト云ヘリ
総同盟罷工カ東京ニ起レハ横浜ニモ起ル此時能ク訓練シテナイト「ヤケ」ニナルト不可田中君カ血ヲ見ル事ナクシテ行クモノカト被告ハ血ヲ見ルハ主義者ノ恥辱ナリト答ヘタリ
幸徳君ノ宅ニ爆裂弾ノ見本カ来テ居ルト田中ニ語リタル事ナシ
横浜ニテ初対面ノ人新年宴会ノ席マテドーシテ悴ヲ遣付ケル云々ト言フヘキ筈ナシ
石巻ニハ名古屋ニ軟硬何レカ多キヤヲ問フタルニ半半ナリト答ヘ無政府共産ヲ問ヒタルニ来タト答ヘ労働者ノ訓練ヲ問ヘハ其事ナシト答ヘ自分ハ新聞経営ヲ始メ八木君ニ売捌ヲ托セントシタルニ八木君ニ断ハラレ金モナクナリ中止セリ。原始的共産制研究ノ為飛驒ノ高

セリ其内ニ幸徳ガ宮下ニ命シテ爆弾ヲ作ラシメタリ其他ノ詳細ナル事実ヲ記セリ

山ニ行カント言フ事ヲ聴ケリ

幸徳管野ノ暴力革命ノ企皇太子殿下ノ危害ノ事ハ言ハズ

参考人田中佐市金子新太郎ノ申立ハ事実ニ非ス

△検事ハ内山カ名古屋ノ石巻ニ幸徳カ宮下ニ命令シテ爆裂弾ヲ作ラシメテ居ルト語レリト云ヘトモ当時自分カ斯ル事ヲ知ル筈ナケレハ検事ノ作リタル虚構也

四十二年五月廿日大阪ニ入ル廿一日午後武田方ニテ三浦安太郎ニ逢ヘリ三浦ニハ秘密出版ニテ伝道スルトノ話ヲナシ両人ニテ天王寺ニ至ル巡査尾行セリ夕飯ノ時武田帰宅ス此時三浦ニ革命談ヲナシタル事ナシ

三浦ヨリ勇敢者ハ岡本大石ノ爆弾研究法律ト強権ハ見タル事ナシ経済組織ノ未来ハ盛岡栄次ノ著ト云フ事ハ知ラネバ言フ筈ナシ東宮殿下ト云ヒシハ五月十八日永平寺出発福井町ニ入ラントスルトキ内山サンデスカト駐在所ニ引カレ夫レヨリ尾行シテ大津ニ至三ツ井寺比叡山ニ上リシカ尾行アル故宗教歴史ノ研究ヲ止メ大阪ニ行キ尾行ノ附ク所以テ聞ケリ其時東宮殿下カ北陸巡幸ニ付夫ニ付テ警戒シタルニ非ラヤト申シ是ヨリ起リタルナラン

廿一日夜武田方ヲ辞シ終列車ニテ神戸ニ至リ廿二日永平寺別院ニ至ル尾行ノ原因ハ猶不明

海民病院ニテ岡林小松ニ対シ迫害ニ対シ秘密出版ノ話ヲナシ両人ニ爆裂弾ノ研究ヲナシ居ルカト訊ネタルニ両人ハ研究セストト答フ
幸徳方ニテ管ノ中ニ硫酸ト云フ字カ書テアルカ硫酸ニテ爆発スルカト問ヒタルニ岡林カリスリンタトカリスリンヲ入ルノタト答ヘシカ
判然記憶ナシ革命談ヲナシタル事ハ記憶セズ総同盟罷工ニ付テハ横浜ト同一ノ事ヲ話シタリト思フ
三浦安太郎曰内山ハ検事ニ向テ三浦ハ決死隊ノ一人ナリト申立タルヲ之ニ憤慨シテ内山カ皇太子殿下ヲ肺病ナリト云ヒシ事ヲ誇張シテ申立タリ
アンナ小倅一匹ノ為メ仰山ナ事ヲシテ馬鹿々々シイ奴ダト云フト内山ハ妃殿下ト仲カ好イカラ再発スルカモ知レヌ倅カ参イテ仕舞ヘハ親爺ハビックリシテ死ンテ仕舞フダローナト云ヒタル也
十二月廿二日公判申立
神戸ニテ二日共尾行巡査アリ海民病院ニテ小松岡林ト対談シタルトキモ同シ机ノ一端ニ尾行巡査カ居リテ巡査モ自由党時代ノ迫害ノ事ヲ語レリ

年（　）号

依頼人

岡林寅松

小松丑治

件名

今村法律事務所

130

リスリント硫酸ニテ爆発スルヤ

四十二年五月廿二日内山愚童カ神戸ニ来リ海民病院ニテ皇室ニ関スル過激ノ事ヲ云ヒタリ然シ之ニ賛成セズ又反対セズ
岡林六回　十六ノ三三三

右ノ際岡林ハ爆裂弾ニリスリンヲ入レネハナラヌト話セリ
同　同

内山愚童曰神戸海民病院ニ於テ今度遣ルナラハ悴タ悴ヲ遣レハ親父ハ死ンテ仕舞フト申セシトキ岡林ハ過激ノ事ハ成効セズト答ヘタリ私ハ今日ハ普通ノ伝道ハ出来ヌ現ニ吾々ニハ今テモ尾行巡査カ附テ居ル吾々ノ自由ハ束縛セラレテ居ル今日ハ革命カ来テ居ルト云ヒシハ岡林小松ハ反対モ賛成モセズ又幸徳宅ニ爆裂弾ノ図カアツタ硫酸ヲ入レタルノカト尋ネタルトキ岡林ハ「リスリン」ダト答ヘタト思フ其時小松ニ綿火薬ノ製造法ヲ尋ネタル事ナシ
内山聴取　十四ノ三六

内山曰海民病院ニテ岡林ハ私ノ説ニ反対シ夫レヲ過激ナリ我々ハ漸次地方テ伝道スルカ利益ナリト主張シ私カ伝道ハ必要ナラシカ結局ハ暴力革命ノ手段ヲ採ラネハナラヌト云ヒ岡林ハソレハソーダト云ヘリ
内山一回　十六ノ三七〇

内山曰小松ハ何ト申セシカ覚ヘス
同上　十六ノ三七五

内山曰海民病院ニテ東京ニテハイザト云ヘバ硫酸ヲ入レテ爆発セシムル硝子ノ管カアルト話シ岡林カ硫酸ノ外リスリンヲ入レハ良ヒト

答ヘ又悴ヲ遣レハ云々ト申シタトキ岡林ハ夫ハ余リ過激タト申シ小
松モ同様云々セリ　内山七
十五ノ四三
内山曰東京テ革命カ起レハ横浜カ応シ大阪テ起レハ神戸ハ之ニ応セ
ネハナラヌ其用意アリヤト咄シタニ相違ナイ　内山七
十五ノ四六
註　横浜ハ不同意ナルニ神戸ニテ内山カ法螺ヲ吹キタル也

岡村寅松十二月十六日公判
日露戦争前非戦論ヨリ社会主義トナル
内山カ海民病院ニ来リ皇太子殿下ニ危害ヲ加フルトノ話ハ断ジテ聴
カズ

小松丑治十二月十六日公判
入獄記念無政府共産ハ廿七部其儘ニナシ置キテ何レヘモ配賦セス
五月廿二日岡林ト海民病院ニテ面会ス

十三冊ノ二一六
内山カ悴ヲ害スルト云フ様ナ話ヲシタル記憶ナシ

岡林寅松十二月廿二日公判廷申立
海民病院ノ応接間ハ廿丈間ノ長方形ノ座敷ニハ刑事巡査ハ居タトモ

居ナイトモ判然記憶ナシ

註　此被告人ト内山トノ申立ヲ対照スレハ岡林カ判然記憶セズト云フハ一方ノ申立ニ雷同セサルノ例

年（　）号

依頼人

件名

公判摘要

今村法律事務所

常松
末松
志方
鶴
鶴見
大倉
遠藤
平野

斯ル大事ニ
偶然ト云フ
事アランヤ

外ニ人ハ如何

此挙ナルモ
ノアリヤ

幸徳、森近、宮下、新村、古河、新田、新村善、奥宮、坂本、大石、
成石平、高木、峯尾、崎久保、成石勘、松尾、新美、佐々木、飛松、
内山、武田、岡本、三浦、岡林、小松、管野
成石勘三郎「リヨウマチス」
大石誠之助「腸加多児」
検事松室曰四十一年十一月中被告大石、松尾ハ別ニ約束ナリ偶然幸
徳宅ニ会ス当時森近モ幸徳方ニ同居シ大逆罪ノ陰謀ヲナス
検事曰大石カ村上旅館ニ於テ武田三浦岡本猶外ニ二人アリシモ主ト
シテ此三人ニ幸徳ノ陰謀ヲ伝ヘ二人モ同意ス
大石宅ニテ成石平四郎高木峯尾崎久保ニ決死ノ士タラン事ヲ勧メ四
人同意スガ之平四郎ハ目的ヲ告ケ爆裂弾ノ研究ヲ托ス
養老館ノ会合
松尾卯一太ハ新美卯一郎ニ幸徳ノ企テ語リ其同意ヲ得内山愚童ハ儲
弐ニ対シ危害ヲ加ワヘント云ヒテ此挙ニ賛成ヲ表ス愚童カ提議シタ

1 忠雄太吉ニ告テ曰今回ノ事ハ善兵衛ハ何事モ知ラザル故自宅ヘ来リテモ此事ハ少シモ話テ呉レルナト云ヘリ

2

ル事実明也（横浜）

愚童海民病院ニ於テ岡林小松ト会見シタルトキ両人カ賛成シタリトノ事ハ見ヘサルモ爆裂弾ノ製造法ヲ教ユ

森近ハ宮下ト実行スト云ハサルモ古河力作ヲ暗ニ推選ス共ニ実行セサルモ其挙ニ干係ス

宮下太吉

最初森近ヘ書面ヲ与ヘタルハ暴力革命ノ事ニシテ大逆罪ニアラズ

古河力作ハ推選ニ非ズ単ニ森近ヨリ話ヲ聞キタルノミ此当時未爆裂弾ノ製法ヲ知ラズ

塩酸加里六分鶏冠石四分ノ割合

新田融ニハ陰謀ヲ語レルヲ以テ知リ居ルナランカ元首ヲ斃ストノ事ハ不知赤旗事件ノ少シ激シキモノカ東京ニ在レハ自分モ出テ行クト語レリ

新村忠雄　軽禁錮二ケ月前科

元首ヲ斃ストノ事ハ四十二年二月中ノ事也幸徳ノ五十人決死ハ説ナリ遣ル意志ナカランカ大石ニハ宮下ノ計画ヲ告ゲス成石等ニ天子ノ迷信ヲ破ル為メ革力ヲナサヽルヘカラスト説ク宮下等ノ計画ハ告ケス

宮下ヨリ二度目ノ手紙ヲ大石ニ示ス大石ノ承諾ヲ得テ宮下ニ送ル然シ塩酸加里ノ使用ノ目的ヲ告ゲス

3

紀州ニ至リシトキ宮下太吉ナル職工カ実際運動ヲスルト大石ニ被告的ニ語ル
古河ト忠雄ト二人ニテ実行スル相談ノトキ管野カ湯ヨリ帰来リ宮下ヲ併セテ四人トナル
十二月十二日
管野スガ
赤旗事件ニテ入獄シタル後無政府共産主義トナル裁判ノ不当貧富ノ懸隔政府ノ迫害、出版言論生活ノ自由ナリ革命ノ外手段ナシト覚悟ス
四十二年一月内山来訪ノ時暴力革命ヲ為サヽルヘカラサル事ヲ説キ内山モ同意セリ
四十二年二月宮下来訪セシカ其前ヨリ宮下ノ爆弾製造ニ従事スル人ナル事ヲ知レリ同人ノ語ヲ聞キ大ニ喜ブ
四十二年三月幸徳方ヘ同居ス
四月宮下ヨリ爆弾ノ製法ヲ知リシ報アリ幸徳ノ代筆ニテ返事ヲナス
六月六日宮下幸徳方ニ来ル幸管宮ノ三人ニテ相談シ古河新村ヲ宮下ニ勧ム
六月末カ七月ニ紀州ニ在ル忠雄ニ痛快ナル事アル故上京セヨトヤ送ル

九月

4

五月廿六日付

一四八

力作ニ話セシハ幸管忠鼎坐ニテ話シ直ニ力作同意ス宮下ヨリ通知アリシトキ病院ニ在リ其後之ヲ聞キ再試験ヲ求メタリ本年四月湯河原ヨリ出ス

一月一日鑵ノ試投ヲナス三月湯河原ニ行キ被告ハ先ニ帰京ス幸徳ニ此罪ヲ及ボサヾル為上京シタルハ五月一日也一月廿三日ノ役割ニハ幸徳病気中ニテ欠

古河力作自分カ手段ヲ尽シテ虚名ヲ博レ胆力アルモノ如ク誤信セシメタイ

自分ハ小男ニテ人ニ一寸法師小人島チョビ助ナト軽蔑セラレタルヲ以テ社会主義者トナリ威張リタリ自由思想ノ署名人トナリシハ短期ノ入獄ヲ希望シタル也

十月初旬ニ幸徳宅ニテ眩キタルハ迫害者ト云ヒ大逆罪ト云フ事ナシ

暴力革命ノ事ハ其時聴カス

本年一月二日幸徳宅ニテ宮下ノ持来リシ鑵ヲ見ル

一月廿三日新村ト二人ニテ今年秋ニ実行スル話ヲナセリ此時新村カノートブックニ何カ書キタルモ纏リタル相談ナル

五月十七日増田方ニテ抽籤管野一古河二ニ当ル

新村へ手紙ヲ送リ爆裂弾ヲ送リ来レト申遣ハンタリ幸徳等ノ相談ハ初メ自分ヲ試スモノト思ヒ居タリ宮下ノ来ルト言ヒシトキ一月二日

□
○
立石
○
○
鈴木
黒田
小山
河村
長谷川

5
6

ニ至リシニ宮下ハ昨日帰レリト云フニ付愈怪シト思ヘリ
爆裂弾ハ作リ居ラズト思ヒシ故此手紙ヲ送リ若シ真ニ爆弾ヲ送リ来レハ其時止メル

新田　融

新村善兵衛　社会主義ニ興味ヲ以テ研究セシモ社会主義者ニ非ス
弟ニ頼マレ薬研ヲ宮下ニ送リシハ弟カ九月西村八重治ニ借ル約束ヲシテアル柿崎嘉六ヲ以テ西村ヨリ借入シ送リ呉レト云ヒシ故之ヲ送リタリ宮下ノ名ヲ其時迄知ラズ無政府主義ノ事モ知ラズ弟カ社会主義トナリ職工ニ同情スル故是モ職工トナレリ宮下ノ保証トナリシハ四二年十一月也
検事室ニ呼ハレ論理的ニ問詰メラレ今カラ思ヘハ左様ナリト云ヒシカ今カラ考ヘレハトノ意味ヲ書カズ其後取消サントシタルニ予審判事ハ検事ヲ呼ンテ来ルト云ハレ致方ナシト申シテ其儘トナル実際借入ノトキハ使用ノ目的ヲ不知
後ニ薬研ヲ帰ストキ弟ハ判然言ハサルモ決シテ御心配ハ掛ケヌト申セシ故ソンナ物ヲ拵ヘタルナラント推測セリ
革命ニアラサレハ貧福ノ懸隔ヲ平均スル事ヲ得サルトノ意志ハ推測セリ此手紙ハ五月薬研借入ハ十月也□ノ態度云々ハ七月忠雄ノ帰宅ハ九月也入獄スラ母カ心配スル斃レル事ナリ少シモ云ハス丘博士ノ

押証七十五

7
大石ニ話セシ巴里コンミユン及仏国革命ノ話ハ如何
無政府共産主義ノ革命トハ如何

人類ノ未来ナル論説ヲ見テ無為徒食ノ□ハ体ヲ悪クシ滋養ヲ食ハズシテ単ニ労働スルモノモ体ヲ悪クスル事ヲ感シテ弟ニ与ヘタル書面ニ付弟カ返書シタルモノ七十二号也
兄上モー少シデスネトアルハ弟カ時計ヲ持出シ紛失シタルニ付何トカシテ返ストノ意味ヲ大袈裟ニシタルモノト思ヒタリ
自分ノ宅ノ前ニ一人ノ男アリ乳呑子ヲ挙ケタル本妻ヲ離別シ芸妓ヲ容レ乳呑子ヲ虐待セリ此ヲ見テ家庭制度カ悪イノテアロート思フテ送リシ手紙ノ返事ニ弟カ七十九号ヲ送リシ也
幸徳
無政府主義ハ政治全廃主義ニテ暗殺主義ニアラズ在米日本人ニハ無政府共産主義ノ団体ナシ（渡米ノ時）
出京ノ途次大石ヲ新宮ニ訪ネテ紀州ノ有志ニ向ヒ政府ノ迫害ニハ反抗セネハナラヌト説ケリ
革命ハ起スヲ俟タス自然ニ来レルナリ
舟中ニテ大石ニ君ハ爆裂弾ノ製法ヲ知レリヤト尋ネタルノハ何時使用スルト云フニ非ス我々ハ革命ノ武器トシテ在カント欲シタルナリ
被告ノ革命ハ社会組織ヲ全体ニ代ユル事ノ意味也
無政府主義ノ革命ハ労働者ノ総同盟罷工ニテ権力階級ニ迫ルニ在リ
十一月中大石上京胸間膜羸痩ニテ養生スレハ十五年位生キル

8

大石松尾森近等ト話シタルハ不景気カ二三年続キ凶民ノ騒ギニテモ起リ富豪ノ財ヲ貧民ノ手ニ収用シ登記所ヲ焼キ所有権ヲ解放ス然レハ権力階級モ遠慮シ平民モ自覚スルデアロー其時ノ用意確リシタルモノヲ選シ置ク必要カアルデアロー

官署焼払ヒ二重橋等ハ興ニ乗シテ話カ出タリ大石ノ如キ長者ニ壮士ノ如キ命懸ノ仕事ヲ強ユルノ意ナシ

森近ト大石トハ同居セシモノ故改メテ同意不同意ハ求ムヘキ理ナシ

赤旗事件入獄者ノ出獄ヲ期トシテ事ヲ挙クルトノ事ハナシ

革命ノ目的ハ私有財産ヲ廃シ共有財産トスル事ナリ政治機関ヲ廃スルニ在リ

二月十三日宮下訪来同人ノ計画ヲ聴キタルモ暗殺ニテハ主義ヲ成効セズ欧州ニテハ総同盟罷工ニテ革命ヲ行ハントノ思想ヲ有セリ

九月ニ至リ政府ノ迫害甚シク出版言論生活皆其自由ヲ奪ハレ友人トノ交際モ妨ケラレ大ニ憤慨シ宮下カ爆弾ヲ製造スル奴之ヲ以テ一ツ遣レト元首ニ対スル話ハ此時ニ始マル

十二月十三日

森近運平

宮下ヨリ日本ノ皇室ニ付質問アリテ日本ノ皇室ノミカ世界ノ大勢ニ反シテ特別ノ地位ヲ保ツ事ハ出来ヌトノ意味及歴史ハ悉ク信スヘカ

◎

ラサル事則二千五百年モ間違檲原ノ即位モ今日ノ如キ観念ナキ事ヲ説明ス

片山カ議会政策ニ依リ政府カ普通選挙ヲ撤回スルトキニ総同盟罷工ヲ用ユト云フハ不論理也

暴力革命ノ語ハ我主義者ノ用ユル語ニ非ス

直接行動トハ議会政策ニ依ラザル労働者ノ自身ノ行動ニ依ル事ヲ意味ス

革命ヲ被告カ起サントスルニ非ス此社会カ革命ヲ免ンサルモノト信スルカ其革命ハ一代ニ来ルカ二代ニ来ルカ知レサルナリ

自ラ進ンテ遣ル事ハ思想ノ伝播也思想ノ伝播ナリハ直接行動モ出来ズ

直接行動トハ議院ニ依ラス労働者自ラ権利ヲ得ルトノ意義也

総同盟罷工カ中心トナリ種々ノ事件カ起ル可シ赤旗事件ノ憤慨談等ニテ同志皆過激ノ言ヲナシ居タリ被告ハ其以前大阪入監後帰郷シテ父ニ戒メラレ大ニ軟化シタリ大革命ノ前ニハ仏蘭西ニテモ日本ニテモ幾多ノ小破壊アリ成効セサルモ必スシモ無意義ニ非ストノ説アリ時々集リテ笑談ヲナセリ其内ニ決死ノ士カ三百人モアレハ可成ノ仕事ハ出来ル二重橋ヘ乗込ム詔勅ニ要請スル等ノ一場ノ笑話カ出ル

大石上京ノ後幸徳ハ法律ト強権ヲ訳シ大石ハ国家論ヲ訳シ伝道スル

トノ相談纏レリ
大石上京ノ時ノ話ハ此間森近ト斯様ノ話ヲナシタリトノ事ヲ大石ニ語レリ

○幸徳等ノ憤慨談ハ日常ノ套言ニシテ実行セントスルノ意味ニアラズ毎日言フ所ヲ行ヒ得ヘキニアラズ
森近ヘ家族ノ為隠退セント決心シ東京又ハ郷里ニ帰リ園芸ヲ為サント欲シタル也故ニ宮下来訪シテ元首ニ向ハント欲シ居ル計画ヲ聴キ大ニ刺激セラル

○宮下ノ太胆ニ感シ古河ノ大胆ナル事ヲ語リタリ暗ニ古河ヲ勧メタルニ非ス暗ニ古河ヲ推薦スルカ如キ宮下トノ干係ニ非ス推薦セントスルナラハ暗ニ古河ヲ推スル也此時ハ宮下ノ死ニ対スル観念ヲ聴キ驚キタルノミ何ノ考モナシ
内山カ親父ハ警戒ハ厳重故倅ヲ遣ルカ善クト云ヒシモ内山ニ堅キ決心アリトハ思ハス

9 奥宮健之
裁判官カ有志家ノ境遇ヲ知レハ此事件ハ分ル可シ我々ハ過激ノ話モスル又爆裂弾ノ製法ヲ問ハルヽハ種々ニ話スハ常也
此爆弾ヲ暴動ノ陰謀アリテ使用スルナラハ被告ノ責任問題也故ニ何人カ此衝ニ当ルカ果シテ成シ得ル人ナリヤヲ知ラサレハ此謀ニ加ハ

同舟者ハ如何ナル人乎

ルヽ筈ナシ
大石誠之助
無政府共産ノ研究ハ（四十一年 一昨年）ノ春ヨリ始ム新宮ニテ談話ナルモノアリ一般宗教文学教育理化学ノ談話ヲナセシモ自宅ニテ専ラ社会主義ノ講話ヲナセシ事ナシ
社会主義ハ研究セシモ伝播セシ事ナシ
赤旗事件ニ付憤慨セシ事ナシ
輦轂ノ下ニテ無政府共産ト云フ旗ヲ推立ルハ不都合故之ヲ止メルハ無理ナラント森近ト語ル
熊野川ニ舟遊シタルモ幸徳カ迫害ヲ語リ爆裂弾ノ製法ヲ聞カレ不知ト答ヘタリ舟中ニハ同志以外ノ人モ在リ過激ノ事ハ云ハス
被告ハ迫害ノ甚シキヲ痛切ニ感セス自分ハ安穏ニ生活セリ迫害トハ尾行巡査ノ事ヲ意味スル也
幸徳ノ病気ハ養生次第ニテ急ニ死ヌモノニ非スト告ケタリ森近カ別ニ尋ネタルニ付不養生スレバ二三年ト答ヘタリ
管野ハ肺結核ノ初期ト思ヘリ然シ今日ハ両人共健康ニテ診断ハ誤レリ
十一月十九日幸徳大石両人ニテ仏革命中巴里コンミユンノ事ヲ話シ夫ヨリ話カ転シ五十人位確リシタル同志アレハ深川米倉三越ノ品物

ヲ以テ貧民ヲ賑ハシ登記所ヲ破壊シ所有権ノ所在ヲ不明ニシ二重橋ニ迫ルトノ話モアリ幸徳ノ話ヲ聞キタリ幸徳ノ病気ト貧乏ノ状態ニテ思想カ過激ニナリ居ル事ヲ知リタル故反対モセズ賛成モセズ帰タリ

幸徳ノ云フ所ハ突飛ナル事ト思ヒタルモ説破セス二重橋云々ハ推理ニテ推詰メタル也

被告宅ニ集リシハ旧正月ニテ特ニ集メテ相談シタルニ非ス

検事廷ニ於テ四人カ同意シタルヲ以テ被告ヨリ同意ヲ求メタルニ非スヤト推理セラレ無拠調書ニ残レル也幸徳ノ話ヲ報告シタル也奇抜トカ面白ヒトカ妙ダトカ云フモノアリシモ明ニ賛成シタルモノナシ

村上旅館ニ於テ武田其他ノモノニ対シ幸徳ノ話ノ一部分ヲ話セリ自己ノ意見トンテハ修養ノ必要ヲ説ケリ予書ニテハ暴力革命五十人決死隊ノ用語ハピシヤット極テ居ル故何モ云フモ其通リトナル

平四郎カ爆裂弾ヲ僕ノ方テ研究シテ見ヨウト云ヒタリト覚ユ平四郎カ鶏冠石ヲ呉レト云ハレ少シ許リ七匁程ヲ渡セリ塩酸加里ノ記憶ナシ

養老館ニ於テ記憶ニ残ス程ノ相談ナシ

勘三郎ハ爆発物ノ一部分ニ加リシモノト思フ

爆発物ニワセリン油ヲ入レテ作レトノ注意ヲ与ヘタリ此大事件ニナ

○

11

斯ル青年ヲ恫喝シ事実ヲ構造シテ功トスルモノハ果シテ何ノ心ゾヤ噫

ルト思フテ言ヒシニ非ス万一過チアリテハト憂ヒワセリン油ヲ入レ
ヨト不成効ヲ禱レリ
四人ト共ニ上京正々ハ判事カ四人カ上京スレハドースル人ニ勧メテ
自分ハ上京セヌカト云ハレ左様ノ調書カ出来タリ
幸徳ヨリ空想トシテ聴キ空想トシテ話セリ
爆発物ハ智(?)識ナリモ摩擦ヨリ生スルモノナレハ摩擦ヲ拒クワセリン
油ヲ入ルルナラバ不成効ト思ヒタリ
忠雄ヨリ太吉ノ計画ハ聴カズ唯宮下ハ胆力アル人ニテ革命運動ニハ
役ニ立ツ人ト聴ケリ宮下カ大逆罪ヲ犯スト八聴カズ自分ハ社会主義
ノ書ヲ読ミシモ実行ニハ遠シ
畑林ヨリ塩酸加里ヲ取リテ宮下ニ送リタル事ハ丸テ不知

成石平四郎

幸徳ヨリ革命ノ経路ヲ承リタルモ必要ト言ハレズ幸徳カ革命モ道楽
ナリト聞キ自分ハ厭ニ感シタリ田辺ニテ検事ニ調ラレシ時検事ハ手
ブラテ調ルニ非ス忠雄等カ白状シテ居ル汝等ノ首ハ飛フモノタト恫
喝セラレ意ニナキ事ヲ申述ヘタリ　一七ノ一四三丁以下□取出ナラ
ン
決死ノ士五十人云々ハ何処迄幸徳ノ言ニテ何辺迄大石ノ意見カ不明
也

具体的ニ聴キシニ非ズ又暴動的ノ企アルニ付之ニ与セヨト勧誘的ニ
言ヒタルニ非ス
大石ヨリ薬品ヲ貰ヒタルハ一袋ナルヤ二袋ナルヤ不覚
ワセリン油ノ事ハ記憶ナシ

12 高木顕明

裁判所ニ於テ証人トシテ呼出サレ帰宅後直ニ田辺ノ検事ノ調ヲ受ケ
此死ゾコナイメト一喝サレ林ト云フ巡査カ扇子ヲ首ニ当テパット云
ハレ自分ハ到底殺サレルモノト思ヘリ
大石ハ赤旗事件ノ連中カ出獄スレハ相談スレハ大ニ収用シテ貧民ヲ
賑ハスト云フ事ヲ聴ケリ夫レハ面白イト思ヘリ

13 峯尾節堂

臆病ニテ主義ノ為メ一身ヲ捨ツルト云フカ如キ意志ナシ幸徳ノ説ヲ
大石ヨリ承リタルトキ大石モ幸徳モ左程ノ至誠心ニアラサルヲ以テ
一種ノホラト思ツテ聴キ流シ居タリ
◎到底出来ルモノニアラズト思ヘリ
◎新村忠雄モ此法廷ニ来ルマテ斯ノ如キ恐ロシキ人トハ不知

14 崎久保誓一

四十一年七月中大石方ニテ幸徳ニ面会セリ其時幸徳カ直接行動ノ説
ヲ聞ケリ

成石ハ肉弾ト為ツテ遣ルト自白シタト言ハレ汝ハ言ハズトモ裁判ハ周囲ノ事情ニテ判決スル汝ハ今ノ内ニ早ク恐レ入ツテ謝マレト言ハレテ有ル事無キ事ヲ申上タリ

15 成石勘三郎

鶏冠石ヲ大石ヨリ貰ヒ塩酸加里トワセリンヲ入レ護謨毬ニ入レ投ケタルモ何共ナシ

鶏冠石ハ塩酸加里ヲ等分ニスル事ハ花火ニテ知リ居ルナリ

此外紙ニテ包ミ一度試ミタル様申立タルハ田辺テ平四郎カ左様申セシトノ事故ニ無事ヲ有事ノ様ニ申セリ

七月廿一日養老館ニ於テ大石ヨリ暴力革命大逆罪ニ同意セズ

16 松尾卯一太　十二月十四日

被告カ主義ヲ実行スレハ天皇カナクナルト云ヒシカトテ責ヲ嫁セントシ妻静枝ヲ呼出シ其口ヨリ事実ヲ得シトス酷又残

松尾静枝ノ証人

一昨年即四十一年夏ヨリ無政府主義トナル円満ナル自治制ヲ成立スルニハ無政府主義デナケレハナラヌト確信セリ

無政府主義ニ迫害トハ種々直接間接ニ施サレタルモ尤痛切ニ感ジタルハ赤旗事件也婦人ヨリ差入無用復讐ヲ頼ムト云フモノアル至レリ

斯ル経済状態カ歳光月重ヌレハ騒動カ起ル其時貧民ヲ日比谷公園ニ集メレハ富豪ヲ掠奪スレハ面白ヒト幸徳カ一時ノ感想ナリト□聴キタリ

幸徳カ機関トシテ新聞ヲ発行セントスルノ話アリ其時ニ確リシタ人

物ヲ見付テ呉レト云フノ意ニテ革命ノ為ニ非ズ
二重橋ヤ大逆罪ヤ決士ノ士五十人ト云フ如キ事ハ毫モ不与聞
幸徳カ一時テモ混乱ノ状態ニシタイトノ意ハ無警察ノ意ナル可シ真
ノ無政府ノ意ニ非ズ確リシタ同志ヲ募ル事ハ幸徳ノ発意ヲ俟ツモノ
ニ非ス主義ノ為メ確乎タル人物ヲ見付ケル事ハ当然ナリ
新美ニ東京ノ話トシテ幸徳ハコンナ事ヲ云フテ居ルト話シタルモ新
美ノ返事ハ不覚
飛松ニ新聞ノ読者訪問ヲナセト云ヒシモ決死ノ士ヲ募ル為メ飛松ヲ
シテ読者ヲ訪問セシメタルニ非ス
被告ハ主義ヲ実行シタル暁ハ天皇ハナクナルト云ヒシ事ナシ

常松英吉、末弘　厳、志方　鍜、鶴丈一郎、鶴見守義、大倉鈕蔵、
遠藤忠次、平野猷太郎
ノ如キハ政友ノ奥宮ノ弁護ヲ敢テ辞シタルモノナリ今ニ至リ何ノ研
究カ是アラン然シ元田ノ研究二〇ノ師匠ハ相当此上ナシ
挙世多賢人而　此為最加以良師　究竟可知而已矣
彼ノ名ヲ聞ク毎ニ余ハ頗不快ヲ感ズ

年（　）号

依頼人

件名

検事弁論

今村法律事務所

機運ヲ忘ル検事
ハ思想ヲ論也
信念動機論
検事ノ方針
拡大主義
一網打尽主義

飯野
石春

平沼検事　十二月廿五日
被告人ハ無政府共産主義ニシテ其信念ヲ遂行スル為大逆罪ヲ謀ル動機ハ信念也
無政府共産主義ハ歴史的ニ発達セル国家権力財貨ノ分配ヲ否認ス権力干係デ以テ成立セル国家ヲ絶滅シタ道徳理想ヲ以テ支配スル社会ノ実現也
現今ノ国家社会ヲ破壊スルヲ要ス
究極ノ目的ヲ達スル手段如何
社会主義者ノ一派ハ議会主義ヲ採ル無政府主義者ハ直接行動ヲ採ル総同盟罷工破壊暗殺爆裂弾ハ破壊暗殺ヲ以テ有力トス手段ハ無政府主義ノ本体ニ非ス革命ハ機運ノ熟レヲ次第ニ来ル革命運動ニハ幸徳ノ云フ所ハ一蹴ニシテ其以外ヲ捨テ其理想トスル所ニ社会ノ状態ヲ近接セシムル平等モ包含ス
暴動破壊暗殺モ之ヲ採ル事アル可シ
ルクリユーノ如キハ穏和ニ革命カ行ハルト云フモ僅少ナリ
破壊的運動ハ彼等ノ主要ナル部分ヲ占ム学理的ニ云ヘバ無政府主義ハ目的ニ在レトモ之ヲ伝播スルニ於テハ手段ハ却テ無政府主義ノ特色トナル
記録ニ暴力革命ナル文字アリ、最初ニ使用セシハ被告也

本気ニ之ツノ意ナリヤ否先決問題也

多数被告人ハ手段トシテ暴力革命ナル意義ヲ用イタリ革命ハ結果ナレトモ正確ノ意味ニ使用セズ
無政府主義ノ云フ所ハ空漠トシテ遠キ目的ニ乱暴ノ手段ヲ採ルハ甚タシキ常識ニ遠キ所也ト云フモノアリ此干係ニハ無政府主義ノ述フル所ハ究極ノ目的ハ万年千年後ナルモ之ニ近クル手段ハ可成多ク採ルヘキナリト常ニ申シ主義者ハ目的ノ為犠牲トナルヘシト云フニ在リ暴動ハ伝染的ノモノナリト云フノ思想ヲ有ス
宮下カ国民ノ迷信ヲ破ル為ナリト云フ一言ハ此ノ一班ヲ表スルモノ也
無政府主義者ノ信念ヨリ云ヘハ国体及皇室ヲモ無視スルモノト論理上帰着ス権力ヲ否認シ之ニ攻撃ヲ加フルモノナレハ国権ノ淵源タル皇室ニ対スル大逆罪ヲ企ツルニ至ル
如此思想ハ忠良ナル国民ニ到底入ルヘカラサルモノナルニ之ヲ注入セントスル故ニ祖先以来尊上スルヲ滅却セシメタルナリ
我国ニ於ケル無政府主義ヲ伝播シタルハ幸徳ナリ
無政府主義者ハ露骨ニ其態度ヲ表ハレタルハ赤旗事件也、今回ノ事件ハ其反抗ノ思想カ更ニ明白ニ発露シタル也
此ノ事件ノ発端ハ被告等間ニ無政府主義ノ思想ヲ抽象的ニ話シタルハ余程以前ヨリノ事ナリ

新美ニ与ヘタル幸徳ノ手紙ヲ見ヨ此ノ時決意セシハ言下ニ確答セラル事アルヘキ筈ナシ

管九回

幸徳カ上京ノ途次大石ヲ訪問シ成石高木崎久保ニ逢ヒ近来ハ反抗ノ必要アルトノ事

熊野川ニ舟遊シテ爆裂弾ノ製造ヲ語リ八月中愚童ヲ箱根ニ訪問シタリ幸徳カ赤旗事件ノ復讐ノタメ上京スト云ヒ具体的トナル

幸徳カ決意トシテ顕レタルハ帰国後四十一年十一月ニ至リ大石松尾ト会見シ一ノ陰謀ヲ企ツ

森下六回調書

幸徳ハ明白ニ決意ヲ表ハシタルニ非ス一ノ口談ナリ

幸徳ト宮下ノ関係ヲ認メ紀州熊本ヲ否認ス

此陰謀ノ内密如何富豪掠奪二重橋ニ迫ルトノ事ハ一般ニ暴動ヲ起ストノ相談ニシテ時ト方法場所ハ定マラサルモ陰謀シテ成立ス而シテ陰謀中ニ弑逆ヲ含ム其ノ意志ノ内ニ皇室ニ対スル逆意ヲ含ム事明白也

是カ中心トナリ各所ニ陰謀及予備ノ行為起ル

板倉検事　廿五日午後

四十一年十二月管野幸徳ニ於テ大逆罪ノ陰謀ヲナス

四十二年一月十四日愚童清馬ト共ニ爆裂弾ノ図ヲ見テ清馬ハ要路ノ大官ヲ暗殺セントシ幸徳ハ図ヲ示シテ爆弾研究ノ資料トス

十五日管野スガヲ訪フスガ爆弾アレバ是テ革命ヲナス愚童ハ管野ノ

決意ニ非ズ

暗殺ニ同意ス
一月十六日横浜ニテ田中金子ニ過激ノ事ヲ話ス
愚童幸徳間陰謀ノ申合ヲ認メサルモ管野ニ依リ愚童ニ伝ヘラル
四十二年二月太吉伝次郎ヲ巣鴨ニ訪フ太吉帰リシ五忠雄スカニ太吉ヲ称揚シ忠雄ハ此時私ニ自分モ之ヲ共ニセント決ス
太吉森近ヲ訪ヒタルニ森近ハ古河力作ノ胆力ヲ称賛ス
以上ハ陰謀
四十二年五月太吉ハ爆裂弾ノ製造ヲ知リシ故主義ノタメニ斃ルト申送ル
太吉明科ヘ赴ク途中平民社ヲ訪フ

○

大石カ大逆罪ノ用ニ供スル目的ヲ知リテ塩酸加里ヲ送リシカ点骨子也

虚栄ト詰問トニ依リテ忠雄ノ陳述

大石ハ此ノ点ヲ否認スレトモ忠雄ト大石トハ師弟ノ干係ニシテ忠雄ハ大石ノ為ニ隠ス筈ナルニ無キ事ヲ作リ出シテ予審判事ニ云フ筈ナシ然シ十五回調書大石ノ予第五回四十一問以下

七五、七七、七九、

九一

忠雄ト薬研
善兵衛ハ忠雄ノ無政府主義タル事及薬研ノ使用法ヲ推知シナカラ之ヲ太吉ニ送付ス

母ノ証言。
彼一人断然事実ヲ否認ス

宮下幸徳ニ此手紙ヲ送リシヤ如何

平沼

健之ノ知情
善兵衛ノ知情　検事認定困難ヲ認ム善兵衛カ無政府主義ナリヤ武田
真喜太ノ予調四十三年四月末忠雄ヲ教会ニ入レントスルトキ善兵衛
ハ耶蘇ヲ攻撃ス私共ハ無政府主義者ト云ヘリ
押七五号
大逆罪ヲ善兵衛知レリヤ
押七五、七九、千代田ノ松云々七二
忠雄ノ計画ヲ推知シタルハ四十二年九月以前テアル善ハ四新気運ト
ハ権力打破無政府共産ヲ実現セントスルノ意味也
六八号　我々ハテロリズム以外取ルヘキ方法ナシ暗。殺。ヲ。善。兵。衛。カ
同意ナラバ言フノ必要ナシ忠雄ノ意志未確定ノ際也
塩六鶏四　鉄片
新田融　知情
古河力作真意ナリシテ賛同シタリトノ証左ナシ
奥宮ニ関スル問題ハ同人ノ動機也
同人ハ社会主義者無政府主義ナリトノ事森近運平ヨリ申セトモ無政

府主義ト断定セス
奥宮ノ性質ハ権略ニ依テ世ヲ渡ル人主義信念ニ依リ行動スル人ニ非
ス
紀州組　平沼検事
1 第一大石成石高木峯尾崎久保ノ陰謀
2 大石ト成石兄弟ノ爆弾製造
3 新村ト成石平四郎ノ陰謀
1 四十二年一月中大石自宅ニ於テ幸徳ト協議シタル計画ニ加ハレト申
シ四人カ同意シタリトノ事此内ニ大逆罪ヲ包含ス大石カ無政府主義
ノ是ナリトスル人

陳述ノ符合ハ人為也石巻ハ如何

大石ト四人ノ干係ハ大石ヲ尊崇ス他ノ四人モ大石ヨリ話ヲ聞キタル
トキ至尊ニ危害ヲ加フル意味ヲ包含スルト述
2 爆弾製造ハ予備ノ行為
熊野川原テ試験シテ見タカ甘ク行カナイ
養老館ニ於テ大石新村成石兄弟カ会合シ再試験ヲナシタルモ不成効

ワセリント云ヒシヤ否ナイトクリセリンナラズヤ

大石カワセリンヲ入レヨト云ヒシハ不成効ヲ望ミテ教ヘタリ
暴動ニ使用スヘキ材料ニ着手セリ
3 平四郎忠雄間ノ陰謀
速水神社ニ於テ二人カ大逆罪ヲ行ワントト申合ワセタル事高木峯尾ハ

遣ル気カナイ故二人ニテ決行スル積リ
以上東京ト連絡アリヤ大石ヲ通シテ連絡アリシモ其ノ他ノモノト直
接ノ連絡ナシ
新村ノ十二回、成平一、成勘二
熊本
四十二年三月上旬卯一太カ佐々木飛松ニ評論ノ読者中ヨリ募ル新美
ニモ東京ノ計画ヲ告ケ同人モ賛同ス松尾ハ二重橋云々ノ事ハ聞カズ
トナス
新美ハ松尾ト親密ナリ
新美ハ主義ノ上ニテハ反対
新美自身ノ供述　二回調書ニ自分ハ無政府主義者ナリト申立タリ
二重橋ニ迫ルトノ計画ヲ相談セサルモ平生ニ逆意ヲ挟ミ居タリ故ニ
幸徳カ東京ニ於テ話シタル事実ヲ総合スレバ当初ノ決意伝ハリテ合
意
成立ノ事疑ナシ
大逆罪ヲ犯ス決意ヲ以テ暴力革命ニ同意セリト道元与次郎ノ申立ア
リ
佐々木ハ弟ノ遺言ニテ後悔ス情ニ於テ憐ムヘシ
飛松ハ立派ノ主義ニ非ス今後悔ス

果シテ然ラバ何故ニ斯ル人ニ大事ヲ相談スルヤ意志薄弱ナリトテ干与スルヲ疑ハスト云フモ之ハ相談セシハ疑也

各被告ノ経歴ハ何ヲ以テ証トナルヘキ

経歴□□□□□□証ノ自由

板倉曰無政府主義者ハ時ト場合ヲ問ハス過激ノ言ヲ発ス

紀州熊本共智慮不足意志薄弱道理モ暗シ

一時熱中スルハ斯ル人ニ多シ過激ノ事ヲ説カレ一時雷同ス

板倉検事

大阪方面村上旅館ニ於テ賛同ス其証拠ハ各被告ノ経歴

愚童ト幸徳ト箱根ノ会合カ動機トナリテ各地ヲ遊説ス

九平ハ殿下暗殺ニ同意ス

安太郎モ賛同ス其暴挙ニ使用スル目的ニテ田中泰三暴弾ノ製法ヲ問フ

四十二年五月愚童丑治寅松ヲ海民病院ニ訪ヒ暗殺ヲ目的トスル暴力革命ヲ相談ス

咄嗟ノ問ニ両名カ賛同シタルハ両者ノ経歴之ヲ証ス

松室

七十三条ハ特別ノ法律ニシテ大宝律以来歴史アル条文ニテ解釈ハ一

定ス
危害ヲ加ヘントスル文字ハ簡単ナレトモ予備陰謀ハ此内ニ含ム
十二月廿七日十時廿五分　花井初
十一時四十五分
午後　一時十五分
二時三十分
五時半

大逆事件判決書

大審院特別刑事部判決
明治四十四年一月十八日

判決書

高知縣幡多郡中村町大字中村町百七十三番屋敷平民著述業
幸徳傳次郎
明治四年九月廿三日生

京都府葛野郡朱雀野村字聚樂廻豊樂西町七十八番地平民無職
管野スガ
明治十四年六月七日生

岡山縣後月郡高屋村四千五十二番地平民農
森近運平
明治十四年一月二十日生

山梨縣甲府市若松町九十七番地戸平民機械鐵工
宮下太吉
明治八年九月三十日生

長野縣埴科郡屋代町百三十九番地平民農
新村忠雄
明治二十年四月廿六日生

福井縣遠敷郡雲濱村竹原第九號字西作園場九番地平民草花栽培業
古河力作
明治十七年六月十四日生

高知縣安藝郡室戸町大字元無家平民活版文撰職
坂本清馬
明治十八年七月四日生

東京市神田區神田五軒町三番地平民無職
奥宮健之
安政四年十一月十二日生

和歌山縣東牟婁郡新宮町三百八十四番地平民醫業
大石誠之助
慶應三年十一月四日生

同縣同郡請川村大字請川二百八十三番地平民雜商
成石平四郎
明治十五年八月十二日生

同縣同郡新宮町五百六十四番地平民僧侶
高木顯明
元治元年五月廿一日生

同縣同郡同町二番地平民僧侶
峯尾節堂
明治十八年四月一日生

三重縣南牟婁郡市木村大字下市木二百八番屋敷平民農
﨑久保誓一
明治十八年十月十二日生

和歌山縣東牟婁郡請川村大字耳打五百三十一番地平民藥種賣藥商兼農
成石勘三郎
明治十三年二月五日生

熊本縣玉名郡豊水村大字川島八百七十二番地士族農
松尾卯一太
明治十二年一月廿七日生

同縣飽託郡大江村大字大江七百五十四番地平民無職
新美卯一郎
明治十二年一月十二日生

同縣熊本市西坪井町七番地平民無職
佐々木道元
明治二十二年二月十日生

同縣鹿本郡廣見村大字四丁八百七十三番地平民無職
飛松與次郎
明治二十二年二月廿六日生

神奈川縣足柄下郡温泉村大平臺三百三十七番地平民元僧侶
内山愚童
明治七年五月十七日生

香川縣高松市南紺屋町二十六番地平民金屬彫刻業
武田九平
明治八年二月二十日生

山口縣吉敷郡大内村大字御堀二百三番屋敷平民電燈會社雇
岡本頴一郎
明治十三年九月十二日生

大阪市東區本町二丁目四番地平民鐵葉細工職
三浦安太郎
明治二十一年二月十日生

高知縣高知市鷹匠町四十番屋敷平民、病院事務員
岡林寅松
明治九年一月三十日生

同縣同市帯屋町四十一番屋敷平民養鶏業
小松丑治
明治九年四月十五日生

北海道小樽區稲穂町畑十四番地平民機械職工
新田融
明治十三年三月十二日生

長野縣埴科郡屋代町百三十九番地平民農
新村善兵衛
明治十四年三月十六日生

右幸徳傳次郎外二十五名ニ對スル刑法第七十三條ノ罪ニ該當スル被告事件審理ヲ遂ケ判決スルコト左ノ如シ

被告幸徳傳次郎、管野スガ、森近運平、宮下太吉、新村忠雄、古河力作、坂本清馬、奥宮健之、大石誠之

助、成石平四郎、髙木顕明、峯尾節堂、﨑久保誓一、成石勘三郎、松尾卯一太、新美卯一郎、佐々木道元、飛松與次郎、内山愚童、武田九平、岡本頴一郎、三浦安太郎、岡林寅松、小松丑治ヲ各死刑ニ處シ被告新田融ヲ有期懲役十一年ニ處シ被告新村善兵衛ヲ有期懲役八年ニ處ス

差押物件中鐵葉製小鑵貳個、同切包壹個、同紙包貳個、鐵製小鑵壹個、雞冠石紙包壹個、同鑵入壹個、調合剤貳拾三匁、塩酸加里九拾貳匁ハ之ヲ没収ス

公訴ニ関スル訴訟費用ノ全部ハ被告人共之ヲ連帯負擔スヘシ

没収ニ係ラサル差押物件ハ各差出人ニ還付ス

理　由

被告幸徳傳次郎ハ夙ニ社會主義ヲ研究シテ明治三十八年北米合衆國ニ遊ヒ深ク其地ノ同主義者ト交リ遂ニ無政府共産主義ヲ奉スルニ至ル其帰朝スルヤ専ラ力ヲ同主義ノ傳播ニ致シ頗同主義者ノ間ニ重セラレテ隠然其首領タル観アリ被告管野スガハ数年前ヨリ社會主義ヲ奉シ一轉シテ無政府共産主義ニ帰スルヤ漸ク革命思想ヲ懐キ明治四十一年世ニ所謂錦輝舘赤旗事件ニ坐シテ入獄シ無罪ノ判決ヲ受ケタリト雖モ忿恚ノ情禁シ難ク心窃ニ報復ヲ期シ一夜其心事ヲ傳次郎ニ告ケ傳次郎ハ協力事ヲ擧ケンコトヲ約シ且夫妻ノ契ヲ結フニ至ル其他ノ被告人モ亦概ネ無政府共産主義ヲ其信條ト為ス者若クハ之ヲ信條ト為スニ至ラサルモ其臭味ヲ帯フル者ニシテ其中傳次郎ヲ崇拝シ若クハ之ト親交ヲ結フ者多キニ居ル

明治四十一年六月廿二日錦輝舘赤旗事件ト稱スル官吏抗拒及ヒ治安警察法違犯被告事件發生シ数人ノ同主

義者獄ニ投セラレ遂ニ有罪ノ判決ヲ受クルヤ之ヲ見聞シタル同主義者往々警察官吏ノ處置ト裁判トニ平ナラス此ヲ以テ政府カ同主義者ヲ迫害スル意ニ出テタルモノト為シテ大ニ之ヲ憤慨シ其報復ヲ圖ルヘキコトヲ口ニスル者アリ爾來同主義者反抗ノ念愈熾ニシテ秘密出版ノ手段ニ依ル過激ノ文書相尋テ世ニ出テ當局ノ警戒注視益嚴密ヲ加フルノ已ムヲ得サルニ至ル是ニ於テ被告人共ノ中深ク無政府共産主義ニ心酔スル者國家ノ權力ヲ破壞セント欲セハ先ツ元首ヲ除クニ若ク無シト為シ國体ノ尊嚴宇内ニ冠絶シ列聖の恩徳四海ニ光被スル帝國ノ臣民タル大義ヲ滅却シテ畏多クモ神聖侵スヘカラサル聖体ニ對シ前古未曾有ノ兇逆ヲ逞セント欲シ中道ニシテ凶謀發覺シタル顚末ハ即チ左ノ如シ

第一

明治四十一年六月二十二日錦輝舘赤旗事件ノ獄起ルヤ被告幸徳傳次郎ハ時ニ帰省シテ高知縣幡多郡中村町ニ在リ當局ノ處置ヲ憤慨シテ其後圖ヲ為サント欲シ其譯スル所ノ無政府共産主義者ペートル、クロポトキン原著麵包ノ略取ト題スル稿本ヲ携ヘ七月上京ノ途ニ就キ被告大石誠之助ヲ迂路和歌山縣東牟婁郡新宮町ニ訪ヒ誠之助及ヒ被告成石平四郎、高木顕明、峰尾節堂、﨑久保誓一ニ會見シテ政府ノ迫害甚シキニ由リ反抗ノ必要ナルコトヲ説キ越ヘテ八月新宮ヲ去リテ被告内山愚童ヲ箱根林泉寺ニ訪ヒ赤旗事件報復ノ必要ナルコトヲ談シ帰京ノ後東京府豊多摩郡淀橋町柏木ニト居シ尋テ同府北豊嶋郡巣鴨町ニ轉住シテ同主義者ニ對シ常ニ暴力ノ反抗必要ナル旨ヲ唱道セリ

同年九月被告森近運平、坂本清馬上京シテ傳次郎ノ宅ニ客居ス初運平ハ無政府共産主義ヲ奉シ大阪ニ在リテ大阪平民新聞或ハ日本平民新聞ト称シタル社會主義ノ新聞紙ヲ發刊シ又定時茶話會ヲ開キ無政府共産説

ヲ鼓吹ス偶〻被告宮下太吉心ヲ同主義ニ傾ケタルモ皇室前途ノ解決ニ付テ惑フ所アリ明治四十年十二月十三日運平ヲ大阪平民社ニ訪フテ之ヲ質ス運平乃チ帝國紀元ノ史實信スルニ足ラサルコトヲ説キ自ラ太吉ヲシテ不臣ノ念ヲ懷クニ至ラシム其後太吉ハ内山愚童出版ノ入獄紀念無政府共產ト題スル暴慢危激ノ小册子ヲ携ヘ東海道大府驛ニ到リ行幸ノ鹵簿ヲ拜觀スル群集ニ頒與シ且之ニ對シテ過激ノ無政府共產説ヲ宣傳スルヤ衆皆傾聽スルノ風アレトモ言一タヒ皇室ノ尊嚴ヲ冒スヤ復耳ヲ假ス者ナキヲ見テ心ニ以為ク帝國ノ革命ヲ行ント欲スレハ先ツ大逆ヲ犯シ以テ人民忠愛ノ信念ヲ殺クニ若カスト是ニ於テ太吉ハ爆裂彈ヲ造リ大逆罪ヲ犯サンコトヲ決意シ明治四十一年十一月十三日其旨ヲ記シ且一朝東京ニ事アラハ直ニ起テ之ニ應スヘキ旨ヲ記シタル書面ヲ運平ニ送リ運平ハ之ヲ傳次郎ニ示シ且太吉ノ意思強固ナルコトヲ推奬シタルニ傳次郎ハ之ヲ聽テ喜色アリ

是時ニ當リ被告大石誠之助上京シテ被告傳次郎及ヒ被告管野スガヲ診察シ傳次郎ノ餘命永ク保ツヘカラサルコトヲ知ル傳次郎之ヲ聞テ心大ニ決スル所アリ十一月十九日誠之助ノ傳次郎ヲ訪フヤ傳次郎ハ運平誠之助ニ對シ赤旗事件連累者ノ出獄ヲ待チ決死ノ士数十人ヲ募リテ冨豪ノ財ヲ奪ヒ貧民ヲ賑シ諸官衙ヲ焼燬シ當路ノ顕官ヲ殺シ且宮城ニ逼リテ大逆罪ヲ犯ス意アルコトヲ説キ豫メ決死ノ士ヲ募ランコトヲ託シ運平誠之助ハ之ニ同意シタリ同月中被告松尾卯一太モ亦事ヲ以テ出京シ一日傳次郎ヲ訪問シテ傳次郎ヨリ前記ノ計畫アルコトヲ聽テ均シク之ニ同意シタリ

是ニ於テ被告傳次郎ハ更ニ其顚末ヲ被告新村忠雄及ヒ清馬ニ告ケ特ニ清馬ニ對シテハ各地ニ遊説シテ決死ノ士ヲ募ルヘキコトヲ勧告シタリ忠雄ハ傳次郎ヨリ無政府共產主義ノ説ヲ聽テ之ヲ奉シ深ク傳次郎ヲ崇信

ス曾テ群馬縣高崎市ニ於テ東北評論ト稱スル社會主義ノ新聞ヲ發行シ其印刷人トナリテ主義ノ鼓吹ニ努メ信念最熱烈ナリ又清馬ハ明治四十年春頃ヨリ無政府共産説ヲ信シテ傳次郎方ニ出入シ其後熊本評論社ニ入リ同社發行ノ熊本評論ニ過激ノ論説ヲ掲載シテ主義ノ傳播ニ力メ赤旗事件發生ノ後上京シテ傳次郎方ニ寄食シ前示傳次郎ノ勸説ニ接スルヤ其逆謀ニ同意シ奮テ決死ノ士ヲ募ランコトヲ快諾シタリ然レトモ其後事ヲ以テ傳次郎ト隙ヲ生シ遂ニ傳次郎方ヲ去リテ宮崎縣ニ徃キ或ハ熊本縣ニ入リテ松尾卯一太方ニ寄食シ卯一太及被告飛松與次郎等ニ對シテ暴漫危激ノ言ヲ弄シ更ニ各地ニ放浪シタル後明治四十三年三月ニ至リ佐藤庄太郎ヲ東京市下谷區萬年町二丁目ノ寓居ニ訪フテ爆裂彈ノ製法ヲ問ヘリ

同年十二月被告傳次郎ハ麵包ノ略取ヲ出版ス又被告スガハ近日當局ノ同主義者ニ對スル壓抑益甚シト為シテ之ヲ憤激シ爆裂彈ヲ以テ大逆罪ヲ犯シ革命ノ端ヲ発セント欲スル意思ヲ懷キ一夜傳次郎ヲ巣鴨町ニ訪フテ之ヲ圖ル傳次郎ハ喜ンテ之ニ同意シ協力事ヲ擧ケンコトヲ約シ且告クルニ宮下太吉カ爆裂彈ヲ造リテ大逆ヲ行ハントスル計画アルコト及ヒ事起ルトキハ紀州ト熊本トニ決死ノ士出ツヘキコトヲ以テセリ

明治四十二年一月十四日被告愚童ハ上京シテ傳次郎ヲ訪フ傳次郎ハ歐字新聞ニ載セタル爆裂彈圖ヲ愚童ニ貸與シ清馬ト共ニ之ヲ観覧セシム翌日愚童ハ轉シテ東京府豊多摩郡淀橋町柏木ニ徃キスガヲ訪フスガハ之ニ對シテ若シ爆裂彈アラハ直ニ起テ一身ヲ犧牲ニ供シ革命運動ニ従事スヘキ旨ヲ告ケ愚童ノ賛否ヲ試ム

同年二月十三日被告太吉ハ上京シテ被告傳次郎ヲ訪ヒ豫定ノ逆謀ヲ告ク當時傳次郎ハ未タ深ク太吉ヲ識ラサリシヲ以テ故ラニ不得要領ノ答ヲ為シ其去ルニ及ンテ之ヲスガ及ヒ忠雄ニ談リ太吉ノ決意ヲ賞揚シスガハ聴テ大ニ之ヲ喜ヒ忠雄ハ感奮シテ心ニ自ラ其擧ニ加ランコトヲ誓フ又太吉ハ當時運平カ傳次郎方ヲ去リ

テ巣鴨町ニ寓居シタルヲ訪ヒ逆謀ヲ告ク運平ハ家ニ係累者アリテ實行ニ加ルコト能ハサルヲ慨シ且被告古河力作カ曽テ桂総理大臣ヲ刺サント欲シ單身匕首ヲ懷ニシテ其官邸ヲ覗ヒタル事實ヲ談リ其軀幹矮小ナレトモ膽力ハ以テ事ヲ共ニスルニ足ルヘシト賞揚シテ暗ニ推薦ノ意ヲ諷シタリ

越ヘテ五月中被告太吉ハ愛知縣知多郡亀崎町ニ在リテ松原德重ナル者ヨリ爆裂藥ハ塩酸加里十匁雞冠石五匁ノ割合ヲ以テ配合スヘキ旨ヲ聞キタルニ因リ爆裂藥ノ製法ヲ知リ得タルヲ以テ主義ノ爲メニ斃ルヘキ旨ヲ傳次郎ニ通信ス時ニ被告スガハ傳次郎ト同棲シ其旨ヲ承ケテ太吉ニ成功ヲ喜ブ旨返信シ且附記スルニ自己モ同一ノ決心アルコトヲ以テシタリ

同年六月被告太吉ハ亀崎町ヨリ長野縣東筑摩郡中川手村明科所在長野大林區署明科製材所ニ轉勤ノ途次東京ニ出ツ是ヨリ先傳次郎ハ再ヒ居ヲ東京府豊多摩郡千駄ケ谷町ニ移ス六日七日ノ両日太吉ハ傳次郎ヲ訪ヒ傳次郎及ヒスガニ對シテ逆謀ノ徑路ヲ詳說シ傳次郎スガノ両人ハ忠雄及ヒ力作ハ各勇敢ノ人物ナルコトヲ說キ之ヲ太吉ニ推薦シタリ

其後被告太吉ハ明科製材所ニ在リテ同僚ノ職工等ニ對シ無政府共産說ヲ鼓吹シ同年七月事ヲ以テ甲府市ニ往キ同市柳町三丁目百瀬康吉ヨリ爆裂藥ノ原料トシテ塩酸加里二磅ヲ買入レ尋テ愛知縣碧海郡高濱町吉濱内藤與一郎ニ依賴シテ雞冠石二斤ヲ購求シ又書ヲ新宮町大石誠之助方ニ寄寓シタル忠雄ニ寄セテ其逆謀ニ同意センコトヲ求メ且塩酸加里ノ送付ヲ乞フ越ヘテ八月一日更ニ書ヲ發シテ之ヲ促シ遂ニ其月十日忠雄ヨリ送致シタル塩酸加里壹磅ヲ受領シタリ是ヨリ先忠雄ハ四月以來誠之助方ニ往キ藥局ノ事務ヲ補助シ常ニ被告峰尾節堂、髙木顯明等ニ對シテ國民尊王ノ信念ハ迷信耳之ヲ打破セント欲セハ大逆ヲ行フニ若カストノ激語ヲ放チ殊ニ被告成石平四郎トハ意氣最投合シ誠之助等カ急ニ事ヲ擧クル意ナキコトヲ疑ヒ二人挺身シテ大逆罪實行ノ衝ニ當ランコトヲ約セリ偶太吉ノ書ヲ得ルニ及ヒ情ヲ誠之助ニ告ケ其承諾ヲ得テ同町畑林藥店ヨリ前示ノ藥品ヲ買入レ以テ之ヲ發送シタリ

被告傳次郎ハ前ニ太吉ノ逆謀ヲ聽テ之ニ同意ヲ表シタリト雖モ太吉ノ企圖ハ大逆罪ヲ以テ唯一ノ目的ト爲シ他ニ商量スル所ナク傳次郎カ運平、誠之助、卯一太ト協議シタル計畫トハ大小疾徐ノ差ナキニ非サルヲ以テ顧望ノ念ナキニ非サリシカ近日政府ノ迫害益甚シト爲シテ之ヲ憤慨シ先太吉ノ計畫ヲ遂行セシメントト欲スル決意ヲ爲スニ至レリ是ニ於テ同年九月上旬忠雄カ被告スガヨリ壯快ノ事アリ歸京スヘシトノ通信ヲ得歸京シテ傳次郎方ニ寓居スルニ及ヒ傳次郎スガ忠雄ノ三人傳次郎宅ニ於テ相議シテ明治四十三年秋季ヲ期シ爆裂彈ヲ用ヒテ大逆罪ヲ決行センコトヲ定メ忠雄ハ其議ヲ齎ラシテ被告太吉ヲ長野縣東筑摩郡東川手村字潮ニ訪フテ之ヲ告ク両人會談ノ際太吉ハ忠雄ニ嘱スルニ爆裂藥ノ製造ニ實驗アル人士ノ說ヲ徵スヘキコトヲ以テシ又雞冠石ノ磨碎ニ用ウヘキ藥研ハ忠雄カ他ヨリ借入レテ其用ニ供スヘキコトヲ約シ忠雄ハ歸京ノ後太吉ノ希望ヲ傳次郎ニ傳ヘ傳次郎ハ之ヲ領ス

被告奧宮健之ハ無政府共產主義者ニハ非サレトモ平生好ンテ同主義ノ書ヲ讀ミ頗其趣味ヲ解シ且傳次郎ト舊交アリ九月下旬傳次郎ヲ訪フ坐談ノ際傳次郎ハ健之ニ對シ今若シ日本ニ於テ大逆ヲ行フ者アラハ其結果如何ト問フヤ健之ハ我國ニ於テ此ノ如キ擧ヲ爲ス者アラハ人心ヲ失ヒ忽チ失敗セン耳ト答ヘ傳次郎ハ之ヲ聽テ遲疑ノ狀アリ越ヘテ十月健之ノ再來訪シタルニ接シ傳次郎ハ問フニ爆裂藥ノ製法ヲ以テス健之ハ已ニ傳次郎ノ逆謀ヲ推知シタルニ拘ラス自ラ其製法ヲ知ラサレトモ知人ニ質シテ通知スヘキ旨ヲ答ヘ乃チ之ヲ

西内正基ニ質シ且其曽聞セシ所ヲ參酌シテ塩酸加里六分金硫黄四分ノ割合ヲ以テ調製シ鋼鐵片ヲ加ヘ金属製圓筒形ノ小鑵ニ装塡シ外部ヲ鍼金ニテ捲クヘキ旨ヲ十數日ノ後傳次郎ニ通知シ傳次郎ハ更ニ其自ラ知ル所ノ他ノ方法ト參酌シテ之ヲ忠雄ニ授ケ忠雄ハ之ヲ太吉ニ通告シタリ十月上旬被告傳次郎ハ被告古河力作ヲ其宅ニ招致シスガ忠雄ト共ニ大逆罪決行ノ意思ヲ告ク力作ハ明治四十年春ヨリ社會主義ニ入リ傳次郎ノ説ヲ聽テ無政府共産主義ヲ奉スルニ至リ曽テ雜誌自由思想ノ印刷人トナリタルコト有リ軀幹矮小ナリト雖モ膽力アル者トシテ儕輩ニ推重セラル此ニ至リテ傳次郎等ノ逆謀ヲ聽キ直ニ之ニ同意シタリ

是ヨリ先被告忠雄ハ太吉ト相別レ長野縣ヲ去ルニ臨ミ同縣埴科郡埴生村西村八重治ニ藥研借入ヲ乞ヒタレトモ會々他ニ貸與シアリテ其望ヲ達スルコト能ハサリシヲ以テ其兄新村善兵衛ニ託ス善兵衛ハ八重治ニ依頼シテ之ヲ借入レ太吉ニ送付ス太吉ハ十月十二日之ヲ受領シ其寓居ニ置クコトヲ憚リテ之ヲ新田融ニ預ケ同月二十日ニ至リ明科百七十六番地融ノ寓所ニ於テ其藥研ヲ以テ前日買入レタル雞冠石ヲ磨碎シ又同月末太吉ハ東川手村潮ノ臼田鍋吉ニ依頼シテ金属製ノ小鑵五個ヲ製造セシメタリ

此ノ如クシテ爆裂彈ノ装藥容器既ニ成ル是ニ於テ被告太吉ハ前ニ忠雄ノ通告シタル製造法ニ依リ即チ塩酸加里六分雞冠石四分ノ割合ニ小豆大ノ礫約二十顆ヲ混シテ一鑵ニ装塡シ同年十一月三日明科附近ノ山中ニ到リ試ニ之ヲ投擲シタルニ爆發ノ効力甚タ大ナリ乃チ太吉ハ其旨ヲ忠雄ニ通報シ忠雄ハ之ヲ傳次郎及スガニ傳告シ傳次郎ハ更ニ之ヲ健之ニ報告シタリ

同月中被告太吉ハ自ラ鐵小鑵壹個ヲ造リ又同年十二月被告融ニ依頼シテ鐵葉小鑵貳個ヲ造ラシメ其中鐵製鑵及ヒ鐵葉製鑵壹個ト前掲塩酸加里及ヒ雞冠石トヲ携帯シテ傳次郎等ト面議センカ爲メ二三十一日上京シ

タリ
明治四十三年一月一日被告傳次郎スガ太吉忠雄ノ四人傳次郎宅ニ會合シテ太吉携ヘシ所ノ小鑵及ヒ薬品ノ批評ヲ為シ且交互其小鑵ヲ擲チテ實用ニ適スルヤ否ヲ試ミ翌日力作ハ傳次郎ヲ訪問シテ傳次郎スガ忠雄ヨリ前日ノ形況ヲ聴キ尋テ同月二十三日力作カ傳次郎宅ニ往キタル際スガ忠雄力作ノ三人ハ傳次郎寝臥シタル隣室ニ於テ秋季逆謀ノ實行ニ関スル協議ヲ為シ忠雄ハ再ヒ長野縣ノ郷里ニ帰省シ太吉ト來往相謀ル所アリタリ
同年三月被告傳次郎ハ近日老母ヨリ帰郷ヲ促ス信書ヲ得且其躬親ラ逆謀實行ノ任ニ當ルヲ不利トスル念生シ偶小泉某歴史編纂ノ事業ヲ擔任センコトヲ慫慂スル所アリシヲ以テ一時静艱ノ間其編纂ニ従事セント欲シ被告スガト相携ヘテ相州湯河原ニ往キ暫山水ノ間ニ起臥シタリ
同年四月被告スガハ湯河原ヨリ遥ニ書ヲ長野縣ニ在ル忠雄ニ寄セテ爆裂彈ノ再試験ヲ勧告ス是ニ於テ忠雄ハ太吉ト相會シテ地勢ヲ視察シタレトモ適當ノ地ヲ発見セス且前回試発ノ際ニ於ケル爆聲頗ル世人ノ嫌疑ヲ招キタル形蹟アルヲ以テ時機ヲ待チテ之ヲ行フコト、為シ遂ニ中止シタリ
五月一日被告スガハ帰京シテ千駄ケ谷町増田謹三郎方ニ寓ス十七日忠雄モ亦帰京シ其夜スガ、忠雄、力作ノ三人スガノ寓所ニ相會シテ大逆罪實行ノ部署ヲ議シ一旦抽籤シテスガ力作ノ両人先發者トナリ忠雄太吉ノ両人ハ後發者ト定マリシカ忠雄ハ之ヲ遺憾ト為シ翌日力作ニ對シテ之ヲ變更センコトヲ求メ遂ニ機ヲ見テ再ヒ部署ヲ議定スヘキコトヲ相約セリ
是ヨリ先四月中被告太吉ハ再融ニ囑シテ前日製作セシメタル小鑵ト同一ノ鐵葉鑵二十四個ヲ造ラシム然レ

トモ太吉等ノ擧動漸ク警察官ノ注意スル狀アルヲ察シ被告太吉ハ五月八日比万一ノ事アラハ古河力作ニ轉送ヲ乞フ旨記シタル書面ヲ添ヘ所藏ノ爆裂薬ト前掲小鑵トヲ同僚ノ職工清水太市郎方ニ寄託シタレトモ猶安ンセサル所アリテ同月二十一日更ニ之ヲ明科製材所ノ鍛冶工場及ヒ汽機室内ニ隠匿シ幾ナラスシテ事竟ニ發覺シタリ

第二

被告大石誠之助ハ久シク社會主義ヲ研究シテ後無政府共產主義ヲ奉シ明治三十九年上京シテ幸德傳次郎ト相識リ爾來交情頗ル濃ナリ被告成石平四郎ハ明治三十九年頃ヨリ誠之助ノ説ヲ聴キ其所藏ノ社會主義ニ関スル新聞雜誌其他ノ書籍ヲ借覧シ又多少自ラ購讀シテ遂ニ無政府共產主義ニ入リ被告高木顕明ハ明治三十九年比ヨリ社會主義ニ関スル新聞雜誌等ヲ讀ミ誠之助宅ニ出入シテ社會主義者ト交リ漸ク之ニ感染シ被告峰尾節堂ハ明治四十年比ヨリ社會主義ノ書ヲ讀ミ誠之助ト交リテ無政府共產主義ニ入リ被告﨑久保誓一ハ明治四十年四五月以來誠之助ヨリ社會主義ニ関スル新聞雜誌等ヲ借覧シ後無政府共產主義ニ帰シ被告成石勘三郎ハ弟平四郎ノ所藏スル社會主義ニ関スル文書ヲ讀ミテ無政府共產主義ノ趨向アリ就中平四郎顕明節堂誓一ノ四人ハ平生誠之助ニ親炙シテ其持論ヲ聴キ頗ル之ヲ崇信ス明治四十一年七月傳次郎カ新宮町ニ來訪スルヤ誠之助ハ之ヲ延テ数日自宅ニ滯留セシメ其間平四郎、顕明、節堂、誓一ヲ招集シテ共ニ傳次郎ヨリ當局ノ壓迫ニ對スル反抗ノ必要アルコトヲ聴キ又誠之助ハ其反抗ノ手段ニ付テ特ニ傳次郎ト議スル所アリ

数月ヲ越ヘテ被告誠之助ハ上京シテ傳次郎及ヒ管野スガノ病ヲ診察シ傳次郎ノ餘命数年ヲ保ツヘカラサル

コトヲ知ル是ニ於テ十一月十九日東京府北豊島郡巣鴨町傳次郎宅ニ於テ傳次郎カ誠之助及ヒ森近運平ニ對シ赤旗事件連累者ノ出獄ヲ待チ決死ノ士数十人ヲ募リテ富豪ヲ劫掠シ貧民ヲ賑恤シ諸官衙ヲ焼キ當路ノ顕官ヲ殺シ進テ宮城ニ逼リ大逆ヲ犯スヘキ決意アルコトヲ告クルヤ誠之助ハ賛助ノ意ヲ表シ帰国シテ決死ノ士ヲ募ルヘキコトヲ約ス同月末帰縣ノ途次京都ヲ経テ大阪ニ出テ武田九平、岡本頴一郎、三浦安太郎等ニ會見シテ傳次郎ノ病況ヲ告ケ且逆謀ノ企圖ヲ傳ヘテ其同意ヲ得帰縣ノ後翌明治四十二年一月ニ至リ平四郎、顕明、節堂、誓一ヲ自宅即チ和歌山縣東牟婁郡新宮町ノ居宅ニ招集シテ傳次郎ト相圖リタル逆謀ヲ告ケ之ニ同意センコトヲ求ム平四郎等四人ハ當時既ニ皇室ノ存在ニ無政府共產主義ト相容レサルモノト信シ奮テ誠之助ノ議ニ同意シ一朝其擧アルトキハ各決死ノ士トナリテ參加スヘキ旨ヲ答ヘタリ

被告勘三郎ハ薬種商ニシテ嘗テ烟火ヲ製造シタルコト有ルヲ以テ平四郎ハ前示逆謀ニ使用スヘキ爆裂彈製造ノ研究ヲ依頼シ勘三郎ハ其情ヲ知リテ之ヲ諾シ同年四月以來和歌山縣東牟婁郡請川村大字耳打ノ自宅ニ於テ其研究ニ従事シ先所藏ノ雞冠石塩酸加里ヲ調合シテ紙ニ包ミ熊野川原ニ於テ爆發ノ效力ヲ試ミタレトモ成功セサリシヲ以テ七月十八日新宮町ニ往キ當時誠之助方ニ寄食シタル平四郎ト共ニ之ヲ誠之助ニ告ケ再試驗ヲ為サンカ為メ原料ノ付與ヲ乞フ是ニ於テ誠之助ハ外国ニテハ蜜柑皮ニ爆裂薬ヲ装塡スル例アルヲ以テ雞卵殻ヲ用ウルモ可ナラン又ワセリン油ヲ混和シテ試ミヨトノ注意ヲ為シテ塩酸加里三十匁許及ヒ雞冠石七匁五分許ヲ給付ス勘三郎ハ之ヲ收受シ尋テ平四郎ノ為メニ謝意ヲ表センカ為メ一日平四郎ト共ニ誠之助ヲ同町䴏老舘ニ招請ス忠雄モ亦來リテ之ニ加ハリ四人會飲シテ大逆罪ノ計畫談アリ勘三郎ハ之ヲ聴テ傍ヨリ行ルヘシ行ルヘシト放言ス其後帰郷ニ臨ミ同町畑林薬店ニ於テ硫黄及ヒワセリン油各壹磅ヲ買入レ

又其小間物店ニテ護謨毬三四個ヲ購入シ帰宅ノ後其四種ノ薬品ヲ混和シ護謨毬ニ塡充シ再ヒ熊野川原ニ於テ試験シタレトモ成功スルニ至ラス其後塩酸加里等の残品ハ烟火ノ材料トシテ他人ニ贈與シタリ
是ヨリ先同年四月新村忠雄カ誠之助方ニ到リテ寄寓スルヤ誠之助ハ忠雄ノ言ニ依リテ宮下太吉カ爆裂彈ヲ造リテ大逆ヲ犯サントスル計畫アルコトヲ知リ越ヘテ八月忠雄カ太吉ノ依頼ニ因リ爆裂藥ノ原料塩酸加里壹磅ヲ送付スルニ當リ誠之助ハ其名ヲ以テ畑林薬店ヨリ之ヲ買入ル、コトヲ承諾シ其後忠雄ハ帰京シテ東京及ヒ明科ニ於ケル傳次郎スガ太吉忠雄等ノ動静ハ常ニ誠之助ニ通信シタリ
忠雄ノ誠之助方ニ寄食シタルハ四月ヨリ八月二十日ニ至ル其間被告平四郎、顕明、節堂ハ忠雄ト交リテ不敬危激ノ言ヲ以テ逆意ヲ煽揚セラレ就中平四郎ハ忠雄ト意氣相許シ且當時事情アリテ厭世ノ念ヲ生シ忠雄ト相約シテ他ノ同志者ノ去就ヲ顧ミス挺身シテ大逆罪ヲ遂行センコトヲ圖リタリ然レトモ平四郎ハ幾ナラス帰省シテ疾ニ罹リ忠雄ハ急ニ帰京シタルヲ以テ事遂ニ止ミタリ

第三

被告松尾卯一太ハ明治三十七八年比ヨリ社會主義ヲ研究シ同四十一年夏以來無政府共産主義ニ入リ幸徳傳次郎ト文書ヲ往復シ被告新美卯一郎ハ初土地復権主義ヲ懐抱シタレトモ卯一太ト相交リ久フシテ益親厚ナルノミナラス明治四十一年六月書ヲ幸徳傳次郎ニ寄セテ其説ヲ叩キ遂ニ無政府共産主義ニ帰向スルニ至ル明治四十年六月熊本市ニ於テ卯一太卯一郎ハ協力シテ熊本評論ト題スル新聞紙ヲ發刊シテ過激ノ説ヲ掲載シ無政府共産主義ヲ鼓吹スル所アリ明治四十一年赤旗事件起ルヤ卯一郎ハ事ヲ以テ上京シ幸徳傳次郎其他ノ同主義者ヲ訪問シ一日赤旗事件ノ公判ヲ傍聴シテ連累者ノ言動ヲ壮快ナリト為シ帰国ノ後幾ナラスシテ

熊本評論ハ發行禁止ノ命ヲ受クルニ至ル是ニ於テ卯一太卯一郎ハ甚之ヲ憤慨シ是レ政府カ無政府共産主義ヲ壓迫スルモノナレハ主義ヲ實行セント欲セハ暴力ニ頼リテ国家ノ権力関係ヲ破壊スルヲ要ス大逆モ敢テ辞スヘキニ非ストノ念ヲ生シ卯一太ハ屢〻其意ヲ卯一郎ニ泄セリ其年十一月卯一太モ亦上京シテ傳次郎ヲ東京府北豊嶋郡巣鴨町ニ訪問シ傳次郎ヨリ赤旗事件連累者ノ出獄ヲ待チ決死ノ士数十人ヲ募リ冨豪ノ財ヲ奪ヒ貧民ヲ賑シ諸官衙ヲ焼燬シ當路ノ顕官ヲ殺シ進ンテ宮城ニ逼リ大逆罪ヲ犯サントスル意思アルコトヲ聴キ之ニ同意シテ決死ノ士ヲ糾成スヘキコトヲ約シ帰縣ノ後同年十二月熊本市堀端町ノ自宅ニ於テ卯一郎ニ其計畫ヲ告ケ卯一郎ハ之ニ同意シタリ

被告佐々木道元ハ明治四十一年五月比ヨリ卯一郎等ノ勧誘ニ因リテ社會主義ヲ研究シ卯一太及ヒ坂本清馬等ノ鼓吹ニ遭ヒ無政府共産主義ヲ奉スルニ至リ明治四十二年一月卯一郎カ熱烈ナル志士糾成ノ必要アルヲ以テ協力事ニ従フヘシト激勵スルヤ道元ハ頗ル感奮スル所アリ被告飛松與次郎ハ明治四十二年三月卯一郎ノ勧誘ニ因リ卯一太カ卯一郎ノ補助ヲ得テ新ニ経營シタル平民評論ノ編輯兼發行人トナリ卯一太卯一郎ノ説ヲ聴テ無政府共産主義ノ傾向ヲ有スルニ至ル此月卯一太ハ前記自宅ニ於テ道元及ヒ與次郎ニ對シ今ヤ政府ノ迫害甚シク言論ノ時代ニ非スシテ實行ノ時代ナレハ死ヲ賭シテ革命ノ事ニ従フヲ要ス君等ハ評論社ノ讀者名簿ニ依リ讀者ヲ歴訪シテ決死ノ士ヲ募レト激勵シ道元與次郎ハ卯一太等カ大逆ノ意思アルコトヲ知リ各之ニ同意シ卯一郎モ亦與次郎ニ對シ名聲ヲ博セント欲スレハ革命運動ニ従事スヘシト之ヲ鼓舞シタリ

第四

被告内山愚童ハ明治三十七年比ヨリ社會主義ヲ研究シ漸次無政府共産主義ニ入リ同四十一年六月赤旗事件

ノ獄起リ同主義者ノ處刑セラレタルヲ見テ大ニ之ヲ憤慨シ無政府共產ト題スル小册子ヲ著作シ赤旗事件ノ入獄紀念トシテ同年十月十一月ノ交秘密ニ之ヲ出版シテ各地ノ同主義者ニ頒送セリ其小册子ハ暴慢危激ノ文詞ヲ以テ之ヲ塡メ貴族金持云々ノ俚謡ヲ改竄シテ天子金持云々トシテ之ヲ巻中ニ収メタルカ如キ不臣ノ心情掩フヘカラサル者アリ

是ヨリ先八月十二日幸德傳次郎ハ上京ノ途次被告愚童ヲ箱根林泉寺ニ訪ヒ赤旗事件ノ報復必要ナルコトヲ説キ愚童ハ九月以後屢々上京シテ傳次郎ヲ訪ヒ一夜傳次郎ニ對シテ麵包ノ略取ニ記スルカ如キ境遇ヲ實現スヘキ方法ヲ問ヒ總同盟罷工或ハ交通機関ノ破壞其他ノ方法ニ依リ權力階級ヲ攻撃スルニ在リトノ説明ヲ得明治四十二年一月十四日傳次郎ヲ東京府北豊嶋郡巣鴨町ニ訪フヤ坂本清馬ト共ニ歐字新聞ニ載セタル爆裂彈圖ヲ借覧シ清馬ハ此ノ如キ爆裂彈ヲ造リテ當路ノ顕官ヲ暗殺スル要アリト言ヒ愚童ハ不敬ノ語ヲ以テ皇太子殿下ヲ指斥シ寧弑逆ヲ行フヘキ旨ヲ放言シ又翌十五日管野スガヲ東京府豊多摩郡淀橋町柏木ノ寓居ニ訪ヒスガハ若シ爆裂彈アラハ身命ヲ抛チテ革命運動ニ從事スヘキ意思アルコトヲ告ケ同意ヲ求ムル情アルヲ見愚童ハ余已ニ「ダイナマイト」ヲ所持セリ革命運動ノ實用ニ適セサルヘキモ爆裂彈研究ノ用ニ資スルニ足ルヘシト答ヘ且革命ノ行ハサルヘカラサル旨ヲ附言セリ

初愚童ハ秘密出版ノ方法ニ依リ無政府主義ノ文書ヲ發行シ以テ人心ヲ鼓舞作興スルヲ急務ナリト為シテ専ラ計畫シタル所アリタリト雖モ屢上京シテ傳次郎スガ等ノ言動ヲ見聞シ謀逆ノ意漸ク決ス是ニ於テスガヲ訪ヒタル翌日即チ一月十六日同主義者田中佐市ヲ横濱市根岸町ニ訪ヒ佐市及ヒ金子新太郎、吉田只次等ニ對シ東京ノ同志者ハ政府ノ迫害ヲ憤慨シ且幸德傳次郎ノ病勢餘命幾モナキ狀ニ在ルヲ以テ近キ將來ニ於テ暴力革命ヲ起サント決心セリ其際大逆ヲ行ンヨリハ寧皇儲ヲ弑スルノ易クシテ効果ノ大ナルニ若カス決死ノ士五十人モアラハ事ヲ為スニ足ラン傳次郎及ヒ大石誠之助ハ已ニ爆裂彈ノ研究ニ着手セリ此地ノ同志者ハ一朝東京ニ事起ラハ直ニ之ニ應セサルヘカラサル地位ニ在リ卿等其準備アリヤト説キ其賛同ヲ求メタレトモ佐市等ノ同意ヲ得ル能ハスシテ去ル

其後四月被告愚童ハ事ヲ以テ越前永平寺ニ行カント欲シ途次十六日石巻良夫ヲ名古屋市東區東白壁町ニ訪ヒ東京ノ同志者ハ政府ノ迫害ニ苦ミ幸徳管野等ハ暴力革命ヲ起ス計畫ヲ為シ紀州ノ大石モ亦之ニ與リ大阪方面ニ三四ノ同志者アリテ大石ト連絡成レリ暴力革命ニハ爆裂彈ノ必要アリ幸徳ノ宅ニハ外國ヨリ爆裂彈ノ圖來リ居リ横濱ノ曙會ヤ紀州ノ大石等ハ爆裂彈ノ研究ヲ為シ居リ幸徳管野ハ爆裂彈アラハ何時ニテモ實行スヘシト言ヒ居レリ一朝革命ヲ起セハ至尊ヲ弑センヨリハ先皇儲ヲ害スルヲ可トス此地同志者ノ決意如何ト説キ以テ其同意ヲ促シタレトモ亦志ヲ得ル能ハ去リテ永平寺ニ赴キ用務ヲ了シ帰途更ニ大阪ニ出テ五月二十一日武田九平ヲ大阪市南區谷町六丁目ニ訪ヒ九平及ヒ三浦安太郎ニ會見シ前掲横濱及ヒ名古屋ニ於テ為シタル勸説ノ趣旨ト同一ノコトヲ説キ九平及ヒ安太郎ノ同意ヲ得其翌二十二日神戸市夢野村海民病院ニ往キ岡林寅松小松丑治ニ對シテ亦同一趣旨ノ勸説ヲ試ミテ共同意ヲ得且爆裂藥ノ製造方法ニ付テ寅松丑治ノ意見ヲ微シタリ

第五

被告武田九平ハ社會主義ノ研究ニ従事シ明治四十一年六七月ノ交ニ至リ無政府共產主義ニ帰シ被告岡本頴一郎ハ明治四十年六七月ヨリ森近運平ト相交リテ無政府共產主義ニ入リ被告三浦安太郎ハ明治四十年夏以

來無政府共産主義ヲ奉ス而シテ九平ハ運平ト協同シテ明治四十年七月ヨリ大阪平民新聞及ヒ日本平民新聞ヲ發刊シ其後自宅ニ平民倶樂部ヲ設ケ同志者ヲ糾合シテ主義ノ發展ニ盡力セリ

明治四十年十一月三日幸德傳次郎カ帰省ノ途次大阪ヲ過クルヤ森近運平主催者トナリテ其歓迎會ヲ開キ被告九平顯一郎安太郎ハ皆臨席シテ傳次郎ヨリ科學勞働反抗ノ三者ニ頼リテ智識財力自由ヲ得ヘキ説ヲ聽テ最モ反抗心養成ノ必要ナルコトヲ感シ顯一郎ハ明治四十一年九月中平民倶樂部ノ茶話會ニ於テ皇帝必シモ尊敬スヘキ理ナシ云々ト不敬ノ言ヲ弄シ同年十一月内山愚童ノ送付シタル入獄紀念無政府共産ト題スル小冊子数十部平民倶樂部ニ到達スルヤ九平ハ其中数部ヲ顯一郎安太郎等ニ頒與シ安太郎ハ一讀ノ後之ヲ田中泰ニ轉送シタリ

同月下旬大石誠之助カ東京ニ於テ幸德傳次郎ノ逆謀ニ同意シ決死ノ士ヲ募ルヘキコトヲ約シ帰郷ノ途大阪ニ出テ同市西區新町三丁目村上旅舘ニ投宿スルヤ被告九平顯一郎安太郎等ハ誠之助ノ為メニ十二月一日九平宅ニ於テ茶話會ヲ開クヘキコトヲ約シ其日九平顯一郎ハ先誠之助ヲ其旅舘ニ訪ヒ相携ヘテ新門亭ニ到リ晩餐ヲ共ニシ後還リテ九平宅ニ往キタレトモ警察官吏ノ臨監スヘキ狀アルヲ察シ且家屋ノ狹隘ニシテ談話ノ外ニ泄レンコトヲ憚リ急ニ茶話會ヲ村上旅舘ニ移スコトト為シテ皆同所ニ會ス被告安太郎モ亦遲レテ其會ニ列シ誠之助ヨリ傳次郎ノ病狀ト其逆謀トヲ説示セラレ且決死ノ士五十人ヲ募ル企畫アルコトヲ聽キ九平顯一郎安太郎ハ皆均シク之ニ同意シタリ

越ヘテ明治四十二年五月二十一日内山愚童往テ被告九平ヲ大阪市南區谷町六丁目ニ訪フ時ニ九平ハ愚童ノ來阪シタル報ヲ得往テ之ヲ訪ハンカ為メ已ニ出テテ家ニ在ラス是ニ於テ被告安太郎報ヲ得テ愚童ヲ迎接シ

愚童ヨリ幸徳傳次郎管野スガ等カ病ニ罹リ餘命幾ナキヲ以テ爆裂彈アラハ何時ニテモ革命運動ヲ爲ス意アリ傳次郎宅ニハ外國ヨリ爆裂彈ノ圖到來シ横濱ノ曙會紀州ノ大石等ハ爆裂彈ノ研究ヲ爲シ居リ一ケ所ニ五六十人ノ決死隊アレハ事ヲ擧クルニ足ルトノ説ヲ聴キ且愚童カ皇儲弑害ノ策ヲ告クルヤ安太郎ハ已ニ主義ノ為メ死ヲ決シテ當地ノ同志者ニ其意ヲ漏シタル旨揚言シテ賛同ノ意ヲ表シ愚童ト相伴フテ天王寺邊ニ散歩シ帰リテ九平宅ニ到ルヤ九平既ニ帰宅シ愚童ハ之ニ對シテ安太郎ニ説キタルト同一ノ計畫ヲ説示シタルニ九平モ亦同意シテ爆裂彈ノ研究ハ必要ナル旨ヲ述ヘタリ

第六

被告岡林寅松ハ明治三十七八年戰役ノ開始前幸徳傳次郎等カ非戰論ヲ唱ヘ萬朝報新聞ノ同僚ト議合ハスシテ朝報社ヲ去ルヤ其説ヲ是ナリトシテ社會主義ニ入リ後一轉シテ無政府共產主義ニ帰ス被告小松丑治ハ明治三十七年以來社會主義ヲ研究シ同四十年ニ至リテ無政府共產主義ニ入ル寅松丑治ハ交情極メテ親密ニシテ他ノ同主義者ト協力シテ明治三十九年中其主義ヲ鼓吹センカ為メ赤旗ト稱スル雜誌ヲ發刊セント圖リタレトモ故アリテ中止シ同年末裏面ヲ赤色ト為シ危激ノ文詞ヲ排列シタル私製葉書用紙ヲ多数調製シテ之ヲ知友ノ間ニ頒與シ明治四十年十一月三日森近運平カ大阪ニ於テ幸徳傳次郎ノ爲メニ歓迎會ヲ開クヤ寅松丑治ノ両人其案内ヲ受ケタレトモ二人同行スルヲ得サル事情アリテ丑治一人其會ニ出席シ傳次郎ヨリ反抗心養成ノ必要ナル説ヲ聴ク明治四十一年十一月内山愚童カ著作出版シタル入獄紀念無政府共產ト題スル小冊子三十册許ヲ送付スルヤ寅松丑治ハ之ヲ收受シ寅松ハ其中数册ヲ中村浅吉ニ頒與シタリ

明治四十二年五月二十二日内山愚童ハ神戸市ニ往キ被告寅松丑治ヲ同市夢野村海民病院ニ訪ヒ説クニ東京

ハ政府ノ迫害甚シク同主義者手足ヲ出スコト能ハス幸徳管野等ハ病ミテ餘命永ク保チ難ク爆裂彈アラハ革命ヲ起サントスル決心アリ一ケ所ニ五六十人決死ノ士アラハ革命ヲ起スニ足ル此地ハ横濱ノ東京ニ於ケルカ如ク大阪ニ事アラハ直ニ之ニ應スル要アリ卿等ハ醫業ヲ為ス者ナレハ爆裂彈ノ研究ヲ為スヘキ責任アリトノ旨ヲ以テシ且皇儲弑逆ノ策ヲ唱ヘ以テ其賛助ヲ促スヤ寅松ハ初難色アリシモ愚童ニ説破セラレ遂ニ丑治ト共ニ之ニ同意シ愚童カ爆裂薬ノ製法ヲ問フニ及ヒ寅松ハ「リスリン」ヲ加フレハ可ナリト云ヒ丑治ハ硫酸ト「リスリン」ヲ以テ製スヘシト答フルニ至リタリ

第七

被告新田融ハ器械職工ニシテ明治四十二年三月ヨリ長野縣東筑摩郡中川手村明科所在長野大林區署明科製材所ニ勤務シ居タル處同年六月宮下太吉モ亦同所ニ赴任シテ融ノ上席トナリ爾來太吉ハ同僚ニ對シ無政府共產主義ヲ鼓吹シ往々危激ノ言ヲ放チテ憚ラス且融ハ太吉ヨリ入獄紀念無政府共產ト題スル小册子其他同主義ニ関スル二三ノ書籍ヲ頒與セラレ同年十月太吉ノ依頼ニ應シ爆裂薬製造ノ用ニ供スヘキ薬研ヲ預リテ融カ當時ノ寓所タリシ明科百七十六番地ノ居宅ニ領置シ同月二十日太吉ニ其一室ヲ貸與シ該薬研ヲ以テ雞冠石ヲ磨碎スルニ至ラシメタルハ融カ初ヨリ爆裂薬製造ノ事實ヲ知リタルモノト認ムルコトヲ得サレトモ融ハ数日ノ後太吉ヨリ其前ニ磨碎シタル薬品ハ爆裂薬ノ原料タルコトヲ聞知シタルニ因リ同年十二月ニ至リ太吉カ鐵葉製小鑵貳個ノ製作ヲ依頼シタル際ハ其目的爆裂薬ヲ装塡シテ官衙冨豪ヲ焚掠スル等暴擧ノ用ニ供セント欲スルニ在ルコトヲ推知シタルニ拘ハラス融ハ之ヲ承諾シ明科製材所ニ於テ服務ノ餘暇之ヲ製造シ越ヘテ明治四十三年四月中再太吉ノ依頼ヲ容レ同種ノ小鑵貳拾四個ヲ同所ニ於テ製造シタリ但融ハ太

吉カ大逆罪ヲ犯サントスル意思アルコトヲ知リテ本文ノ行為ヲ為シタルモノト認定スヘキ證憑ハ十分ナラス

第八

被告新村善兵衛ハ新村忠雄ノ兄ニシテ明治三十七年以來社會主義ニ関スル新聞書籍等ヲ讀ミ且忠雄ノ説ヲ聴テ無政府共産主義ノ趣味ヲ解ス明治四十二年九月忠雄カ帰省シテ面談ノ際忠雄ニ暴力反抗ノ企畫アルコトヲ察シ其後長野縣埴科郡埴生村西村八重治ト藥研借入ノ約アルヲ以テ之ヲ請受ケ宮下太吉ニ送致スヘキ旨忠雄ヨリ依頼ノ通信アルヤ太吉カ忠雄ト同主義ノ人ニシテ藥研ハ暴擧ノ用ニ供スヘキ爆裂藥ノ製造ニ使用スヘキモノト推知シタルニ拘ハラス善兵衛ハ同年十月上旬比八重治ヨリ藥研ヲ受取リ之ヲ太吉ニ送付シ太吉ハ其藥研ヲ以テ大逆罪ノ用ニ供セント欲シタル雞冠石ヲ磨碎シタリ但善兵衛ハ忠雄太吉等カ大逆罪ヲ犯サントスル意思アルコトヲ知リテ本文ノ行為ヲ為シタルモノト認定スヘキ證憑ハ十分ナラス

右第一ノ事實ハ

被告幸德傳次郎ノ豫審調書中被告ハ書生時代ヨリ社會問題ノ研究ニ興味ヲ持チ明治三十一年頃ヨリ社會主義ヲ奉シ居リタルカ明治三十八年十一月中北米合衆國桑港ニ渡リ同地ノ有志者ト共ニ社會主義ノ研究ヲ為シタル末遂ニ無政府共産主義ヲ奉スルニ至リタリ明治四十一年六月二十二日錦輝舘赤旗事件ノ起リタル當時ハ郷里土佐國中林町ニ帰省中ナリシカ同事件ニ対スル政府ノ迫害ニ對シテハ何等カノ反抗態度ヲ取リ権利ヲ伸張スルノ必要アリ且ハ帰省中ノ譯ニ係ル「ペートル、クロポトキン」著麵麭ノ略取ヲ出版セント思ヒ七月二十日ヲ以テ上京ノ途ニ就キタリ、其途次紀州新宮町ニ到リ大石誠之助ヲ訪問シタルハ赤旗事件ノ善後處分ニ付相談ヲ為ス考ナリシニ相違ナカリシモ被告ヨリ森近運平ニ郵送シタル葉書即チ押收第一號ノ二二一ニ「今後ノ事ヲ色々禄亭君ト相談中云々」ト記載シアルハ主トシテ金銭ノ問題ニ付相談中ナルコトヲ記載シタルモノニシテ赤旗事件ノ善後處分ニ關シテハ何等具体的相談ヲ為シタルコトナシ然レㇳ新宮滞在中大石始メ成石平四郎高木顯明峯尾節堂﨑久保誓一等ニ対シ政府ノ迫害甚シキヲ以テ反抗手段ヲ取ルノ必要ナルコトヲ説キ又大石ト共ニ熊野川ニ舟ヲ浮ヘタル際大石ニ對シ爆裂彈ノ製法ヲ尋ネタルコトハ相違ナシ新宮ヨリ出京ノ途次箱根林泉寺ニ内山愚童ヲ訪問シ赤旗事件ニ付入獄シタル同志ノ為メ報復ヲ為スノ要アリト談シタルモ政府ニ對シ直ニ戰闘ヲ開始スル意味ヲ以テ談シタルモノニアラス従テ愚童ニ於テモ何等賛否ノ意見ヲ表白セサリシ様ニ記憶ス、八月十四日ニ着京シ翌十五日ハ赤旗事件ノ公判ヲ傍聴シ尋テ豊多摩郡淀橋町字柏木ニ卜居シ爾來森近其他ノ同志ニ對シ政府ノ迫害ニ對シテハ暴力ヲ以テ反抗スルノ必要アリト説キタルコトハ相違ナキモ自ラ進ンテ暴力革命ヲ起ス考アリタルニアラス仝年十一月中森近運平ヨリ宮下太吉ノ書面ヲ示サレタルコトアルハ相違ナキモ森近ノ申立ル如ク其書面中ニ東海道大府驛ニ於テ至尊ノ通御ヲ拝観スル群集ニ對シ皇室ノ尊敬スルニ足ラサルコトヲ説明シタルモ一人トシテ耳ヲ傾ル者ナカリシヲ憤慨シ遂ニ爆裂彈ヲ造リ大逆罪ヲ犯サントノ決心ヲ為シタル旨記載シアリシヤ否ハ記憶セス然レㇳ其旨ヲ記載シアリシナラハ被告ハ定メヲ喜ヒタルナラン、同月中巣鴨ノ平民社ニ於テ大石誠之助ノ訪問ヲ受タルヲ幸ヒ病氣ヲ診察シ貰ヒタルニ腸間膜羸痩ナリト鑑定シ被告ニ對シテハ攝養其當ヲ得レハ十年ヤ十五年ハ存命シ得可シト申シタレㇳ餘人ニ對シテハ餘命長カラサル様ニ話シタル趣ナリ、其際大石ニ對シ決死ノ士五十人モアラハ爆裂彈其他ノ武器ヲ與ヘテ暴力革命ヲ起シ諸官衙ヲ焼拂ヒ富豪ノ財ヲ掠奪シ餘力アラハ二重橋ニ迫リ番兵ヲ追拂ヒ皇居ニ侵入シテ大逆ヲ敢行セント計画シ居ル旨ヲ告ケ豫メ決死ノ士ヲ募リ置呉ルヘキコトヲ委囑シタルニ大石ハ即座ニ同意シタリ、又其頃松尾卯一太ノ訪問ヲ受タルヲ以テ大石ニ話シタル丈ノ事ハ松尾ニモ話シ其同意ヲ得タリト記憶ス、被告ハ坂本清馬ニ對シ改メテ革命計画ヲ告ケタルコトナキモ仝人ハ其當時被告方ニ同居シ居リタルヲ以テ大石ヤ松尾ト謀議シタル顚末ハ固ヨリ承知シ居レリ、夫故被告ハ坂本ニ對シ地方ヲ遊説シテ意思堅固ノ人物ヲ募ルヘキコトヲ委囑シタルモノナリ、明治四十二年一月十四日内山愚童ノ訪問ヲ受タル際歐字新聞紙中ヨリ切抜キタル爆裂彈ノ圖ヲ示シタルコトアリ其圖ハ花束ニ仕掛タルモノト時計ニ仕掛ケ鞄ニ入レタルモノトノ二種類ナリシ様ニ記憶ス、仝年二月十三日宮下太吉カ来リ爆裂彈ヲ造リ大逆ヲ敢行セント決心シタル旨申出タリ、其際被告ハ宮下ニ對シ不得要領ノ返事ヲ為シ置キタルモ仝人ノ去リタル後管野新村ノ両人ニ對シ宮下ノ決心ヲ告ケ且其人物及計画ヲ賞揚シタル様ニ記憶セリ、仝年五月二十五日宮下ヨリ爆裂彈ノ製法判明シタル旨ノ通知ヲ受タルヲ以テ管野ヲシテ其成功ヲ喜フ旨ノ返事ヲ為サシメタリ、同年六月中宮下ハ愛知縣亀崎ヨリ長野縣明科ニ移ル途中ナリト申シテ平民社ニ立寄リ二泊セリ、其際宮下ハ爆裂彈ノ製法判明セルヲ以テ愈々大逆罪ヲ敢行ス可シト提唱シ被告及管野ハ即座ニ同意ヲ表シ新村忠雄古河力作モ亦其後同計画ニ加入シタリ、仝年九月上旬被告ハ管野新村ノ両人ト謀議ヲ遂ケ愈々宮下ト共ニ大逆罪ヲ敢行センコトヲ決定シ尚ホ仝月下旬忠雄ノ帰郷スルニ當リ宮下ニ會見シテ仝計画ノ實行上ニ付協議ス可キコトヲ申聞ケタリ同年九月中旬奥宮健之ノ訪問ヲ受タル際近来政府ノ迫害甚シキカ為メ社會主義者中爆裂彈ヲ造リ大逆ヲ敢テスル者ナシトセス假ニ斯ル事實アリトセハ如何ナル結果ヲ来スヘキカ政府ハ之カ為メニ反省シ人民ハ之ニ因テ皇室ニ對スル迷信ヲ覺醒スヘキカト質問シタルニ奥宮ハ被告等ニ具体的計画アルコトヲ推知シタルヤ否ヤ知ル能ハサルモ其様ナル過激ノ行動ヲ為スモノニアラスト申シ居タリ古河力作ニ對シテハ九月以来時々革命計画ノ話ヲ為シタルコトアレトモ其日時ハ記憶セス同月三十日忠雄ハ信州ヨリ帰京シ宮下ニ於テ爆裂彈ノ製造上實験家ノ説ヲ聞度旨申シ居ルニ付誰ナリトモ聞合セ呉ルヘキ旨申出タリ、因テ翌十月上旬奥宮健之ノ訪問ヲ受タルヲ幸ヒ當時田舍ニ於テ暴動ヲ起サンカ為メ爆裂彈ノ製造ヲ企テ居ル者アリ貴殿ハ其製法ヲ知ラサルカト尋ネタルニ奥宮ハ自分ハ知ラサルモ他ニテ聞合セ置ク可キ旨ヲ答ヘタルカ同月下旬ニ至リ調合薬其他罐ノ寸法等ヲ教ヘ呉レタリ尤モ被告ハ雞冠石ト塩酸加里ノ割合ハ幼少ノ時ヨリ聞居リタルヲ以テ奥宮ヨリ聞キタル所ト綜合シテ忠雄ニ話シ宮下ニ通知セシメタルヤニ記憶ス奥宮ハ金硫黄ト申シタルヤ否記憶セサルモ被告ハ金硫黄ト雞冠石トハ同一物ナリト思ヒ居タリ又薬品ノ中ニ鋼鐵片ヲ入ル、コトト薬品ノ割合カ雞冠石四塩酸加里六若クハ双方五ナルコトハ奥宮ヨリ聞キタルモノナルカ将タ被告カ承知シ居タルモノナルカハ判然セサルモ割合ハ其位ノモノナリ同年十一月五六日頃宮下ヨリ忠雄ニ對シ爆裂彈ノ試發ヲ為シタルニ其成蹟良好ナリシ旨ヲ通知シ来リタルコトハ聞及ヒタルモ其旨ヲ奥宮ニ通知シタルヤ否ヤハ記憶ニ存セス、仝年十二月三十一日宮下ハ爆薬ヲ装填スヘキ鉄罐及鐵葉罐各一個ト雞冠石及塩酸加里ヲ携ヘ出京シタルヲ以テ本年一月一日平民社ノ座敷ニ於テ管野宮下忠雄ト共ニ罐ヲ投擲シ其破壊力如何ニ付多少ノ批評ヲ試ミタリ、其罐ハ押第一号ノ一ノ一、一ノ二、及押第一號ノ一四四ノ内ナル鉄罐及鉄葉罐各一個ニ相違ナシ而シテ翌二日偶々古河力作カ来社シタルヲ以テ右ノ顚末ヲ告知シタル様ニ記憶ス、仝月二十三日大逆罪ノ實行方法ニ付謀議シタルヤ否記憶セサルモ管野宮下古河及忠雄ノ四名ニテ實行ノ任ニ當ルコトハ其以前ヨリ聞及ヒ居リタリ、本年三月下旬湯河原ニ赴ク際ハ當分歴史ノ編纂ニ従事シ主義上ノ運動ニハ關係セサル考ナリシモ去リトテ主義ニ對スル信念ヲ捨タルコトナキ旨ノ供述

被告管野スカノ豫審調書中被告ハ明治三十七年頃ヨリ社會主義ヲ研究シ同四十年頃ニ至リ別段具体的成案アルニアラサリシモ革命ヲ起スコトノ必要ヲ感シタリ、被告ハ明治四十一年六月中赤旗事件ノ被告ト為リ豫審ニ於テハ有罪ノ決定ヲ受タルモ第一審ニ於テ無罪ノ宣告ヲ受タリ、仝年十二月中一夜幸徳傳次郎ニ對シ爆裂彈ヲ造リ大逆罪ヲ犯シ大仕掛ノ革命ヲ起シタキ旨ヲ語リタルニ幸徳ハ大ニ喜ヒ共ニ革命ヲ實行スヘキ旨ヲ答ヘ且宮下太吉ナル者アリテ爆裂彈ヲ造リ大逆罪ヲ敢行セント計画シ居ルノミナラス愈々事ヲ擧ルニ至ラハ紀州ヤ熊本ニモ決死ノ士ヲ出スヘシト申シ居タリ、明治四十二年一月十五日柏木ナル被告ノ寓所ニ於テ内山愚童ノ訪問ヲ受タル際被告ハ愚童ニ對シ爆裂彈アラハ何時ニテモ身ヲ犧牲ニ供シテ革命ヲ起スヘキ旨ヲ語リタルニ愚童モ亦革命ヲ起スノ必要アリト申シ居タリ仝年二月十三日宮下太吉カ平民社ニ幸徳ヲ訪問シ爆裂彈ヲ造リ大逆罪ヲ犯ス決心ヲ為シタル旨ヲ語リタルコトハ宮下カ平民社ヲ去リタル後幸徳ヨリ聞及ヒタリ、仝年三月中新村忠雄カ紀州ニ出發スルニ當リ主義ノ為メ互ニ身ヲ犧牲ニ供スヘキコトヲ誓ヒタルニ相違ナシ、仝年五月中宮下ハ幸徳ニ對シ爆裂彈ノ調剤判明シタルヲ以テ愈々主義ノ為メ斃ルヘキ旨ノ書面ヲ寄越シタルニ付被告ハ幸徳ニ代リテ爆裂彈製造ノ成功ヲ喜フ旨ヲ記載シ尚ホ被告ノ名ヲ以テ主義ノ為メ共ニ斃ルヘキ旨ヲ書添ヘ返事ヲ為シタリ、仝年六月六日宮下ハ愛知縣亀崎ヨリ長野縣明科ニ引移ル途中ナリト申シテ平民社ニ立寄リ宿泊シタリ其際幸徳ハ宮下ト共ニ大

逆罪ノ實行上ニ付謀議ヲ遂ケ尚ホ幸德及被告ノ両名ニテ宮下ニ對シ新村忠雄古河力作ハ何レモ意思堅固ニシテ共ニ事ヲ為スニ足ル者ナルコトヲ告ケタリ、仝年七月中紀州ノ大石方ニ滞在セル新村忠雄ニ對シ壯快ナル運動ヲ為スニ付帰京スヘキ旨ノ書面ヲ發シ其頃被告ハ秘密發送事件ニ付入監シ九月一日ニ出獄シタリ、出獄ノ後幸德及忠雄ト共ニ明治四十三年秋季ヲ期シ爆裂彈ヲ以テ大逆罪ヲ敢行シ暴力革命ヲ起サンコトヲ謀議シ仝年十月上旬古河力作ヲ平民社ニ招致シ右謀議ノ顚末ヲ告ケテ其仝意ヲ求メタリ、仝年十一月五六日頃宮下ヨリ忠雄ニ對シ爆裂彈試發ノ結果ヲ通知シ來リタルコトハ忠雄ヨリモ聞及ヒ又宮下ヨリ被告ニモ通知シ來リタル様ニ記憶ス、仝年十二月三十一日宮下ハ爆裂彈ノ鑵二個ト塩酸加里及雞冠石ヲ携ヘ出京シタルヲ以テ本年一月一日宮下、幸德、忠雄及被告ノ四人ニテ鑵ヲ投付ケ實用ニ適スルヤ否ヲ批評シ翌二日偶々古河力作カ平民社ニ來リタルヲ以テ其顚末ヲ告知シタリ、仝月二十三日忠雄力作及被告ノ三名會談ノ上宮下、古河、忠雄及被告ノ四人ニテ大逆ヲ實行シ幸德ヲ除外スルコトニ決定シタリ、幸德ハ仝年二月ニ至リ小泉策太郎ノ勧告ニ依リ歴史編纂ノ為メ湯河原ニ轉地スルコト、ナリ被告モ亦其編纂ヲ助クヘキコトヲ約シ湯河原ニ仝行シタルモ同年五月一日湯河原ヨリ帰京シ同月十七日千駄ケ谷町増田謹三郎方ニ於テ忠雄力作ノ両名ニ會合シ人物ノ経済上二人ニテ實行ノ任ニ當リ二人ハ残リテ再擧ヲ圖ルコトヲ評決シ抽籤ヲ以テ其實行者ヲ定メタルニ第一カ力作第二カ被告ニ當リ忠雄ト宮下ハ落籤シタル旨ノ供述

被告森近運平ノ豫審調書中被告ハ明治三十九年六月中幸德傳次郎カ米國ヨリ帰朝以来常ニ無政府共産ノ説明ヲ聞居リタルモ同主義ヲ奉スルニ至リタルハ明治四十年ノ秋頃ナリ爾来大阪ニ於テ大阪平民新聞及

日本平民新聞ヲ發刊シテ主義ノ鼓吹ニ努メタリ、同年十一月初旬幸徳カ郷里土佐ニ帰省スル途次大阪ニ立寄リタルニ付大阪平民社ニ於テ同志者ノ茶話會ヲ開キタリ幸徳ハ其席上ニ於テ「バクーニン」ノ説ヲ援キ社會ハ科學勞働及自由ノ三者ニ因テ進歩スルモノナルニ今ヤ科學ト勞働トハ進歩セルモ唯リ自由ノミハ進歩セス而ソ自由ノ進歩セサルハ反抗心ノ欠乏ニ基クモノナレハ自由ヲ得ント欲セハ反抗心ヲ養成セサル可ラスト説キ要スルニ暴力革命ヲ必要トスル旨ノ談話ヲ為シタリ、同年十二月十三日大阪平民社ニ於テ宮下太吉ノ質問ニ對シ神武天皇ハ九州ノ邊隅ヨリ起ツテ長髓彦等ヲ倒シ其領土ヲ略奪シタルモノナレハ天皇ハ尊信スルニ足ラサル旨ヲ説明シ明治四十一年二月一日再ヒ宮下ノ質問ニ對シ社會主義ノ目的ヲ達スルニハ結局直接行動ニ據ラサル可ラス而シテ直接行動ヲ為ストキハ遂ニ暴力革命ト為ル可キ旨ヲ説明シタリ其理由ハ他ナシ被告ハ議會政策ト雖モ結局ハ反乱ニ因テ解決セラルヘキモノニシテ暴力革命ハ到底避ケ得可キモノニアラス問題ハ只其時期ニ在ルコト、信シ居タレハナリ同年五月二十二日大阪平民社ノ解散式ヲ行ヒ土佐ニ幸徳ヲ訪ヒ紀州ニ大石ヲ尋ネ同年九月中出京シテ巣鴨ノ平民社ニ同居シタリ同年十一月中宮下太吉ノ寄越シタル書面中同人ハ東海道大府驛ニ於テ至尊ノ通御ヲ拝観セル群集ニ對シ無政府共産主義ノ説明ヲ為シタルモ苟モ事皇室ニ関スルトキハ一人トシテ耳ヲ傾ル者ナシ是レ畢竟皇室ニ對スル迷信ニ基クモノナレハ此迷信ヲ打破センカ為メ爆裂彈ヲ造リ大逆罪ヲ敢行セント決心シタリ因テ東京ニ事アラハ何時ニテモ出京シ實行ニ加ハル可キ旨ヲ記載シアリタリ被告ハ其書面ヲ幸徳ニ示シ宮下ハ剛膽ナル男ニテ斯様ノ計画ヲ為シ居レリト告ケタルニ幸徳ハ内山愚童著入獄紀念無政府共産ノ反響ナリト申シ大ニ喜ヒ居タリ仝月中大石誠之助カ出京シテ幸徳ヲ訪問シ同人ノ病ヲ診察シ幸徳ノ餘命ハ今後二年ヲ出ツマシキ旨申シ居タリ其際幸徳ハ大石ト被告トニ向ヒ近来政府ノ迫害甚シキヲ以テ決死ノ士ヲ募リ爆裂彈其他ノ武器ヲ與ヘ暴力革命ヲ起シ諸官衙ヲ焼拂ヒ二重橋ニ迫リ番兵ヲ追拂ヒ皇居ニ侵入シテ大逆罪ヲ敢行セントノ議ヲ提出シタリ被告ハ時期ノ定マリタルコトニモアラス又容易ニ為シ得ヘキコトニモアラスト思考シタルヲ以テ只漠然ト同意ヲ表シ置キタリ尤モ其時決死ノ士ヲ募ル準備トシテ急進的秘密傳道ヲ為スコトヲ謀議シタルコトハ相違ナシ、仝年二月十三日宮下カ来リテ愈々爆裂彈ヲ造リ大逆ヲ行フ決心ヲ為シタル旨申スニ付被告ハ宮下ノ剛膽ナルニ感シ被告等ノ如キ書生上リニテ妻子アル者ノ為シ得可キ決心ニアラスト賞賛シタリ然ルニ宮下ハ吾々職工ハ何時機械ニ捲込マレ犬死ヲ為スモ知ル可ラサレハ徒ラニ資本家ノ腹ヲ肥サンヨリ寧ロ主義ノ為メ犠牲ト為ルニ若カスト申シタルヲ以テ被告ハ革命ノ源泉ハ斯ル所ヨリ流シ出ルモノナラントト思ヒ益々宮下ノ決心ニ感服シタリ、其際宮下ニ對シ古河力作ト云フ大膽ナル小男アリ曽テ短刀ヲ懐ニシテ桂總理大臣ヲ刺サントト企タルモ其目的ヲ達スル能ハサリシテ遺憾トシ爆裂彈若クハ短銃ヲ入手セント欲シ居ル旨ヲ告タリ故ニ宮下ニ對シ古河ヲ推薦スル考ニハアラサリシモ推薦シタル結果ト為リタルヤモ知ル可ラス、仝月二十八日宮下ノ訪問ヲ受タル際近日生活上ノ關係ヨリ郷里岡山ニ帰リ園藝ニ従事スル考ナルモ傍ラ社會主義ノ傳道ヲ為シ一朝事起ラハ同志ヲ率ヒテ出京ス可キ旨ヲ告タルカ實際其考ヲ懐抱シ居タル旨ノ供述

被告宮下太吉ノ豫審調書中被告ハ明治四十年一月中ヨリ社會主義ヲ奉シ居リシカ仝年十二月十三日大阪平民社ニ森近運平ヲ訪問シテ社會主義ノ實行上吾皇室ニ對スル處置如何ヲ質問シ神武天皇ハ九州ノ邊隅ヨリ起ツテ長髄彦等ヲ倒シ其領土ヲ横領シタルモノナレハ其子孫ヲ尊敬スルハ迷信ニ外ナラサル旨ノ説

明ヲ聴キ漸ク皇室ヲ軽侮スルノ念ヲ生シ明治四十一年二月一日再ヒ森近ヲ訪問シテ普通選擧ト直接行動ノ可否ヲ質シ社會主義ノ目的ヲ達スルニハ結局直接行動ニ拠ラサル可ラス而シテ直接行動ヲ為セハ遂ニ暴力革命ト為ル可シトノ説明ヲ聴キ此時ヨリシテ暴力革命ヲ期待スルニ至リタリ、仝年十一月三日入獄記念無政府共産ト題スル小冊子ノ送付ヲ受ケ之ヲ一讀スルニ頗ル過激ナル字句ヲ羅列シ皇室ヲ尊崇スルノ迷信ナルコトヲ説明シアリシ為メ益々皇室ヲ軽侮スルノ念ヲ深クスルニ至リタリ明治四十一年十一月十日至尊ノ東海道大府驛ヲ通御セラルヽニ當リ拝観ノ群集ニ對シ小冊子無政府共産ヲ配布シ無政府主義ノ傳道ヲ為シタレトモ事苟モ皇室ニ関スルトキハ一人ノ耳ヲ傾ル者ナシ吾國民ニシテ斯クマテ皇室ヲ尊崇スル以上ハ到底普通ノ手段ニ因テ其迷信ヲ打破スルノ不可能ナルコトヲ感知シ竟ニ爆裂彈ヲ造リ大逆罪ヲ犯サントノ覺悟ヲ為シ仝月十三日右ノ顚末及覺悟并ニ東京ニ事アラハ直チニ起テ實行ニ加ハルヘキ旨ヲ書認メ森近運平ニ郵送シタリ、明治四十二年二月十三日巣鴨ノ平民社ニ幸徳傳次郎ヲ訪問シ大府驛ニ於テ為シタル傳道ノ状況ヲ語リ大逆罪ヲ犯ス決心ヲ為シタル旨ヲ告タルニ幸徳ハ今後ハ其様ナル事モ必要ナラン又其様ノ事ヲ為ス人モアルナラン抔不得要領ノ返答ヲ為セリ尋テ同町ニ仮寓セル森近運平ヲ訪問シ前同一ノ決心ヲ告タルニ森近ハ被告ニ對シ自分ハ妻子アリテ事ヲ共ニスル能ハサルモ古河力作ナル者アリ身体ハ矮小ナレトモ膽力ノ据リ居ル男ニテ過日短刀ヲ懐ニシテ桂總理大臣ヲ暗殺セント企タルモ其目的ヲ達スル能ハサリシヲ憤慨シ他日爆裂彈若クハ短銃ヲ入手スルニ於テハ再ヒ其目的ヲ遂行セントト計画シ居ル位ノ人物ナレハ共ニ事ヲ為スモ大丈夫ナリト申シ暗ニ古河ヲ推薦シタルヲ以テ被告ハ森近ノ言ヲ信シ古河ト共ニ大逆ヲ敢行セント決心シタリ、其後森近ハ東京ニテハ生計困難ナルニ付近日郷里岡山ニ帰リ園藝ニ従事シ傍ラ社會主義ノ傳道ヲ為シ他日東京ニ事起ラハ同志ヲ率ヒテ出京スル旨申シ居タリ、被告ハ去ル二月十三日幸徳ヲ訪問シタル際幸徳カ不得要領ノ返答ヲ為シタルハ初對面ナリシ為メ被告ノ意中ヲ疑ヒ居タル為ナラント推察シ居タリ然ルニ同年五月中旬松原徳重ナル者ヨリ爆裂彈ノ調剤ハ塩酸加里十匁ニ雞冠石五匁ノ割合ナルコトヲ聞知シタルニ因リ之ヲ機會トシテ幸徳ニ對シ研究ノ結果爆裂彈ノ合剤ヲ知得シタルニ付テハ愈々主義ノ為メ斃ルヽ決心ヲ為シタル旨ヲ通信シタル處仝月二十八日管野スカノ名ヲ以テ幸徳ニ於テモ爆裂彈ノ製法判明シタルヲ喜フ旨及自分ハ女ナレトモ主義ノ為メ斃ルヽ位ノ決心ハ抱持シ居ルヲ以テ今後出京ノ際ハ面會シタキ旨ノ返書ヲ寄越シタリ、同年六月六日亀崎ヨリ明科製材所ニ轉勤スル途次平民社ニ立寄リ一泊シ幸徳及管野ニ對シ爆裂彈ノ製法判明シタル以上ハ愈々大逆罪ヲ敢行センコトヲ提議シタルニ両名共ニ即座ニ同意シ且新村忠雄古河力作ノ両人ハ意思堅固ニシテ共ニ事ヲ為スニ足ル男ナリト申シタルヲ以テ忠雄力作ヲ實行員ニ加入スルコトヲ賛成シタリ、仝年六月十日明科ニ着シ爾来製材所ノ職工等ニ對シ無政府主義ノ傳道ヲ為シ同年七月五日甲府市薬種商百瀬康吉方ヨリ染物用ナリト詐ハリ塩酸加里ニ磅ヲ買入レ同月十日及二十四日ノ両度三河國碧海郡高濱町内藤與一郎ニ對シ地金ヲ鋼鐵ニ為ス方法ヲ發明シタルニ付其試験用ニ供スル為ナリト詐ハリ雞冠石ノ買入方ヲ依囑シタルニ仝月三十一日與一郎ヨリ鶏冠石二斤ヲ送付シ来リタリ、仝年七月十九日紀州新宮ノ大石誠之助方ニ滞在セル新村忠雄ニ對シ大逆罪ノ敢行ニ付其同意ヲ求メ且爆裂彈製造ノ材料タル塩酸加里ノ送付ヲ依頼シ尚ホ同年八月一日其送付ヲ督促シタルニ仝月十日ニ至リ塩酸加里一磅ノ送付ヲ受タリ、仝年九月二十八日新村忠雄ハ明科ニ来リ被告ニ對シ幸徳管野等ト共ニ明治四十三年ノ秋季ヲ期シ車駕ノ通行ヲ待受ケ大逆ヲ行ヒ且市内各所ニ暴動ヲ起シ富豪ノ米庫ヲ開キ貧民ヲ賑ハシ監獄ヲ破壊シ囚人ヲ開放シ諸官衙ヲ焼拂ヒ大臣ヲ暗殺ス可キ旨申出タリ被告ハ固ヨリ熱望スル所ナレハ即座ニ同意ヲ為シタレトモ革命ハ容易ニ行ハルルコトニアラサレハ主トシテ大逆罪ヲ犯シ世人ノ迷信ヲ打破スル方針ヲ採リタキ旨ヲ申添置キタリ、其際忠雄ニ對シ目下爆裂彈製造ノ研究中ナル旨及雞冠石ヲ粉末ト為ス為メ藥研ヲ買入ルノ必要アルコトヲ告ケルニ忠雄ハ爆裂彈ノ製造ニ付テハ實験家ノ説ヲ聞キ通知ス可シ又藥研ヲ買入レテハ事發覺ノ恐アルヲ以テ他ニテ借入レ送付スヘキ旨申シ居リタルカ同年十月十二日忠雄ノ兄新村善兵衞ヨリ鐵道便ヲ以テ藥研ヲ送付シ来リタリ、其藥研ハ石田昇ヲシテ停車場ヨリ新田融方ニ運搬セシメ同月二十日頃之ヲ使用シテ雞冠石ヲ粉末ト為セリ又同月下旬忠雄ヨリ實験家ノ説ニ依レハ爆藥ヲ装塡ス可キ罐ハ鉄製ニテ長サ二寸直径一寸位ヲ可トシ薬品ハ鷄冠石四分塩酸加里六分又ハ双方各五分位ヲ可トスル旨ノ通知ヲ受タルヲ以テ臼田鍋吉ニ依頼シ薄鉄亜鉛引ノ罐五個ヲ作ラシメ塩酸加里六分鷄冠石四分ヲ割合セタルモノ二十匁ニ小豆大ノ小石二十個ヲ交セ之ヲ罐ニ容レ其上ヲ西ノ内ト称スル紙ニテ巻キ尚ホ其上ヲ銅ノ針金ニテ縦横ニ縛リ十一月三日之ヲ大足山中ニ持行キ五間程隔リタル個所ニ投付タルニ大音響ヲ發シタルヲ以テ試發ノ結果良好ナリト思考シタリ、同年十一月五六日頃右試發ノ結果ヲ忠雄及管野ニ通知シ残餘ノ罐四個ハ試發ノ音響高カリシヲ以テ之カ為メ事ノ發覺センコトヲ恐レ製材所ノ釜口ニ投入シタリ、押第一號ノ一四三ハ被告所有ノ地圖ナルガ二重橋ヨリ櫻田門ヲ出テ虎ノ門溜池赤坂田町一ツ木町表町ヲ経テ青山練兵場ニ至ル道路ニ赤線ヲ施シタルハ天長節ノ當日青山練兵場へ行幸ノ道筋ニテ大逆罪ヲ犯ス場合ニ於ケル場所撰定ノ準備ヲ為シ置キタルモノナリ、押第一號ノ二ノ鉄罐一個ハ被告自ラ作製シタルモノニシテ押第一號ノ一四四ノ一及二ノ鉄葉鑵二個ハ新田融ニ依頼シテ作製セシメタルモノナリ、同年十二月三十一日右鉄鑵鉄葉鑵各一個ト塩酸加里及鶏冠石ヲ携帯シ平民社ニ到リ一泊シ本年一月一日右二個ノ鑵及薬品ヲ幸徳管野及新村ニ示シ且交々其鑵ヲ投シテ実用ニ適スルヤ否ノ批評ヲ為シタルカ幸徳ハ鉄片ヲ混入セハ其效力多大ナラント申シタリ同年二月七日忠雄ハ明科ニ来リ去ル一月二十三日管野古河及忠雄ノ三名平民社ニ會合シ大逆罪ノ實行方法ニ付相談ヲ為シタル末管野古河忠雄及被告ノ四名ニテ各爆裂彈ヲ所持シ道路ノ両側ニ二人ツヽ別レ先ツ車駕ノ前方ニ居ル者ヨリ投付ケ若シ車駕カ後ロニ引返サハ後方ニ居ル者カ投付ルト云フ手筈ヲ定メタル旨ノ報告ヲ為シタリ、同年四月中管野ヨリ忠雄ニ宛テ爆裂彈ノ再試發ヲ為シ置クヘキ旨ヲ申越シタルニ付同月二十六日忠雄ト共ニ姨捨停車場附近ヲ視察シタルモ適當ノ場所ナカリシヲ以テ五月一日ヲ期シ屋代ノ北東ニ當ル山中ニ於テ試發スヘキコトヲ約シタリ然ルニ其頃ハ警察官ノ注意嚴重ニシテ遂ニ目的ヲ果ス能ハス、同月中再ヒ新田ニ依頼シテ鉄葉鑵二十四個ヲ作製セシメ之ヲ鶏冠石塩酸加里ト共ニ箱ニ詰メ其中ニ若シ被告ニ変事アリシ時ハ事情ヲ認メ東京府下滝ノ川一三三康樂園方古河力作ヘ送付ヲ乞フ旨ヲ記載シタル書付ヲ入レ之ヲ清水太市郎ニ預ケ尚ホ同人ニ對シテハ被告ニ変事アリシトキハ箱ヲ開キ處分シ呉ルヘキ旨ヲ依頼シ置タリ、其書付ハ押第一號ノ六ニ相違ナシ、其外調合シタル薬品四十匁ハ別ニ紙ニ包ミ清水ニ預ケ置タルモ五月二十一日ニ至リ事發覺ノ模様アリタルニヨリ清水ト相談ノ上一切ノ薬品及鑵ヲ製材所ノ工場ニ持運ヒ、調合シタル薬品ハ鍛冶工場ノ屋根裏ニ隠シ其他ハ總テ汽鑵ノ椽下ニ隠シ置タル旨ノ供述

證人臼田鍋吉ノ豫審調書中明治四十二年天長節ノ前後ナリシカ明科製材所ノ職工ヨリ注文ヲ受ケ冠セ蓋

円径一寸長サ二寸位ノ鉄葉鑵四五個ヲ作製シタルコトアリ十日程経テ石田ト云フ製材所ノ見習小僧カ受取ニ来リタルモ依頼シタル職工ハ見覚ナキ旨ノ供述

證人石田鼎ノ豫審調書中明治四十二年天長節ノ頃宮下太吉ノ依頼ヲ受ケ潮ノ鉄葉屋ヨリ小形ノ鉄葉鑵五個ヲ受取リ宮下ニ渡シ又同年十月中宮下ノ依頼ニ因リ明科停車場ニ於テ小荷物ヲ受取リ新田融方ニ届ケタルコトアル旨ノ供述

證人内藤與一郎ノ豫審調書中曽テ宮下ヨリ地金ヲ鋼鉄ト為ス方法ヲ發明シタルニ付其試験用ニ供スル為ナリト申シテ鶏冠石ノ買入方ヲ依頼シ来リタルヲ以テ花火師村瀬浅次郎方ニ問合セタル上二斤八十戔位ニテ買入レ得ル旨ヲ回答シタリ然ルニ金一円ヲ送付シ来リタルヲ以テ鶏冠石二斤ヲ買入レ宮下ニ送致シタリ其際ノ手紙ハ押第一號ノ二四一及二四二ニ相違ナキ旨ノ供述

證人村瀬浅次郎ノ豫審調書中内藤與一郎ノ懇望ニ依リ鎮守祭ノ時花火ニ使用スル為メ保存シアリシ鶏冠石二斤（三百六十目）ヲ分與シタルコトアル旨ノ供述

證人清水太市郎ノ豫審調書中明治四十三年五月七八日頃ノ夜宮下太吉ハ白木造長一尺幅高サ各五寸位ノ箱二個ト幅三寸長サ四五寸位ノ新聞紙包ヲ糸ニテ括リタルモノ一個ヲ持来リ之ハ火薬ナルニ付火ノ遠キ場所ニ置呉ルヘキ旨申シタルヲ以テ紙包ハ床ノ間ノ柱ニ釣下ケ箱貳個ハ床ノ間ノ棚ニ載セ置タリ然ルニ同月二十一日午後九時頃宮下カ来リテ證人宅ニ掛ケアル閑院宮殿下ノ額ヲ指シ君等カ斯様ノモノヲ尊崇スルハ畢竟迷信ニ基クモノナレハ其迷信ヲ打破スル為メニ此箱在中ノ爆薬ハ製造シタルモノナリ本年ノ天長節ヲ期シ車駕ニ向テ爆裂彈ヲ投付ケ大逆ヲ行フ覺悟ナルカ人ハ一度ハ死スヘキモノナレハ君モ吾々

ノ計画ニ加入シテハ如何トノ勧誘ヲ受ケタルコトアリ其際宮下ニ對シ爆裂彈ノ製法ヲ尋ネタルニ此百科全書ヲ讀ミテ判リタリトテ朱ヲ入レタル部分ヲ指示シタリ其百科全書ハ押第一號ノ九ニ相違ナシ尚ホ宮下ニ對シ單獨ニテ實行スル考ナルヤト問タルニ新村忠雄管野スカト共ニ實行スル趣申シ居タル旨ノ供述

證人百瀬康吉ノ豫審調書中明治四十二年七月五日宮下太吉ニ塩酸加里ニ磅ヲ賣渡シタリ其際受取リタル買受證ハ押第一號ノ一四五ニ相違ナキ旨ノ供述

鑑定人明石東次郎同鈴木貞造ノ鑑定書中押第一號ノ三ノ一及二ハ鷄冠石又同號ノ五ハ塩酸加里ニシテ同號ノ四即チ紙包ノ調合薬剤ハ右塩酸加里ト鷄冠石トヲ最適當ニ配合セル調合爆發剤ナリ而シテ其調合薬剤ノ人体ニ危害ヲ與フヘキ分量ハ一個ノ半量即チ十匁ヲ以テスルモ人体ノ主要部分ニ命中セハ生命ヲ奪フニ足ルヘク一個ニ個ト其量ヲ累加スルニ従ヒ危害ヲ増大シ五個ヲ合成スル時ハ人体ニ命中セスシテ若干距離ノ其物体ニ當リ爆發スルモ又能ク人命ヲ絶チ得可キ旨詳細ナル試験実験ノ結果ヲ掲ケテ説明シ次ニ右實験上ノ結果ニ因ル推定ニ基キ押一號ノ一、二即チ径約一寸長約一寸八分ノ鉄葉鑵中ニ同號ノ四ノ調合剤約二十匁及小豆大ノ石約二十粒ヲ容レテ其外部ヲ西ノ内ト称スル紙ニテ糊ヲ以テ貼付スルコト約四枚猶其上部ヲ針金ニテ縦横十文字様ニ結束シ擲ツ時ハ其爆發ノ効果人ヲ傷害スルニ足ルヤ否又前記ノ鑵ヲ用ヒスシテ右同一ノ寸法ノ亜鉛製鉄製若クハ真鍮製ノ鑵ヲ前同一ノ外部装置ヲ施シタル上之ヲ擲ツトキハ其爆裂ノ效力彼是差異ヲ生スルヤ否ヲ鑑定スルニ第一段ハ明ニ其一個ヲ以テスルモ人ヲ傷害死ニ至ラシムヘシ然ルニ人力ヲ以テ近距離ニ力ヲ込メテ抛ケ得ヘキ最大ノ量ハ之ヲ五六個合セタルモノナル可シ故ニ一個ノミニ付視ルトキハ其效力ノ如何ハ不論トシテ稍過少ナルノ感アレトモ製造者ハ一回一個宛ヲ使用スルカ或ハ数個合成シテ一團トスルカ麼ハ隨意ニ撰ムヲ得ルモノト認ム又第二段爆裂彈ノ外皮ヲ鉄製亜鉛製又ハ真鍮製トシタル場合ハ鉄葉製ニ比シ肉厚キ丈ケ爆發ニ際シ破片ヲ生スルヲ以テ效力ヲ増スハ恰モ軍用ニ於ケル榴彈彈体カ破碎シテ其碎片飛散シ人馬殺傷ノ效力ヲ増大スルト同様ナレハ前項実験ヲ参照シ一層危害ノ大ナルハ明ニ之ヲ認メ得ルナリ又前項實験中鑵内ニ収容ノ小石モ爆發ニ際シ飛散シテ危害ヲ及ホス素質トナレルヲ認ム是亦軍用ニ於ル榴散彈ノ丸子ト同シ働ヲ為スヘキモノト認ムル旨ノ記載

押収第一號ノ一（鉄葉製小鑵切包一紙包二）同號ノ二（鉄製小鑵一）同號ノ三（鷄冠石）同號ノ四（調合剤）同號ノ五（塩酸加里）同號ノ一四四（鉄葉小鑵二個）同號ノ一〇二（藥研）ノ現在

被告新村忠雄ノ豫審調書中被告ハ明治三十六年頃ヨリ平民新聞ヲ購讀シ明治四十年ノ春頃幸德傳次郎ヲ訪問シテ社會主義ノ談話ヲ聽キ同年八月中社會主義夏期講習會ニ出席シ尓来社會主義三派ノ中無政府共產主義ヲ奉スルニ至リタリ、明治四十一年九月中群馬縣高崎市ニテ發行スル東北評論ノ印刷人ト為リ同年十一月中数回幸德傳次郎ヲ訪問シタルカ當時幸德等ハ専ラ暴力革命説ヲ主張シ居タリ其暴力革命説ナルモノハ決死ノ士ヲ募リ爆裂彈其他ノ武器ヲ與ヘ富豪及諸官衙ヲ破壊シ社會ノ勢力ヲ占領スルニ在テ大逆罪ヲ犯スコトモ亦同革命ノ目的中ニ包含セリ、其頃大石誠之助森近運平坂本清馬等カ平民社ニ會合シ暴力革命談ヲ為シタルコトアリシカ幸德ハ決死ノ士五十人許アルニ於テハ革命ヲ起スニ足ル旨申シ居タリ、同月下旬新聞紙條例違反罪ニ依リ前橋地方裁判所ニ於テ禁錮二月ニ処セラレ明治四十二年二月四日迠前橋監獄ニ於テ其執行ヲ受ケ其翌五日出京シテ平民社ニ寄寓シタリ、同月十三日宮下太吉カ幸德ヲ訪問シ爆裂彈ヲ造リ大逆罪ヲ犯ス決心ヲ為シタルコトヲ告ケタル趣ニテ幸徳ハ被告等ニ對シ大ニ宮下ノ人物及其計画ヲ賞揚セリ因テ被告モ亦宮下ト共ニ大逆ヲ敢行セントノ決心ヲ為シタリ、同年三月二十九日平民社ヲ出發シテ紀州新宮町ニ到リ大石誠之助方ニ寄寓シ其間大石ニ對シ宮下太吉ナル者アリテ爆裂彈ヲ造リ大逆罪ヲ犯ス計画ヲ為シ居ル旨ヲ告ケ成石平四郎峯尾節堂高木顕明等ニ對シ皇室ヲ尊敬スルハ迷信家ノ神佛ヲ信仰スルニ異ナラス而シテ其迷信ヲ打破スルニハ先ツ大逆ヲ行ハサル可ラスト說キ殊ニ成石平四郎ニ對シテハ若シ高木﨑久保峯尾等カ躊躇スルニ於テハ両人ニテモ此目的ヲ断行セント申合セタルコトアリ、同年六月中管野スカヨリ壮快ナル運動ヲ為スニ付速ニ帰京スヘキ旨ノ書面ヲ寄越セリ、同年七月下旬宮下ヨリ爆裂彈ヲ造リ大逆罪ヲ敢行スル計画ナルニ付同意ヲ求ムル旨及爆裂彈ノ合剤タル塩酸加里ヲ送付シ呉ルヘキ旨ノ書面ヲ寄越シ尚ホ八月一日ニ至リ塩酸加里ノ送付ヲ督促シ来リタルヲ以テ其書面ヲ大石ニ示シ同人ノ承諾ヲ得テ畑林藥店ヨリ塩酸加里一磅ヲ取寄セ夜分大石方裏座敷ニ於テ小包ト為シ同日七日宮下ニ發送シタリ、同月二十日大石方ヲ出發シテ十二日平民社ニ帰着シタリ、同年九月上旬幸徳管野及被告ノ三人謀議ノ上宮下太吉ト共ニ明治四十三年ノ秋季ヲ期シ爆裂彈ヲ以テ大逆罪ヲ敢行シ尚ホ東京市内各所ニ暴動ヲ起ス可キコトヲ約シ其後古河力作モ亦右計画ニ賛同シタリ同月十五日信州明科ニ宮下ヲ訪問シ愈々明治四十三年ノ秋季ヲ期シ大逆罪ヲ敢行シ東京市内各所ニ暴動ヲ起サント決定シタル旨ヲ告ケ同人ノ承諾ヲ得タリ其際宮下ヨリ鶏冠石ヲ粉末ト為スニ付テハ藥研ヲ買入ルヽ必要アリトノ話アリタルガ被告ハ宮下ニ對シ藥研ヲ買入レテハ事發覺ノ恐アリ加フルニ新シキ藥研ハ鶏冠石ヲ粉末ト為スニ當リ發火スルコトアルノミナラス製剤ノ結果モ不良ナルヘキニ付何レニテカ借入レ送付スヘキ旨ヲ約シタリ因テ其後西村八重治ニ交渉シ同人所有ノ藥研ヲ借用シ置キ柿崎嘉六ニ對シテ西村ヨリ藥研ヲ受取リ兄善兵衞ニ届ケ呉ルヘキ旨ヲ委嘱シ兄善兵衞ニ對シテハ上京ノ後柿崎嘉六ニ於テ西村ヨリ藥研ヲ受取リ来ラハ宮下太吉ニ送致シ呉ルヘキ旨ノ依頼状ヲ差出置タリ尚ホ宮下ハ目下爆裂彈製造ノ研究中ナルモ一應実験家ノ説ヲ聞度旨申シ居タルヲ以テ帰京ノ後其旨ヲ幸徳及管野ニ告ケタルニ幸徳ハ奥宮健之ニ嘱シテ実験家ヨリ爆裂彈ノ製法ヲ聞取リ貰ヒタルニ付被告ヨリ宮下ニ通知シタリ其製法ハ罐ノ長サハ二寸大サハ直径一寸位又藥品ハ鶏冠石四ニ塩酸加里六又ハ双方各五ノ割合ニテ之ニ鉄片ヲ混入スルコト、記憶セリ、同年十一月五六日頃宮下ヨリ爆裂彈ノ試發ヲ為シタルニ其成蹟良好ナリシ旨ノ通知アリタルヲ以テ其旨ヲ幸徳及管野ニ報告シタリ、同年十二月三十一日宮下ハ爆裂彈ノ罐及藥品ヲ携帯シ平民社ニ来リ一泊シタルヲ以テ其翌日即チ本年一月一日幸徳管野宮下及被告ノ四名ニテ交々其罐ヲ擲チ實用ニ適スルヤ否ヤノ批評ヲ為シ翌二日夜偶々古河力作カ来社シタルヲ以テ前日ノ顛末ヲ告知シタリ、同月二十三日管野古河及被告ノ三名平民社ニ會合シ秋季ノ實行方法ニ関シテ謀議ヲ遂ケ管野ハ女子古河ハ体軀矮小ニシテ共ニ警察官ノ注意ヲ惹クコト少カル可キニ付古河ニ於テ場所ノ踏査ヲ為シ管野ハ実行ノ場合ニ於ケル合圖役ト為リ管野古河宮下及被告ノ四人ニテ爆裂彈ヲ投付ケ大逆ヲ敢行ス可キコトヲ約シタリ、同年二月初旬帰郷シ同月六日宮下ヲ訪問シ一月二十三日ニ於ル謀議ノ顛末ヲ報告シ且爆裂彈ノ再試發ヲ為スヘキコトヲ依頼シタリ然ルニ宮下ハ第一回ノ試發ニ因リ既ニ其效力ノ確実ナルコトヲ信スルノミナラス其際音響高クシテ世人ニ怪マレ居ルニ付再ヒ試發ヲ為サハ事露顕ノ恐アリト云ヒ加フルニ降雪中ナリシヲ以テ遂ニ再試發ヲ見合セタリ、其際被告ハ宮下ニ對シ幸徳ハ兎角躊躇ノ色アルヲ以テ同人ヲ除外シ他ノ四人ニテ大逆ヲ実行セン若又管野古河モ躊躇スルニ於テハ吾々二人ニテモ敢行セント約シ置キ同年五月十七日ニ出京シタリ、同日管野ノ仮寓セル千駄ケ谷村増田謹三郎方ニ於テ管野古河及被告ノ三名ニテ談合ノ末大逆罪ノ実行ニ付四人同時ニ斃ルルハ人物経済上不利益ナルヲ以テ抽籤ニ依リ実行者二名ヲ定メ残ル二名ハ他日ヲ期シテ再擧シ圖ルコトヲ約シ茲ニ抽籤ヲ行ヒタルニ第一ハ管野第二ハ古河ニ當リ被告ト宮下トハ落籤シタリ然レトモ被告ハ其落籤ヲ遺憾ト為シ翌十八日管野ヲ東京監獄ニ送リタル後古河ヲ夜ニ入テ訪問シ前日ノ抽籤ヲ取消シタキ旨ヲ申出テ古河ノ承諾ヲ得タル旨ノ供述

證人西村八重治ノ豫審調書中昨年寒キ時分ナリシカ新村忠雄カ来リテ藥研ヲ借受度旨申出テタルモ他ニ貸渡シアル旨ヲ以テ断ハリタリ然ルニ其後重ネテ貸呉ルヘキ旨申越シタルヲ以テ忠雄ノ兄善兵衛ナリシカ又ハ柿﨑嘉六ナリシカ記憶ナキモ右両人ノ内ニ渡シタリ又藥研ヲ返シニ来リタルモ善兵衛嘉六両人ノ内ニテ忠雄ニハアラサリシ様ニ記憶スル旨ノ供述

證人柿﨑嘉六ノ豫審調書中新村忠雄ノ依頼ヲ受ケ西村八重治方ヨリ藥研ヲ借用シ来リタルコトアリ忠雄ハ面白キ物ヲ拵ヘル為メナレハ秘密ニ借リ来ルヘキ様申シタル旨ノ供述

被告古河力作ノ豫審調書中被告ハ明治四十年春頃ヨリ平民階級ニ於ケル経済状態ノ悲惨ヲ見テ之ヲ救済セントノ考ヲ起シ尓来社會主義ノ研究ヲ始メ種々ノ書籍新聞雑誌ヲ讀ミ遂ニ無政府共産主義ヲ奉スルニ至リタリ被告ハ未タ宮下太吉ナル者ニ面會シタルコトナキモ明治四十二年五六月頃幸德傳次郎宅ニ於テ宮下太吉ハ意思堅固ナル人物ニテ爆裂彈ヲ發明シタリト申スコトヲ聞キ初メテ其姓名ヲ知リタリ、同年十月初旬平民社ニ行キタル際幸德傳次郎管野スカ新村忠雄ノ三人ニテ吾々ハ宮下太吉ノ提議ニ賛同シ爆

裂彈ヲ造リ大逆罪ヲ敢行スルノ決心ヲ為シタリ斯ル事ハ強ク勧ムル能ハサルモ君モ此計画ニ同意シテハ如何ト問ハレタルニ付被告ハ主義ノ実行上已ムヲ得サルコト、考へ即座ニ賛同ノ意ヲ表シタリ、同年十一二月頃宮下ニ於テ爆裂彈ノ試發ヲ為シタルニ其成蹟良好ナリシ旨ヲ忠雄ヨリ聞及ヒ又本年一月二日平民社ニ於テ其前日宮下太吉カ持来リタル爆裂彈ノ空鑵ヲ投付ケ批評ヲ試ミタル趣ヲ聞及ヒタリ、同月二十三日平民社ニ行キタル處幸徳ハ病臥シ居タルカ忠雄ハ被告ヲ別室ニ伴ヒ幸徳ハ兎角躊躇ノ色アルニ付秋季ノ計画ハ管野宮下及吾々ノ四人ニテ実行シテハ如何ト申スニ付被告モ之ヲ賛成シ且豫メ実行ノ場所ヲ踏査シ置クヘキコトヲ約シタリ、同年五月十七日夜管野ノ仮寓セル千駄ケ谷村増田謹三郎方ニ於テ管野及忠雄ノ両名ト會合シ四人同時ニ実行ニ干與スルハ人物経済上不利益ナルヲ以テ先ツ二人ニテ実行シ残ル二人ハ他日再擧ヲ企ルニ若カスト評決シ即座ニ抽籤ヲ行ヒタルニ第一ハ管野第二ハ被告ニ當リ忠雄ト宮下トハ落籤シタルモ忠雄ハ翌十八日夜被告方ニ来リテ前夜ノ抽籤ヲ取消シ度旨申出タルヲ以テ被告ハ之ヲ承諾シタリ、押第一號ノ一四八ハ五月二十六日被告ヨリ忠雄ニ送リタル書面ニシテ其書面中「秋季ノ開業ニ付テ練習ノ必要カアルカラ中味ハ要ラヌカ殻タケ三四個送ツテ呉レマセヌカ」トアルハ本年ノ秋季ヲ期シ大逆罪ヲ行フ約アルニ付キ豫メ爆裂彈ヲ投付ル練習ヲ為シ置クノ必要ヲ感シタルヲ以テ中味即チ薬品ハ入用ナキモ殻即チ鑵丈ケヲ送リ呉ル可シト申送リタルモノナル旨ノ供述及押第一號ノ一四八（古河力作ヨリ新村忠雄宛ノ書面）ノ現在

被告奥宮健之ノ豫審調書中幸徳傳次郎ハ同縣人ナルヲ以テ両三年前ヨリ親シク交際ヲ為スノミナラス幸徳ハ米國ヨリ帰朝以来専ラ無政府共產主義ヲ鼓吹シ居ルコトモ承知シ居レリ被告ニ於テモ種々ナル方面

ノ書籍ヲ讀ミ自己ノ意見ヲ定メント思ヒ無政府共産ニ関スル書籍ヲモ讀ミタルコトアリ、明治四十二年九月幸徳ヲ訪問シタルニ幸徳ハ被告ニ對シ今若シ日本ニ於テ大逆罪ヲ敢テセル者アリト仮定セハ其結果如何トノ問ヲ起シタルニ付被告ハ幸徳ニ對シ露國ノ如ク皇室カ直接ニ政治ヲ為ス國ナレハ格別日本ノ如キ國ニ於テ大逆ヲ企テルカ如キコトアラハ忽チニ失敗スヘキ旨ヲ答ヘタリ、其後又幸徳ハ被告ニ對シ同志カ沸騰シテ制スルニ途ナキヲ以テ革命を起サ、ルヲ得スト申シタルヲ以テ被告ハ日本ノ如ク整頓シタル國ニ於テ僅少ノ同志等カ革命ヲ起サントスルモ失敗ニ帰スルコトハ必然ナルニ付其様ノ企ヲ為スモノニアラスト制シタルコトアリ、多分其日ノ事ナラン幸徳ハ二重橋ヲ襲フテ番兵ヲ追拂ヒ皇城ニ侵入シ至尊ヲ擁シテ綸旨ヲ受ケン抔ト申シ居タルモ固ヨリ一場ノ座談ニ外ナラサリシナリ、同年十月上旬幸徳ヲ訪問シタル處幸徳ハ被告ニ對シ目下爆裂彈ノ製法ヲ研究シ居ルモ未タ判明セス君ハ定メテ爆裂彈ノ製造ニ経験アルナラント問タルニ付被告ハ幸徳ニ對シ自分ノ干係シタル事件ニハ爆裂彈ヲ使用セサリシヲ以テ其製法ヲ知ラサルモ河野廣躰ヨリ聞取リ通知スヘキコトヲ約シタリ然ルニ河野ノ住所不明ナリシヲ以テ西内正基ヨリ聞取リ幸徳ニ傳ヘタリ、被告ハ幸徳ヨリ爆裂彈ノ用途ヲ聽カサリシモ幸徳ハ曽テ支那人ヨリ日本ニテ志ヲ得サルトキハ支那ニ来ルヘキコトヲ勧メラレ居ルト申シ居タルヲ以テ或ハ支那ノ革命ニテモ使用スルモノナラン左ナクハ何レカノ地方ニテ暴動ヲ起ス考ナラント想像シ居タリ、押第一號ノ二五九ハ被告ノ手帖ニテ塩酸加里六分金硫黄四分鋼鉄片加入電粉トアルハ西内ヨリ聞取リタル時書留メ置タルモノナリ、鑵ノ製法ニ付テハ西内ヨリ聞カサリシモ加波山事件ノ際小サキ茶筒ノ如キモノヲ用ヒタルヤニ聞及居タルヲ以テ幸徳ニ對シ鑵ハ長サ二三寸円徑一二寸ニテ鉄又鉄葉ヲ以テ作製スル旨ヲ申聞タルニ其事ハ全人モ知リ居ル旨申シ居タリ、其後幸徳ヨリ田舎ニ於テ爆裂彈ノ試發ヲ為シタルニ成蹟良好ナリシ旨ノ通知ヲ受タリト記憶ス明治四十二年十二月中長谷川昌三ト共ニ飯野吉三郎ヲ訪問シ幸徳其他無政府主義者ノ緩和策ニ付相談ヲ為シタルコトハ相違ナシ其際吉三郎ニ對シ幸徳等ハ爆裂彈ヲ用ヒ大逆罪ヲ敢行スルモ計リ難キ旨申述タルヤニ記憶スレ𪜈固ヨリ假設ノ言語ニ外ナラサル旨ノ供述

證人飯野吉三郎ノ豫審調書中明治四十二年十二月中奥宮健之長谷川昌三ノ両名ニテ来訪シ近来幸徳派ノ社会主義者カ過激ノ行動ヲ企テ或ハ事ヲ皇室ニ及ホスヤモ計リ難キヲ以テ之カ緩和策ヲ講セサルヲ得ス就テハ金壱万円アラハ吾々両人ニテ引受ケ其任ニ當ルヘキ旨申出タルヲ以テ證人モ一應ハ賛成ノ意ヲ表シ警保局長ニ交渉シタルコトアリ其際ニ於ル奥宮ノ談話ハ演說的口調ニシテ之ヲ要スルニ幸徳等ハ爆裂彈ヲ造リ皇室ニ對シ容易ナラサル事ヲ為スモ知ルヘカラス此時ニ當リ彼等ト政府トノ間ニ介在シ双方ノ融和ヲ講スルコトハ最急務ニアラスヤト云フニ在リタルヲ以テ證人ハ奥宮ニ對シ日本臣民トシテ畏レ多クモ九重ノ雲上ニ對シ奉リ不穏ノ行動ヲ為スカ如キ者ハ一人タリトモアルマシキ旨答ヘタルニ奥宮ハ「アルマイト云フテモ若シアツタラ何ウナサル」ト叫ヒタルヲ以テ證人ハ大ニ驚愕シタル旨ノ供述

證人長谷川昌三ノ第二回豫審調書中実ハ餘リ憚リアル事柄ナルヲ以テ是マテハ申立サリシモ奥宮ハ酒ヲ飲ミツ、辯ヲ振ヒ社會主義者ヲ融和スルノ必要ナルコトヲ說キ且彼等ニ對スル政府ノ迫害餘リニ甚シキ時ハ爆裂彈ヲ造リ皇室ニマテ害ヲ及ホスヤモ知ルヘカラサル旨ヲ語リタルニ飯野吉三郎ハ之ニ對シ日本臣民トシテ雲上ニ對シ左様ノ事ヲ企ル者ハ一人モアルマシキ旨ヲ答ヘタリ然ルニ奥宮ハ「若シアツタラハ何ウスルカ」ト怒號シタルニ相違ナシ又奥宮ハ飯野ヲ訪問スル前證人方ニ於テモ社會主義者ハ爆裂彈

ヲ造リ皇室ニ對シ危害ヲ加フルニ至ルモ知ル可ラサル旨申シ居タル旨ノ供述鑑定人明石東次郎中山重行ノ鑑定書中塩酸加里及金硫黄ヲ調和スルトキハ爆裂薬ヲ生ス本爆發剤ノ分量ハ大約塩酸加里鶏冠石トノ合剤ニ等シ又其塩酸加里ト金硫黄ノ合剤ニ鉄片ヲ混入スルトキハ四方ニ飛散シテ一層猛烈ナル効果ヲ生スルモノトス、雷粉トハ俗稱ニシテ雷汞或ハ雷汞ニ塩酸加里外一薬ヲ混合シタルモノニテ爆剤又ハ爆粉ト称スルモノナラン右ハ何レモ起爆剤ナルカ故ニ之ヲ塩酸加里金硫黄ノ合剤ニ混和スルトキハ激突瞬時ノ起爆一層確実トナリ且ツ其起爆ニ依リ爆發反應ヲ完全ナラシム可キ旨ノ記載

被告坂本清馬ノ豫審調書中被告ハ明治四十年春頃ヨリ無政府共産主義ヲ奉シ仝年四月頃ヨリ幸徳傳次郎方ニ出入シ其後熊本ニ至リ熊本評論ニ筆ヲ執リ専ラ無政府主義ノ傳播ニ努メタリ明治四十一年十一月頃ハ幸徳方ニ仝居シ居リタルカ或日幸徳ハ被告ニ對シ実行ノ時期ハ未定ナルモ決死ノ士ヲ募リ暴力革命ヲ起シ無政府共産ノ理想ヲ実現セシムルノ必要アルニ因リ地方ヲ遊説シテ決死ノ士ヲ募リ置ク可キコトヲ嘱シタルヲ以テ被告ハ之ヲ快諾シタリ而シテ其仝志募集ノ委嘱を受タルコトハ松尾卯一太ニモ話シ仝人ノ賛仝ヲ得タリ、明治四十二年一月幸徳宅ニ欧字新聞ヲ切抜キタル爆裂彈ノ図カ在リシコトハ相違ナキモ之ヲ内山愚童ニ示シ且ツ斯ノ如キ爆裂彈ヲ以テ大臣又ハ警視総監ヲ斃サン抔ト揚言シタル記憶ナシ、仝年二月中事情アリテ幸徳方ヲ去リ宮崎縣ニ往キ仝年八月中熊本縣玉名郡豊水村ナル松尾卯一太方ニ到リ九月三十日迄滞在シ仝年十一月上旬ニ出京シテ柏木又ハ西大久保ニ假寓シ居タリ、明治四十三年二三月頃角筈ナル石川三四郎宅ニ於テ佐藤庄太郎ニ面會シタル際爆裂彈ノ製法ニ関スル談話アリタルヲ以テ庄太郎カ爆裂彈ノ製法ヲ知リ居ルコトヲ知リ其後庄太郎ヲ下谷万年町ノ鉄葉屋某方ニ訪問シ仝人ヨリ爆

裂弾ノ調合剤ヲ聞取リ被告ノ名刺即チ押第一號ノ二九三ニ書留メ置キタリ、被告ハ事情アリテ幸徳ト絶交シタルモ仝志ヲ募リ幸徳ト仝一ノ計画ヲ遂行セント考ヘ居タルヲ以テ爆裂弾ノ製法ヲ研究シ置キタルモノナリ其後東京ヲ出發シテ群馬縣ニ築比地仲助ヲ訪問シ被告ハ「ブラックハンヂスト」ト為リシヲ以テ日本國中ヲ巡歴シ仝志ヲ募ル旨申シタルコト相違ナシ「ブラックハンヂスト」トハ暗殺黨ノ意義ナル旨ノ供述

被告内山愚童ノ豫審調書中明治四十二年一月十四日幸徳傳次郎宅ニ於テ坂本清馬ハ被告ニ對シ先生カ爆裂弾ノ図ヲ所持スル旨申セシヲ以テ之ヲ借覧シタリ其際坂本ハ斯様ノ爆裂弾ヲ造リ権力階級ノ當路者タル警視総監ヤ内務大臣ヲ暗殺セント放言セシヲ以テ被告ハ坂本ニ對シ仝シクハ皇儲ニ對シ危害ヲ加フル方効力多大ナラント申シタルコトアル旨ノ供述

被告飛松與次郎ノ豫審調書中明治四十二年八月中或日坂本ハ松尾ニ對シ決死ノ士二三十人モアラハ二重橋ヨリ侵入シテ大逆罪ヲ敢テシ革命ヲ起サント申シタルコトアリ又其席ニ居合セタル徳永五松ニ對シ貴方カ露國ノ「ガポン」ノ如ク白髪頭ヲ振立テ二重橋ニ乗込ムナラハ仝志ハ續々進ムナラント云ヒ又吾々二代ヤ三代ハ埋草トナリ革命ノ犠牲トナル覺悟ナリト申シ居タル旨ノ供述

参考人徳永五松ノ豫審調書中坂本清馬ハ發狂人仝様ノ事ヲ云フ人物ナルユヘ一々其談話ハ記憶セサルモ社會主義者ノ眼中ニハ貴族ナシ貴族ヲ倒サヽレハ社會ノ改良ハ出来ルモノニアラスト申シ又参考人ニ對シ貴方カ白髪頭ヲ振立テ、先キニ進ムナラハ若キ者ハ喜ンテ續クナラント申シ其外革命ヲ為スニハ大逆ヲ行ハサルヲ得ス吾々二代ヤ三代ハ埋草トナル覺悟ナカル可ラス抔ト申シ居リタル旨ノ供述

證人高宮傳次郎ノ豫審調書中證人カ坂本ニ尾行中ハ無政府主義ノ実行上ニ付具体的計画アルコトヲ聞キタルコトナキモ坂本ハ證人ニ對シ人間ノ能力ニハ差違アレトモ富ハ平等ニ分配ス可キモノナリ無政府共産主義ヲ実行スルニハ革命ヲ起サヽル可ラス革命ヲ起スコト、ナレハ官公署ハ勿論吾々ニ反抗スルモノハ悉ク破滅セサル可ラスト申シタルコトアリ又坂本ト松尾トハ互ニ激烈ナル言語ヲ用ヒ大逆罪ヲ犯ス意思ヲ表示シ居タルヲ聞キタルコトアル旨ノ供述

證人佐藤庄太郎豫審調書中明治四十三年二月中石川三四郎宅ニ於テ坂本清馬ニ面會シタル際爆裂彈ノ談話ヲ為シタルコトアリシカ翌三月中坂本ハ證人方ニ来リ爆裂彈ノ製法ヲ授ケ呉ルヘキ旨依頼セルヲ以テ證人ノ名刺ニ其調合薬ヲ書キテ與ヘタルコトアリ其薬品ハ「ヱンポツ」金硫黄「ナイトログリセリン」硝酸硝石ナル旨ノ供述

證人築比地仲助ノ豫審調書中明治四十三年三四月頃坂本清馬カ来リテ両三日滞在セリ其際仝人ハ自分ハ社会党ニアラスシテ「ブラツクハンヂスト」ナレハ恐ラク日本國中吾主義ニ賛成スル者ナカル可シ併日本全國ヲ巡歴シテ賛成者ノ有無ヲ試ムル考ナリト申シ居タリ其「ブラツクハンヂスト」トハ闇黒黨ト訳スヘキ文字ニシテ露西亜ノ虚無党ノ如キ意義ナル旨ノ供述

第二ノ事実ハ

被告大石誠之助ノ豫審調書中被告ハ明治三十三年頃ヨリ社會主義ノ書籍ヲ讀ミ仝三十七八年頃ヨリ平民新聞ヲ購讀シ爾来無政府共産主義ヲ奉シ或ハ新聞ニ寄書シ或ハ演説ヲ為シテ仝主義ノ傳播ニ努メタリ、明治三十九年ノ秋出京シテ幸徳傳次郎ヲ訪問シ其後熟懇ニ交際ヲ為シ居ルモ金銭ニ関シテハ幸徳カ米國

ニ行ク時参拾円病氣ノ時貳拾円新聞條例違反ノ罰金ヲ納ムル時参四拾円日刊平民新聞ヲ設ル時百円社會主義ノ機関雑誌ヲ發行スル計画アリタル時百五拾円ヲ贈與シタルマテナリ、明治四十一年七月中旬幸徳カ土佐ヨリ上京ノ途次被告方ニ立寄リ八月上旬マテ滞在シタリ仝人ハ赤旗事件ニ對スル政府ノ處置ヲ憤慨シテ上京スル模様ナリシモ其善後處分ニ付何等具体的ノ談話ヲ為シタルコトナシ只仝人カ中心トナリテ仝志ノ連絡を取ラサルヲ得サル旨申シ居タリ、幸徳ハ被告方ニ滞在中成名平四郎髙木顕明峯尾節堂﨑久保誓一等ニ對シ暴力革命ノ必要ヲ説キタル為メ彼等ハ何レモ革命ト云フコトニ趣味ヲ持ツコト、ナリタルカ如シ或日幸徳ト共ニ熊野川ニ舟ヲ浮ヘタル際幸徳ヨリ爆裂彈ノ製法ヲ聞カレタルコトアルモ被告ハ知ラサリシヲ以テ其旨ノ答ヲ為シタリ、仝年十一月中出京シテ幸徳ヲ巣鴨ノ平民社ニ訪問シタリ其際幸徳及管野スカノ病氣ヲ診察シタルニ幸徳ハ腹間膜結核ニテ二三年ノ外餘命ナカル可ク管野モ亦肺結核ノ初期ニテ長命ハ覺束ナク思ハレタリ、其節幸徳ハ被告ニ對シ近来政府ノ社會主義者ニ對スル迫害甚シク到底口ヤ筆ノ力ヲ以テ政府ニ反抗シ得ヘキ時ニアラス自分ハ病身ニテ餘命幾何モアルマシキニ付決死ノ士五十人許アラハ爆裂彈其他ノ武器ヲ與ヘ貧民ヲ集メテ掠奪ヲ為サシメ諸官衙ヲ焼拂ヒ二重橋ニ迫リタキ考ヲ持居レリ就テハ意思堅固ノ人物ヲ見付置キ呉ルヘキ旨申出タルヲ以テ被告ハ帰國ノ上同志ニ謀ルヘキ旨答ヘ置キタリ而シテ幸徳カ二重橋ニ迫マルト云ヒシハ皇居ニ侵入シ大逆罪ヲ犯ス意味ニ聞取リタリ、仝月二十六日東京ヲ出發シ翌二十七日京都ニ立寄リ徳美松太郎等ニ對シ幸徳其他ノ同志ハ赤旗事件ニ對スル政府ノ處置ヲ憤慨シ暴力革命ヲ起サント計画シ居ル旨ヲ語リ仝月廿九日大阪ニ到リ村上旅舘ニ投宿シ仝日訪問ヲ受タル武田九平ニ對シ幸徳ハ暴力革命ヲ起シ諸官衙及富豪ノ米庫ヲ破壊セント企テ居ル旨ノ談話ヲ為シタルモ何等纏マリタル相談ヲ為サス、十二月一日武田九平岡本頴一郎ノ訪問ヲ受タルヲ以テ両人ヲ牛肉店新門亭ニ伴ヒ食事ヲ為シタリ其際幸徳ハ病氣ノ為メ神経過敏ニ為リ居ルヲ以テ乱暴ノ事ヲ為スカモ知レサル旨ヲ話シ仝夜茶話會ヲ村上旅舘ニ開キタルニ右武田岡本ノ外ニ三浦安太郎岩出金次郎佐山某ノ三名来會シタリ被告ハ仝人等ニ對シ上京中幸徳ノ病氣ヲ診察シタルニ餘程ノ難症ニテ餘命幾何モアルマシク殊ニ神経過敏ニ陥リ居リテ政府ノ迫害甚シキヲ憤慨シ決死ノ士ヲ募リ暴力革命ヲ起シ諸官衙及富豪ノ倉庫ヲ破壊シ一時タリトモ社會ノ勢力ヲ占領スルハ無意義ニアラサルヘシト申シ居ル旨報告的ニ話シタルニ列席者ハ何レモ賛成ノ態度ヲ示シタリ、明治四十二年一月下旬成石平四郎髙木顕明峯尾節堂﨑久保誓一ヲ被告宅ニ招致シ幸徳カ提議ノ顚末ヲ語リ仝人等ノ意向ヲ尋ネタルニ孰レモ乗気ニ為リテ賛仝ノ意ヲ表シ即座ニ相談ハ纏マリタリ、尚ホ幸徳ハ赤旗事件ニテ入監シタル仝志カ出獄後ニアラサレハ人少ニシテ到底何事ヲモ為ス能ハサル旨申居リタルヲ以テ被告モ亦大阪及紀州ニ於テ其意味ヲ以テ談話ヲ為セリ、幸徳等カ事ヲ挙ルトキハ被告モ亦平四郎外三名ト共ニ出京シ実行ニ加ハル考ナリシコトハ相違ナシ、仝年七月十八日成石勘三郎カ来リテ當時爆裂彈製造ノ研究中ナルニ付鶏冠石及塩酸加里ヲ貰受度旨申出タルヲ以テ鶏冠石「一オンス」ト塩酸加里二三十匁ヲ交付シ尚ホ「ワセリン」油ヲ注入スヘキ旨ノ差図ヲ為シタリ、仝月二十一日新宮町料理店養老舘ニ於テ成石兄弟ノ招待ヲ受タルカ其際成石兄弟ニ對シ暴力革命ヲ起スニ付テハ爆裂彈ノ製造ヲ必要トスル旨ヲ申述タルニ相違ナシ、新村忠雄カ被告方ニ来リシハ明治四十二年四月一日ナリシカ其後間モナク被告ニ對シ宮下太吉ナル者ハ學問ハナキモ思想堅固ノ人物ニテ革命ノ為メニハ役ニ立ツ男ナリト申シ居タリ、被告ハ第一回ノ訊問ヲ受タル時宮下カ爆裂彈ヲ造リ大逆罪ヲ犯ス計画ヲ為シ居ルコトヲ忠雄ヨリ聞キタル旨ノ陳述ヲ為シタルモ其陳述ハ間違ナルヲ以テ之ヲ取消ス、仝年八月七日忠雄ハ宮下ノ手紙ヲ被告ニ示シ被告ノ承諾ヲ得テ塩酸加里一磅ヲ畑林商店ヨリ買入レ宮下ニ送付シタル旨申立居ル趣ナレトモ被告ハ宮下ノ手紙ヲ見タルコトナク又塩酸加里ノ買入ヲ承諾シタルコトナシ、忠雄ハ仝年八月廿日被告方ヲ出發シテ帰京シタリ爾後数回書面ヲ寄越シ常ニ主義上ノ運動ニ関係シタルコトヲ記載シアリシモ〇〇ノ記載多クシテ意義明瞭ナラス多分決死隊計画ニ関スル事ナラント考ヘタルモ別ニ問合ヲ為シタルコトナキ旨ノ供述

被告幸徳傳次郎ノ豫審調書中明治四十一年十一月中大石誠之助ノ訪問ヲ受タル際決死ノ士五十人モアラハ爆裂彈其他ノ武器ヲ與ヘ暴力革命ヲ起シ諸官衙ヲ焼拂ヒ富豪ノ財ヲ掠奪シ餘力アラハ二重橋ニ迫リ番兵ヲ追拂ヒ皇居ニ侵入シテ大逆ヲ敢行セント計画シ居ルニ付テハ決死ノ士ヲ見付置呉ルヘキ旨ヲ依頼シ大石ノ承諾ヲ得タル旨ノ供述

被告森近運平ノ豫審調書中明治四十一年十一月大石誠之助カ出京シテ幸徳傳次郎ヲ訪問シタルカ其際幸徳ハ大石ト被告トニ對シ近来政府ノ迫害甚シキヲ以テ決死ノ士ヲ募リ爆裂彈其他ノ武器ヲ與ヘ暴力革命ヲ起シ諸官衙ヲ焼拂ヒ二重橋ニ迫リ番兵ヲ追拂ヒ皇居ニ侵入シテ大逆罪ヲ敢テセントノ議ヲ提出シタル旨ノ供述

證人徳美松太郎ノ豫審調書中明治四十一年十一月二十七日大石誠之助カ東京ヨリノ帰途京都ニ立寄リ麸屋町柊屋ニ一泊シタリ其際證人ハ大石ノ通知ヲ受テ訪問シタルニ大石ハ證人ニ對シ幸徳ハ近来病氣ノ重クナリシ為メ自暴氣味ニナリ何ゾ花々敷事ヲ遣ルト申シ居リ他ノ仝志モ亦社會主義者ニ對スル政府ノ迫

害甚シキカ為メ大ニ憤慨シ暴動ヲ起シ富豪ノ財ヲ奪ヒ貧民ヲ賑ハス計画ヲ為シ居ル旨申居タリトノ供述
参考人徳永保之助ノ豫審調書中明治四十一年十一月中幸徳傳次郎方ニ行キタル際幸徳ハ大石誠之助森近運平等ニ對シ近頃政府ノ迫害甚シキヲ以テ決死ノ士ヲ募リ暴力革命ヲ起シタキ旨ノ話ヲ為シ居タル様ニ記憶ス其節大石ハ紀州ニモ信用ノ出来ル仝志カ四五人アルト申シタル旨ノ供述
證人畑林新十郎ノ豫審調書中明治四十二年八月六日塩酸加里一磅ヲ大石方ヘ賣渡シタルコトアル旨ノ供述
被告新村忠雄ノ豫審調書中大石誠之助方ニ滞在中大石ニ對シ宮下太吉ナル者アリテ爆裂彈ヲ造リ大逆罪ヲ犯ス計画ヲ為シ居ル旨ヲ告ケ又宮下太吉ヨリ塩酸加里ノ送付ヲ督促シ来リタル際大石ノ承諾ヲ得テ畑林藥店ヨリ塩酸加里一磅ヲ買入レ宮下ニ送致シタル旨ノ供述
被告成石平四郎ノ豫審調書中被告ハ明治三十九年頃ヨリ新聞雜誌等ニ依リ社會主義ノ研究ヲ為シタルモ愈社會主義ヲ奉スルニ至リタルハ明治四十年十月頃ナリ、明治四十一年赤旗事件ノ後ナリシカ幸徳傳次郎カ土佐ヨリ出京ノ途次新宮ニ立寄リ大石誠之助方ニ十日間計滞在シタルコトアリ其際幸徳ハ被告等ニ對シ是マテハ公然新聞雜誌等ヲ以テ主義ノ傳道ヲ為シ居リタルモ斯ル傳道ノ方法ハ赤旗事件ニテ一段落ヲ告ケタリ今後ハ秘密出版ニ依リ傳道ヲ為スノ必要アルハ勿論何レノ國ニ於テモ平和的ニ革命ノ成就シタル例ナケレハ結局ハ暴力ニ訴ヘサル可ラサル旨ヲ説明シタリ、明治四十一年十二月カ翌四十二年一月頃ナランカ大石カ東京ヨリ帰郷シタル後ノ事ナリシカ高木顕明峯尾節堂﨑久保誓一ト共ニ大石ノ招致ヲ受タルコトアリ其際大石ハ裏座敷ノ二階ニ於テ吾々ニ對シ幸徳ハ近来政府ノ迫害甚シク最早筆ヤ口ヲ以テ傳道ヲ為ス可キ時代ニアラス既ニ実行ノ時代ニ移リ居ルニ付決死ノ士三十人モアラハ暴力革命ヲ起サント計画シ居ル旨ヲ語リ吾々ノ賛仝ヲ求メタルヲ以テ吾々四人ハ即座ニ仝意ヲ為シ何レモ死ヲ決シテ幸徳ノ計画ニ加入スルコトヲ決定シタリ其暴力革命ノ目的ハ諸官衙ヲ破壊シ大臣其他要路ノ官吏ヲ暗殺シ大逆罪ヲ敢行シ無政府ノ状態ヲ現出セシムルニ在ルヲ以テ大石モ其意味ヲ以テ咄シ吾々モ亦其意味ヲ以テ賛仝シタリ、又其時ナリシヤ否確カニ記憶セサルモ幸徳ハ病身ナルヲ以テ一日モ早ク革命ヲ起スコトヲ望ミ居ル旨ノ話ヲ大石ヨリ聞キタルコトアリ、被告カ爆裂彈ノ製造ヲ兄勘三郎ニ委嘱シタルハ明治四十二年一月頃ニテ大石ヨリ幸徳ノ計画談ヲ聞キタル後ノ事ナリ而シテ其爆裂彈ハ暴力革命ニ用ユルモノナルコトハ兄ニ告ケ兄モ亦其用途ヲ知リテ製造ノ研究ヲ為シタルモノナリ、被告ハ明治四十二年六七月頃或事情アリテ死ヲ急キ居リタルヲ以テ寧ロ幸徳等ノ計画ニ先チ大逆罪ヲ犯シ社會主義ノ發展ニ資セント思ヒ速玉神社境内ニ於テ大石峯尾新村ト會合シタル際仝人等ニ對シ其意ヲ洩シタルニ大石ハ小遣ノ少々位ハ送ルヘシト申シ暗ニ賛成ノ意ヲ洩ラシ新村ハ其後大石宅ニ於テ被告ノ計画ヲ賛成シ共ニ出京シテ大逆ヲ敢行ス可キコトヲ約シタリ然ルニ被告ハ帰宅後病氣ニ罹リ新村ハ仝年八月中一人ニテ帰京シタル為メ其儘ニナリタル旨ノ供述

被告新村忠雄ノ豫審調書中新宮滞在中成石平四郎ト共ニ出京シ明治四十二年十月ヲ期シ両人ニテモ大逆ヲ実行セント申合セタル事アル旨ノ供述

被告髙木顕明ノ豫審調書中被告ハ明治三十九年頃ヨリ社會主義ノ新聞雑誌等ヲ讀ミ大石誠之助方ニ出入シテ社會主義ノ説明ヲ聞キ明治四十一年ノ暮頃ヨリ愈々無政府共産主義ヲ奉スルニ至リタリ、明治

四十一年六月中東京ニ赤旗事件ノ起リタル後ナリシカ幸徳傳次郎カ郷里土佐ヨリ出京ノ途次大石誠之助方ヲ訪問シ数日間滞在シタルコトアリ其際幸徳ハ被告等ニ對シ今日ハ最早言論ヤ文章ヲ以テ傳道ヲ為スヘキ時ニアラス主義ノ目的ヲ達セントスルニハ直接行動ニ據ルノ外他ニ途ナキ旨ヲ説明シタルカ被告ハ其説明ヲ聴キ益々社會主義ニ熱中スルニ至リタリ、明治四十二年一二月ノ頃大石ノ招致ニ應シ峯尾節堂崎久保誓一成石平四郎ト共ニ大石方裏座敷ノ二階ニ會合シ大石ヨリ秘密ノ相談ヲ受タルコトアリ、大石ハ吾々ニ對シ先般出京ノ際社會主義ノ運動上ニ付幸徳ト種々相談ヲ為シタルカ幸徳ハ近来政府ノ迫害甚シクシテ言論ヤ文章ノ力ヲ以テ傳道を為シ得可キ時ニアラス殊ニ自分ハ病身ニシテ長ク餘命ヲ保ツ能ハサル可ケレハ決死ノ士二三十人ヲ募リ赤旗事件ニテ入監シタル仝志ノ出獄ヲ待チ爆裂彈ヲ造リ暴力革命ヲ起シ諸官衙ヲ焼拂ヒ當路ノ大臣ヲ暗殺シ尚ホ皇居ニ侵入シテ大逆ヲ敢行シ一時タリトモ無政府ノ状態ヲ實現セシメ貧民ヲ賑ハシ度旨申シ居リタルヲ以テ諸君ノ一考ヲ煩ハス自分ニ於テハ皇居ハ警戒嚴重ナルヲ以テ至尊通御ノ際ニアラサレハ目的ヲ達スル能ハサル可ク思フ旨申出タリ其當時吾々ハ皆大石ヲ崇拝シ居タルヲ以テ何レモ即座ニ同意ヲ表シ幸徳ノ計画ニ加入スルコトヲ約シタル旨ノ供述

被告峯尾節堂ノ豫審調書中被告ハ明治四十年一二月頃ヨリ社會主義ノ雜誌書籍等ヲ讀ミ其後大石方ニ出入シテ同主義ノ研究ヲ為シ明治四十一年夏赤旗事件ノ起リシ以来無政府共産主義ヲ奉スルニ至リタリ無政府主義ノ目的ハ治者被治者ノ関係ヲ否認シ社會ノ各階級ヲ打破シ無政府ノ状態ト為スニ在ルヲ以テ此目的ヲ達スルニハ皇室ヲ倒シ政府ヲ覆シ富豪ノ財ヲ奪フカ如キ手段ヲ採ルコト勿論ナラン、同年七月頃幸徳傳次郎カ出京ノ途次大石ヲ訪問シタリ其際幸徳ハ被告等ニ對シ近来政府ノ社會主義者ニ對スル迫害

甚シク最早直接行動ニ據ルヘキノ時代ニシテ筆ヤ口ヲ以テ傳道シ得ヘキ時代ニアラスト說キ大石モ亦之ニ和シテ實ニ直接行動ヲ取ルヘキノ時機ナリト申シ居タリ尚ホ幸德ハ其際浄泉寺ニ開キタル談話會ノ席ニ於テ凡ソ社會ノ崩解スルハ其原因経濟状態ニアリ現今日本ノ経濟状態ヲ見ルニ貧富ノ懸隔最甚タシキヲ以テ共産主義ヲ實行スルニハ適當ノ時機ナリト說明シタリ、被告ハ幸德ノ言語態度カ頗ル悲壮ナリシ為メ大ニ感動シ益々無政府主義ヲ確信スルニ至リタリ、明治四十二年一月頃大石ノ招致ニヨリ仝人方ニ行キタルニ成石平四郎高木顕明﨑久保誓一モ来集セリ大石ハ裏座敷ノ二階ニ於テ被告等ニ向ヒ先般出京ノ際幸德ハ自分ニ對シ近来政府ノ迫害甚シク到底此マヽニ捨置ク可キコトニアラス殊ニ病氣勝ニテ長ク餘命ヲ保チ得ヘキ見込ナキヲ以テ同シク死スルモノナレハ一身ヲ主義ノ犠牲ニ供シタキ考ナリ今決死ノ士三四十人モアラハ爆裂彈ヲ造リ大逆罪ヲ犯シ諸官衙ヲ焼拂ヒ大臣ヲ暗殺シ貧民ヲ集メテ富豪ノ財ヲ掠奪セシメ得可シ紀州ニハ決死ノ同志ナキヤト問ハレタルヲ以テ自分ハ四五人アルヘキ旨答ヘ置キタリ就テハ諸君ノ一考ヲ煩ハスト申出タルヲ以テ吾々ハ何レモ大石ノ勧誘ニ應シ革命計画ノ實行員タルコトヲ承諾シタリ、尚ホ幸德ハ皇居ハ警戒嚴重ナルヲ以テ皇族一人ニテモ斃スコトヲ得レハ滿足セサル可ラスト申シタル旨大石カ話シタル様ニ記憶スル旨ノ供述

被告﨑久保誓一ノ豫審調書中被告ハ明治四十年四五月頃ヨリ社會主義ノ新聞雑誌等ヲ讀ミ四十一年四五月頃ヨリ無政府共産主義者トナリタリ、明治四十一年夏大石ニ招カレテ行キタルニ幸德傳次郎カ滞在シ居リテ社會主義ノ歴史ヤ現在ノ状態ヲ語リ今日ハ筆ヤ口ヲ以テ傳道スヘキ時代ニアラスシテ直接行動ニ據ルヘキ時代ナルコトヲ說明シタリ、大石モ亦其頃ヨリ幸德ト同様ノ說ヲ唱ヘ屢々露國的革命ヲ起スノ

必要アリト申シ居タルヲ以テ現政府ヲ顚覆シ大逆罪ヲ犯スコトモ亦其說明中ニ包含シ居ルモノト思ヒ居タリ、大石ハ明治四十一年十一月中出京シ翌十二月中ニ帰郷シタルカ明治四十二年二月頃大石方ニ招カレ行キタルニ成石平四郎高木顕明峯尾節堂モ招集サレ居タリ大石ハ裏座敷ノ二階ニ於テ吾々四名ニ對シ先般出京ノ際幸德ヲ訪問シ種々談話ヲ為シタルカ幸德ハ近来政府ノ社會主義者ニ對スル迫害益々甚シク革命ノ機運愈々熟シタルヲ以テ決死ノ士ヲ募リ暴力革命ヲ起シ無政府共産ノ状態ヲ現出セシメサル可ラスト申シ居タルニ付吾々モ幸德等ト共ニ運動シテハ如何ト提唱シタリ當時吾々四名ハ何レモ大石ヲ崇拝シ居タルヲ以テ一モ二モナク大石ノ提議ニ賛成シ東京ノ同志ト氣脉ヲ通シ暴力革命ヲ實行センコトヲ約シタリ而シテ其暴力革命ナル詞ハ大逆罪ヲ犯シ政府ヲ顚覆シ富豪ノ米庫を開キ貧民ニ施與スル意味ニ於テ用タルモノト聞取リタルノミナラス大石ハ明カニ皇室ヲ倒スト云フ言語ヲ用ヒタル様ニ記憶スル旨ノ供述

被告成石勘三郎ノ豫審調書中被告ハ明治四十年頃ヨリ社會主義ニ関スル新聞雑誌書籍等ヲ讀ミ漸次無政府共産主義ニ傾クニ至リタリ明治四十二年ノ春弟平四郎ハ被告ニ對シ政府ノ社會主義者ニ對スル迫害甚シキヲ以テ大逆ヲ行ヒ政府ヲ覆サント企画セルモ同志中爆裂彈ノ製法ヲ知ル者ナキニ付被告ニ研究シ呉ルヘキ旨委嘱セルヲ以テ被告ハ之ヲ諾シ同年四月中鷄冠石三匁ニ塩酸加里三匁ヲ混和シ紙ニテ包ミ其上ヲ糸ニテ巻キ之ヲ熊野川原ノ石ニ投付タレトモ發火セス更ニ焰焇ヲ紙ニ撚リ導火ヲ作リ右ノ爆發物ニ火ヲ付ケタルモ小銃位ノ音響ヲ發シタルマテニテ試發ハ遂ニ不結果ニ了リタリ、其後七月下旬商用アリテ新宮ニ行キタル際被告ハ當時大石ヲ崇拝シ居タルノミナラス弟平四郎モ同家ニ厄介ニナリ居タルヲ以テ

一日大石ヲ訪問シタリ其際大石ニ對シ爆裂彈ヲ造リ試發ヲ為シタルモ其成蹟不良ナリシコトヲ述ヘタルニ大石ハ鷄冠石及塩酸加里ノ外ニ「ワセリン」ヲ混入シ試ムヘシ尚ホ外國ニテハ蜜柑ノ皮ニ爆薬ヲ包ム例アルモ鷄卵ノ殼ヲ用ユルモ可ナラント申シタリ因テ大石ヨリ鷄冠石七匁五分計ト塩酸加里二三十匁ヲ貰ヒ受ケ新宮町畑林薬店ニテ硫黄「ワセリン」各一磅ヲ買ヒ尚ホ同町某小間物店ニテ護謨球三四個ヲ買求メ帰村ノ後鷄冠石塩酸加里各三匁硫黄二匁ヲ「ワセリン」油ニテ練リ之ヲ護謨球ニ詰込ミ熊野川原ノ石ニ投付タレトモ同シク爆發セサリシヲ以テ残ル薬品ハ総テ花火ノ製造人ニ與ヘタリ、新宮町ニ滞在中弟平四郎ト共ニ大石及新村忠雄ノ両人ヲ料理店養老館ニ招キタルカ大石ハ其席ニ於テ佛蘭西ノ革命談ヲ為シ且爆裂彈ヲ造リ監獄ヲ破壊シ諸官衙ヲ焼拂ヒ皇室ヲモ倒サント語リ新村モ亦之ニ和シテ過激ノ談話ヲ為シタルカ被告モ酒興ニ乘シ行ル可シ行ル可シト申シタリ、大石及弟平四郎等カ大逆罪ヲ犯ス計画アルコトヲ知リナカラ爆裂彈ノ製造ヲ試ミ且軽卒ニモ賛成ノ意ヲ表白シタルハ恐懼ノ至リナリ又新宮ヨリ帰村ノ途中平四郎ハ被告ニ對シ革命實行ノ為メ新村ト共ニ出京スルニ付テハ借財ノ始末ヲ為シ女房ヲ離縁スル旨申募リ被告ノ制止ヲ聞入レサルニ付被告ハ平四郎ニ對シ義理アル借財ハ始末ヲ付ルノ必要アルヘキモ女房ハ子供モアルコトナレハ離別スルニ及ハサルヘシ愈々困ル時ハ被告ニ於テ扶助ス可キ旨申シタルコトアルモ其計画ハ平四郎カ病氣ニ罹リタル為メ有耶無耶ニナリタル旨ノ供述

被告新村忠雄ノ豫審調書中大石ト共ニ成石兄弟ニ招カレ養老館ニ行キタル際大石ト共ニ暴力革命ヲ起シ皇室ヲ倒ス抔ノ激談ヲ為シタルニ勘三郎ハ酒ニ酔ヒ居タルモ賛成ノ意ヲ表白シタル旨ノ供述

第三ノ事實ハ

被告松尾卯一太ノ豫審調書中被告ハ明治三十七八年頃ヨリ社會主義ヲ研究シ同四十一年夏頃ヨリ無政府共産主義ヲ奉スルニ至リタリ、明治四十年六月中熊本評論ヲ發行シタルモ翌四十一年九月中ニ至リ政府ノ干渉甚シクシテ廢刊スルノ已ヲ得サルニ至リ、其翌四十二年三月中更ニ平民評論ヲ發刊シタルモ其發送ニ先チ禁止ヲ命セラレタリ、熊本評論ノ廃刊後ハ新美卯一郎他ノ同志ニ對シ今ヤ傳道ノ時代ニアラス腕ト脚トノ運動ヲ要スル時代ナレハ死ヲ決シテ事ニ當ラサルヲ得ス又無政府共産主義ノ理想ヲ實現スルニハ結局皇室ヲモ倒サヽルヲ得サル旨ノ談話ヲ為シタルコトハ相違ナキモ弁ハ只時ニ觸レテ断片的ニ話シタルモノニシテ具体的ノ成案アリタルモノニアラス、明治四十一年十一月中出京シ二十三日及二十五日ノ両度巣鴨ノ平民社ニ幸徳傳次郎ヲ訪問シタリ其二度目ニ訪問シタル際幸徳ハ被告ニ對シ自分ハ病身ニテ餘命モ長カルマシキニ付決死ノ士ヲ募リ貧民ヲ日比谷公園ニ集メ市内ノ富豪ニ向ツテ掠奪ヲ為サシメ且ツ諸官衙ヲ破壊シ一日タリトモ無政府ノ狀態ヲ現出セシメ他日起ルヘキ大革命ノ動機ト為シタキ考ナルモ先タツモノハ人物ナルニ付意思堅固ノ人物ヲ見付置呉ルヘキ旨申出タルヲ以テ被告ハ其計画ヲ賛成シ且人物ヲ見付置クヘキコトヲ約シタリ、同年十二月中帰郷シ幸徳ヨリ相談ヲ受タル顚末ヲ新美卯一郎ニ語リタルコトハ相違ナキモ新美ニ於テ幸徳ノ提議ヲ賛成シ決死ノ同志ヲ募ルコトヲ承諾シタルヤ否ヤハ記憶ナシ、明治四十二年三月頃平民評論社ニ於テ佐々木道元カ讀者名簿ノ整理ヲ為シ居ル際佐々木ニ對シ目下仕事モ閑ナルニ付地方ヲ遊説シテ意思堅固ノ人物ヲ募リ置クヘキコトヲ委嘱シ又其頃飛松與次郎ニ對シテモ同様ノ事ヲ依頼シタリ、其外断片的談話トシテハ今ヤ腕ト脚トノ運動ヲ為スヘキ時代ナリ決死ノ士二三十人モアラハ革命ハ成功スヘシ革命實行ノ際ハ大逆罪ヲ行ヒ貴族ヲ倒サヽルヲ得ス抔ト

申シタルコトアル旨ノ供述
被告幸徳傳次郎ノ豫審調書中明治四十一年十一月平民社ニ於テ大石誠之助ニ對シ近来政府ノ迫害甚シキヲ以テ決死ノ士五十人計アラハ爆裂彈其他ノ武器ヲ與ヘ暴力革命ヲ起シ諸官衙ヲ焼拂ヒ富豪ノ財ヲ掠奪シ餘力アレハ二重橋ニ迫リ番兵ヲ追拂ヒ皇居ニ侵入シテ大逆罪ヲ敢行セント計画シ居ル旨ヲ告ケ且豫メ決死ノ士ヲ見付置呉ルヘキコトヲ委嘱シ大石ノ同意ヲ得タリ而シテ大石ニ話シタル丈ノコトハ松尾卯一太ニモ話シ其同意ヲ得タル旨ノ供述
證人志賀連ノ豫審調書中坂本清馬カ来熊後熊本市ニ演説會ヲ開キタルコトアリシカ忽チ解散ヲ命セラレタリ、其頃松尾卯一太カ評論社内ニ於テ誰ニ語ルトモナク「モウ遣ツ付ネハナラヌ親王ヲ遣ツ付ケネハナラヌ」ト憤慨ノ体ニテ申シタルヲ両三度聞キタルコトアル旨ノ供述
證人髙宮傳次郎ノ豫審調書中證人カ職務上坂本清馬ニ尾行中或日松尾卯一太宅ニ於テ松尾ト坂本ノ對話中坂本ハ「ドウセヤルナラ早クヤツタカヨイ天皇モ糞モアツタモノテナイ」ト云ヒ松尾ハ「天皇モ五臓六腑ヲ備ヘタ同シ人間タカラネー」ト申シタルヲ聴キタルコトアル旨ノ供述
被告新美卯一郎ノ豫審調書中被告ハ明治四十年六月中松尾卯一太等ト共ニ熊本市ニ熊本評論ヲ起シ其編纂事務ニ從事シタリ、同評論ハ元一定ノ主義アリテ設ケタルモノニアラサルモ漸次社會主義ノ臭味ヲ帯ヒ明治四十一年五六月頃ヨリ無政府共産主義ヲ鼓吹スルコト、ナリ被告モ亦其渦中ニ入リ遂ニ同主義ニ感染シタリ其頃熊本評論社ニ於テ佐々木道元ニ對シ社會主義ノ研究ヲ勧メ新紀元ト題スル雑誌ヲ與ヘタリ押収第一號ノ三六三ハ被告ヨリ幸徳ニ對シ無政府共産主義ノ説明ヲ求メタルニ幸徳ヨリ被告ニ送致シ

タル返書ナリ、其書面ニ依レハ政府カ無政府共産ノ實行ヲ妨クルニ於テハ暴力ヲ以テ之ニ抵抗スルモ亦主義傳道ノ一種ナリト説明セリ、被告ハ其書面ヲ受領シタル當時ハ未タ革命思想ヲ懷抱シ居ラサリシモ熊本評論ノ廢刊前後ニ在テハ暴力革命ヲ期待スルニ至リタリ、明治四十一年八月初旬出京シテ一ケ月計滞在シ其間赤旗事件ノ公判ヲ傍聴シ幸德ヲモ訪問シタリ同公判ニ於テ各被告カ飾ラス偽ラス堂々ト熱烈ニ辯シタルニハ大ニ快感ヲ生シタリ、明治四十一年九月中熊本評論ノ發刊禁止ヲ命セラル丶前後ニ在テハ松尾ハ時々革命成就ノ後ハ皇室ハ自然ナクナル旨ヲ語リ被告モ亦皇室ヲ始メ貴族富豪ハ勞セスシテ栄耀ヲ為シ無意味ニ尊敬ヲ受居リテ無政府主義者ノ怨敵ナレハ革命實行ノ暁ニハ各權力階級ヲ打破スヘキモノト考ヘ居タリ、明治四十一年十二月中松尾ハ被告ニ對シ先般出京ノ際幸德ハ今ヤ新聞雑誌等ニテ社會主義ノ目的ヲ達シ得ヘキ時ニアラス熱烈ナル同志ヲ募リ暴力革命ヲ起ス考ナルヲ以テ意思堅固ノ人物ヲ見付置呉ルヘシトノ依頼ヲ受タリト申シタリ其際被告ハ松尾ニ對シ熊本ノ如キ狹キ場所ニテ人物ヲ募ルコトハ困難ナルヘキ旨申シタル様ニ記憶ス、明治四十二年三月中被告ハ松尾方ニ於テ飛松與次郎ニ對シ君モ名ヲ揚ケント欲セハ革命運動ニ加入ス可シト勧誘シタルコトアルニ相違ナシ、仝年十一月中松尾カ入監ノ際松尾ニ向ヒ君カ出獄スル頃ニハ赤旗事件ノ連中モ出獄スヘキ旨申シタルコトハ相違ナキモ赤旗事件ノ連中カ出獄スルヲ待テ革命ヲ起ス考ヲ以テ申シタルモノニアラス只松尾ヲ慰メタルニ外ナラサルナリ、松尾ハ熊本評論發行禁止ノ後ハ常ニ傳道ノ時期ハ過キテ革命實行ノ時代ナリ腕ト脚トノ運動ヲ要ス革命ヲ實行スルトキハ皇室ヲ倒サヽル可ラスナト過激ノ談話ヲ為シ居タルカ明治四十一年十一月中出京シテ幸德ト會談シタル以来ハ一層其信念ヲ堅クシ激烈ナル事ヲ申シ居タル旨ノ供述證人奥村一馬ノ豫審調書中明治四十二年十一月中松尾卯一太カ熊本監獄ニ入監スル際同市塩屋町今金ト稱スル旅館ニ於テ酒宴ヲ催シタルカ其席上ニ於テ松尾ハ新美卯一郎ニ對シ個人傳道ヲ為シ呉ルヘシト云ヒ新美ハ松尾ニ對シ君カ出獄スル頃ハ赤旗事件ノ被告人等モ出獄ス可ケレハ共ニ事ヲ擧ケント申シタルヲ聴キタル旨ノ供述

被告佐々木道元ノ豫審調書中被告ハ明治四十一年五月頃熊本評論社ニ於テ新美卯一郎ヨリ社會主義ノ研究ヲ勧メラレ其際新美ハ新紀元ト題スル雑誌ヲ貸シ呉レタリ、再後松尾卯一太坂本清馬等トモ交際ヲ為シ明治四十二年一月頃ヨリハ無政府共産主義ヲ奉スルニ至リタリ、明治四十一年五月以来坂本ヨリ今後食物ニ原因シテ暴動カ起ルヘキニ付其機ニ乘シテ革命ヲ起シ作者被作者ノ権力階級ヲ打破シ自由合意ノ社會ヲ建設セサル可ラストノ話ヲ聴キ松尾新美等ヨリモ両三度仝様ノ談話ヲ聞キタルコトアリ、松尾ハ明治四十一年十一月ニ出京シ十二月ニ帰郷シタリ其當時ハ改メテ革命談ヲ為シタルコトナキモ同人ハ出京前ヨリ今ハ言論ヤ文章ノ時代ニアラス腕ト脚トヲ以テ革命ヲ實行スヘキ時代ナリト申シ居タルカ東京ヨリ帰リタル後ハ一層其信念カ強クナリタル様ニ感シタリ、明治四十二年二月頃松尾ハ評論社ニ於テ國家ハ無政府主義ト相容レサルヲ以テ決死ノ士ヲ募リ現社會ヲ根本的ニ覆サヽルヲ得スト申シタルコトアリ又同年三月中飛松與次郎ト被告トニ對シ評論社ノ名刺ヲ作リ地方ヲ遊説シテ同志ヲ作リ置ケト申シタルコトアリ故ニ松尾ハ決死ノ士ヲ集メ現社會ヲ根本的ニ覆シ無政府共産ノ狀態ヲ現出セシムル為メ暴力革命ヲ起ス考ナラント想像シタリ、平民評論發行ノ前後ナリシカ被告ハ松尾ニ對シ革命實行ノ際ニハ皇室ヲ如何ニ處置スヘキカト質問シタルニ松尾ハ皇室ノ事ハ言ハストモ判リ居ルト申シタル故被告ハ皇室ヲ倒ス考ナラント推察シタリ、又其頃松尾ハ平民評論社ニ於テ死刑ヲ恐レサル者二三十人モアラハ革命ハ成就スヘシ、「ガボン」カ自由ヲ得ンカ為ニ宮中ニ打入リタルハ痛快ナリ、貴族ヤ富豪ハ労働セスシテ栄耀栄華ヲ為ス無用ノ長物ナレハ革命ノ暁ニハ之ヲ倒サヽルヲ得スナトノ咄シ居タリ、之カ為メ被告モ一時ハ無政府共産主義ニ熱中シ畏レ多キコトナカラ革命實行ノ時ニ至リ至尊ニ於テ其位ヲ去ルコトヲ拒マルヽニ於テハ大逆罪ヲモ敢テスル考ヲ懐キタルコトアリ、明治四十二年一二月頃松尾宅ニ於テ新美ハ被告ニ對シ今ハ實行ノ時代ニシテ言論ノ時代ニアラス就テハ熱烈ナル同志ノ必要アルヲ以テ君モ同志ノ募集ニ盡力シ呉ルヘキ旨両三回モ頼ミタルコトアリ、暴力革命ヲ起ス時期ニ付別ニ話ヲ聞キタルコトナキモ松尾ノ入監ヲ見送リタル時新美ハ松尾ニ向ヒ「君カ出獄スル頃ハ赤旗事件ノ人モ出テ来ルカラネ」ト申シタルヲ聞キタルコトアル旨ノ供述

被告飛松與次郎ノ豫審調書中被告ハ明治四十二年三月中新美卯一郎ノ勧誘ニ因リ平民評論ノ編輯兼發行人ト為リタリ、平民評論ハ無政府共産主義ノ機関トシテ發刊シタルモノニシテ貧富ノ懸隔及社會ノ階級ヲ打破シ作者被作者ノ関係ヲ否認スルヲ以テ其主義ト為セリ、被告カ無政府共産主義ニ熱中シタルハ明治四十二年三月入社以来ニシテ同月末ニハ既ニ其熱ハ冷却シ居タリ、明治四十二年三月上旬平民評論ノ發行前ナリト思フ松尾ハ編輯室ニ於テ被告ト佐々木道元ニ對シ今ハ言論ヤ新聞ニテ目的ヲ達シ得ヘキ時ニアラス決死ノ士ヲ募リ暴力革命ヲ起スノ必要アルニ付キ君等モ革命ノ實行員ニ加ハリ且讀者名簿ニ因リ購讀者ヲ訪問シ意思堅固ノ人物ヲ募リ置クヘシト申シ吾々両人トモ之ヲ承諾シタルコトアリ、平民評論ハ第一號ノ發送ニ先チ差押ヲ受タルヨリ松尾ハ非常ニ憤慨シ今ハ傳道ノ時代ニアラス腕ト脚トノ運動

ヲ為シ露西亜的ノ革命ヲ實行セサル可ラス死刑ヲ恐レサル者二三十人モアラハ革命ハ成功ス可キニ依リ君等モ革命ノ實行者ト為リ同志ヲ募集ス可シト申シ新美モ被告モ之ニ同意シタリ、仝年三月上旬平民評論社ニ於テ新美ハ被告ニ對シ名ヲ揚ント思ハヽ革命ニ加入ス可シト勧メタルコトアリ、或時新美佐々木等カ活動寫眞ニテ女カ馬車ニ向テ爆裂彈ヲ投付ル所ヲ見テ革命ノ時ニハ爆裂彈ノ必要アリト話シタルヲ聞キタルコトアリ、仝年八月中松尾方縁側ニ於テ納涼ノ際坂本清馬ハ決死ノ士二三十人モアラハ二重橋ヨリ侵入シ大逆ヲ行ヒ革命ヲ起スコトヲ得可シト申シ其席ニハ松尾夫婦德永五松モ居リタルカ松尾モ坂本ト同意見ノ様ニ見受ケラレタリ、坂本ニ具体的成案アリシモノナルヤ否判カラサルモ常ニ二重橋ニ侵入スルトカ爆裂彈ヲ以テ大逆ヲ行フナト、激烈ナル言語ヲ用ヒ或時坂本ハ德永五松ニ向ヒ露國ノ「ガボン」ノ如ク貴方カ白髪頭ヲ振立テ二重橋ニ乘込ムニ於テハ同志ハ續々進ムナラント申シタルコトアリ、被告モ一時ハ危激ナル無政府共産主義ニ感染シ如何ナル迫害ヲ受ルモ主義ヲ貫徹ス可ク且主義ノ為メニハ大逆ヲモ敢テセントノ決心ヲ為シタルコトアリ被告ハ改メテ松尾等ニ對シ其決意ヲ表白シタルコトナキモ大逆罪ヲ行フコトハ主義者間ニハ暗々裡ニ通謀ノ出来居ルモノト信シ居タリ、被告ハ松尾ヨリ赤旗事件ニ於ル公判ノ模様ヲ聞キ非常ニ感奮シ自ラ革命家トナリ大逆ヲ行ハンカトノ勧念ヲ起シタリ、松尾新美等ハ常ニ皇室ヲ軽侮シ居リタルカ新美ハ曽テ閑院宮殿下御来熊ノ時「アンナ者カ何タ」ト申シタルコトアリ、或時松尾ハ被告等ニ對シ東京ノ幸德ヤ紀州ノ大石等ト共ニ事ヲ擧ル考ナリト申シ其事ヲ擧ルニ付具体的成案アリシヤ否知ル能ハサルモ赤旗事件ノ連中カ出獄スルモ直チニ運動ニ着手スルハ得策ニアラス少シク警戒ノ緩ミタル時ヲ得サル可ラスト申シ新美モ亦松尾カ入獄ノ際君カ出獄スル頃ハ赤旗事件ノ連中モ出獄スルニ付キ共ニ事ヲ擧ル様ニスヘキ旨申シ居タリ松尾カ玉名郡豊水村ニ帰リタル後ノ事ナリシカ或時松尾ハ「蕎麦ヲ食フニハ三角《ミカド》ヲ潰サネハナラヌ我々ノ幸福ヲ得ルニハ皇帝《ミカド》ヲ潰サネハナラヌ」又「王ノ頭ニ釘ヲ打テハ主トナル」抔ト申シ暗ニ主義ノ為メニハ大逆ヲ行フノ必要アルコトヲ勧説シ居タリ被告ハ松尾新美佐々木等ト共ニ大逆罪ヲ犯ス陰謀ヲ為シタルコトハ相違ナキモ今ハ全ク其非ヲ悔悟シ居ル者ノ供述

第四第五及第六ノ事実ハ被告内山愚童ノ豫審調書中被告ハ明治三十七年頃ヨリ社會主義ノ研究ヲ始メ漸次無政府共産主義ニ傾キタルカ明治四十一年六月中赤旗事件ノ被告等ニ同情ヲ寄テ以来無政府共産主義ヲ実行セントノ考ヘヲ起シタリ被告カ便所ノ戸ニ皇儲ノ画像ヲ貼付タルハ相違ナキモ全ク不注意ニ出タルモノナリ、明治四十一年八月十二日幸徳傳次郎ハ土佐國ヨリ出京ノ途次被告ノ住所ナル箱根林泉寺ニ立寄リ二日間滞在シタリ其際幸徳ハ赤旗事件ニ對スル警察官ノ行動ハ非常ノ乱暴ニテ我々主義者ヨリ多大ナル犠牲ヲ出シタルニ付同志ノ為メ大ニ報復ヲ為サ、ル可ラス今日ハ已ニ筆舌ヲ弄シテ主義ノ傳道ヲ為スヘキ時ニアラス暴力ヲ以テ革命ヲ起スヘキノ時ナリト云ヒ暗ニ被告ノ同意ヲ求メタリ当時被告ニ於テモ無政府主義ノ為メ献身的運動ヲ為サント考ヘ居タル時ナルニ付幸徳ノ暴力革命説ニハ敢テ不同意ニハアラサリシモ被告ハ先ツ秘密出版ニ因テ主義ノ傳道ヲ為シ多數ノ同志ヲ募ルヲ以テ急務ナリト思ヒ既ニ印刷器械ヲモ求メ居リタルヲ以テ幸徳ニ其旨ヲ告ケ且ツ暴力革命ハ到底免ル可ラサルコト、信シ居ルモ今日革命ヲ起サントスルハ時期尚ホ早カルヘシトノ意見ヲ述ヘタリ、幸徳ニ於テモ被告ノ秘密出版説ニ反對セサルノミナラス彼亦其飜訳ニ係ル「ペートル、クロポトキン」著麵麭ノ略取ノ原稿ヲ所持シ其出版ヲ急キ居リタル所ニ因レハ筆舌ノ傳道ヲ以テ全ク不用ナリト為スモノニアラス、被告ハ明治四十一年九月中巣鴨ノ平民社ニ幸徳ヲ訪問シ先般箱根林泉寺ニ来訪セラレタル時大畧麵麭ノ畧取ノ原稿ヲ讀ミタルニ平民階級カ権力階級ニ打勝タル暁ノ社會組織ヲ書キタルノミニシテ其之ニ打勝ツヘキ手段即チ革命運動ノ方法ヲ説明セス「クロポトキン」ハ其方法ニ付如何ナル説ヲ懐抱シ居ルヤヲ質問シタルニ幸徳ハ洋書ヲ開キ其中ヲ所々口訳シテ暴力革命ノ機運ハ既ニ天下ニ充満シ居ルヲ以テ今日革命運動ヲ起スハ水ノ中ニテ火ヲ焚クカ如キモノニアラス既ニ火ノ氣ハ見ヘ居ルカ故ニ只導火線ト為リテ之ニ火ヲ移スヘキ先覺者アルヲ要スルノミ革命ハ傳染質ヲ有スルモノナルヲ以テ先覺者カ其功ヲ度外ニ置キ無名ノ基礎ト為リテ革命ノ端緒ヲ開クニ於テハ遂ニハ其成功ヲ見ルニ至ルモノナリ而シテ其実行方法トシテハ或ハ交通機関ヲ破壊シ或ハ権力階級ニ向テ総攻撃ヲ為スコトモアル可シト答ヘタリ、被告ハ明治四十一年十月中無政府共産入獄紀念ト題スル小冊子ヲ作リ千冊計リノ秘密出版ヲ為シ森近運平ヨリ大阪平民新聞ノ購讀者中其主ナル者ノ氏名ヲ聞キ十冊二十冊又ハ五十冊ツ、ヲ送付シタリ、明治四十二年一月十四日幸徳ヲ訪ヒタル際坂本清馬ヨリ幸徳カ爆裂彈ノ図ヲ所持シ居ルコトヲ聞キ之ヲ借覧シタルニ歐字新聞ノ切抜カ口絵ノ様ノモノ三枚アリテ其一枚ハ擲彈ノ図他ノ一枚ハ鞄ニ電氣仕掛ノ時計カ入リ居ル図其他ノ一枚ハ花束ノ図ナリシカ何レモ爆裂彈ヲ仕掛アルトノ話ナリシ其時坂本ハ斯ノ如キ爆裂彈ヲ造リ権力階級ノ当路者タル警視総監ヤ内務大臣ヲ暗殺セサル可ラスト放言シタルニ依リ被告ハ清馬ニ對シ同シ暗殺ヲ遣ルナレハ忰ヲ斃ス方効力多大ナラント申シタリ、翌十五日柏木ニ管野スカヲ訪問シタルニ管野ハ爆裂彈サヘアラハ何時ニテモ起ツテ暴力革命ヲ実行スヘキ旨申出タルヲ以テ被告ハ管野ニ對シ自分ハ坑夫ヨリ「ダイナマイト」ヲ預リ居ルモ革命ノ用ニ供シ得ヘキモノニアラス併シ爆裂弾ノ研究位ニハ使用セラルヘキカト申シタルコトアリ然レ𪜈敢テ賛成ノ意見ヲ述ヘタルモノニアラス、其翌十六日東京ヲ出發シ横濱ノ曙會ニ田中佐市ヲ訪問シタルニ新年宴会ヲ催ス所ナリト申シテ金子新太郎吉田只次モ来リ居タリ、被告ハ其席ニ於テ佐市等ニ對シ東京ノ同志ハ何レモ政府ノ迫害甚シキヲ憤慨シ居リ且幸徳ハ病氣ニテ餘命幾何モ無ケレハトテ今ニモ暴力革命ヲ起サント決心シ居レリ、東京ニ事アレハ横濱ハ直チニ起テ之ニ應援セサル可ラサル地位ニアリ、東京ノ幸徳紀州ノ大石等ハ当時爆裂弾ノ研究中ナリ当地ニモ花火ノ爆發シタルコトヲ聞及ヒタルカ今モ尚ホ其花火屋アルヤト問ヒ尚ホ東京ノ平民社ニ爆裂弾ノ図ノ在リシコトヲモ話シ又東京ヲ孤立セシムルニハ碓氷箱根ノ隧道及古河ノ鐵橋ヲ破壊セサル可ラサルコトヲ説キ且ツ其際大逆ヲ行ハンヨリ寧ロ皇儲ヲ斃ス方事容易ニシテ効力ハ却テ多大ナラント語リタルニ田中等ハ階級戰争ハ到底避ク可ラサルコトナラント申シ居タリ、同年四月十六日越前永平寺ニ到ル途次名古屋ニ石巻良夫ヲ訪問シ先ツ名古屋地方ニ於ル同志ノ状況ヲ聴キタル後東京ニテハ政府ノ迫害甚シキ為メ幸徳菅野等ハ暴力革命ヲ起ス計画中ニテ紀州ノ大石モ幸徳等ノ計画ニ同意シ大阪ノ同志ハ大石ト連絡シテ其計画ニ加入シ居レリ、幸徳ノ宅ニハ外國ヨリ来リタル爆裂弾ノ図アリ横濱ノ曙會ヤ紀州ノ大石等モ爆裂彈ノ研究中ナリ幸徳管野等ハ爆裂彈アラハ何時ニテモ革命ヲ起ス旨申居タリ併シ被告ニ於テハ今度革命ヲ起スニ当テハ大逆ヲ行ハンヨリモ寧ロ皇儲ヲ斃ス方得策ナラント思フ旨ヲ述ヘ当地方ニ於ケル同志ノ決心如何ト問ヒタルニ石巻ハ熟考ノ後ニアラサレハ返答シ難キ旨申シタルヲ以テ到底革命ノ実行ニ加ハル可キ人ニアラスト推量シ其餘ヲ語ラサリシ、同年五月二十一日大阪ニ到リ武田九平ヲ訪問シ武田及三浦安太郎ニ對シ東京ノ同志等ハ何レモ政府ノ迫害ニ憤慨シ殊ニ幸徳管野ハ病気ニテ餘命幾何モナキヲ知リ爆裂彈アラハ何時ニテモ運動ニ着手スル旨申シ居タリ、幸徳ノ宅ニハ外國ヨリ爆裂彈ノ図カ来テ居リ横濱ノ曙會ヤ紀州ノ大石等ハ爆裂彈ノ研究中ナリ一ケ所ニ五六十人決死ノ士アラハ事ヲ起スニ足ルヘシ被告ノ考ニテハ今度革命ヲ起スニ当リテハ大逆ヲ犯スヨリモ寧ロ皇儲ヲ害スル方得策ナラント説タルニ三浦ハ被告ニ對シ自分カ主義ノ為メニ死ヲ決シ居ルコトハ既ニ同志者ニモ話置タル旨申シ居リタルヲ以テ被告ノ提議ニ賛成シタルモノト思ハレ武田モ亦其際爆裂彈ヲ研究スルノ必要ナルコトヲ説キ居タルヲ以テ無論被告ノ提議ニ同意シタルモノト思ハレタリ、其翌廿二日神戸ノ海民病院ニ岡林寅松小松丑治ノ両人ヲ訪問シ被告ハ横濱名古屋大阪ニ於テ説キタル如ク東京ニテハ政府ノ迫害甚シクシテ何事ヲモ為ス能ハス幸徳管野等ハ爆裂彈アラハ何時ニテモ革命ヲ起スヘキ旨申シ居タリ、一ケ所ニ五六十人ノ決死者アラハ革命ヲ起スコト容易ナリ当地ト大阪トハ横濱ノ東京ニ於ケルカ如ク大阪ニ事アラハ直チニ起テ之ニ應セサル可ラス今度革命ヲ起ス時ハ大逆ヲ犯サンヨリ寧ロ皇儲ヲ害スル方事容易ニシテ効果ハ却テ多大ナラント思フ而シテ同志カ革命ヲ為スニハ各其職業ニ因テ分担ヲ定メサル可ラス君等ハ醫業ナルカ故ニ爆裂彈ヲ研究スルノ任務アリト説キタルニ岡林ハ最初被告ノ提議ヲ過激ナリトシテ反對ノ意見ヲ述タルモ被告ノ説明ヲ聞キ遂ニ暴力革命ノ必要ヲ悟リタルモノト思シク「夫レハソウダ」ト申シ居タリ又小松ニ於テモ別ニ反對ノ意見ヲ述ス殊ニ被告カ幸徳宅ニテ見タル爆裂彈ノ図ニ硫酸ノ文字カ記入シアリタルヲ以テ硫酸ニテ爆裂彈ヲ造リ得ルヤト尋ネタルニ岡林小松共ニ硫酸ニ「リスリン」ヲ容レハ爆裂彈ヲ製造シ得ル旨答ヘタルニ付小松モ亦被告ノ提議ニ同意シタルモノト思フ旨ノ供述及無政府共産入獄紀

念ト題スル小冊子ノ現在
被告管野スカノ豫審調書中明治四十二年一月十五日柏木ナル被告ノ寓所ニ於テ内山愚童ノ訪問ヲ受タルコトアリ其際被告ハ内山ニ對シ爆裂彈アラハ何時ニテモ身ヲ犧牲ニ供シ革命ヲ起ス可キ旨申述ヘタルニ内山モ亦革命ヲ起スノ必要アリト申シタル旨ノ供述
参考人金子新太郎ノ豫審調書中明治四十二年一月中内山愚童カ田中佐市方ニ来リタル時参考人モ同家ニ居合セタリ其際愚童カ為シタル談話ノ順序ハ記憶セサルモ今日ハ政府ノ迫害甚シキヲ以テ主義ノ傳道上秘密出版ヲ為スノ必要アルハ勿論手ト足ノ運動モ亦必要ナリ、幸徳傳次郎ハ病身ニテ餘命ノ長カラサルヲ知リ既ニ暴力革命ヲ起スノ決心ヲ為シ同志ノ内ニハ爆裂彈ノ製造ヲ研究シ居ル者アリ紀州ノ大石モ出京シテ幸徳ト運動上ノ相談ヲ為シ紀州ノ同志者ハ大阪ノ同志者ト連絡ヲ通シ居レリ日本全國ニ暴動ヲ起シ製造所ノ如キ生産力アル個所ヲ破壊スルニ於テハ主義者ニアラサル者モ暴動ニ加入シ来ルヲ以テ社會ノ秩序を壊乱シ得ルコト容易ナリ、交通機関ヲ破壊スレハ市街戰ヲ現出シ得可ク市街戰ト為レハ軍隊ノ力ハ恐ル、ニ足ラス但其交通機関ヤ工場ヲ破壊スルニハ爆裂彈ノ製造ヲ要ス露國ニテハ資本ヲ得ル為メニ汽車を襲撃スル趣ナレハ日本ニテモ之ニ倣ハサルヲ得ス暗殺ノ手初メトシテハ皇儲ニ對シ害ヲ加フルヲ可トス皇儲ヲ害スレハ至尊ハ喫驚シテ自ラ崩御スルノ結果ヲ生シ一擧両得ト云ハサル可ラス皇儲ノミナレハ自分一人ニテモ能ク暗殺ノ目的ヲ達シ得可シナド、勸説シ居タルモ田中ハ愚童ニ對シ人ハ各々信スル所ニ因テ何事ヲモ為シテ可ナリ吾々ノ如キ繫累多キ者ハ君ノ提說ニ同意スル能ハサル旨ノ答ヲ為シ参考人ハ愚童ノ述フル所ヲ聴キ怖シク感シタルノミナラス到底成功シ得ヘキコトニアラスト思ヒタルヲ

以テ賛否ノ意見ヲ述ヘサリシ旨ノ供述
参考人田中佐市ノ豫審調書中明治四十二年一月十四五日頃内山愚童ノ訪問ヲ受ケ金子新太郎吉田只次ト四名ニテ飲食シタルコトアリ其席ニ於テ愚童ハ東京ノ同志者カ生活ニ困難シ居ルコト幸徳カ政府ノ監視嚴重ナルヲ憤慨シ居ル事、秘密出版ヲ為サント思フモ資本ナキカ故ニ僧侶ナルヲ幸ヒ行脚傳道ヲ為サシト考ヘ居ル事、大石モ東京ニ出テ政府ノ迫害甚シキヲ憤慨シ居タル事、幸徳ヤ管野ハ病氣ニテ餘命幾何モナシトテ暴力革命ヲ企テ居ル事抔ヲ語リ尚ホ決死ノ士四五十人モアレハ隨分面白キ事カ出来ル、横濱ニハ決死ノ同志ナキカト問ヒ、武器トシテハ爆裂彈カ第一必要ナルカ横濱ニハ其研究ヲ為シ居ル者ナキヤト尋ネ其他交通機関ヲ破壊シ置ケハ市街戰カ始マルモ可ナリ皇儲ヲ害スレハ至尊ハ喫驚シテ自ラ崩御スルニ付一擧両得ナリト説キタルモ参考人ハ人ハ各々境遇モ能力モ異ナルヲ以テ事ヲ起スナレハ一人ニテ信スル所ヲ遣ルカ宜シト答ヘ愚童ノ提案ニ賛成シタルコトナキ旨ノ供述
證人石巻良夫ノ豫審調書中明治四十二年四月十六日午前九時頃内山愚童カ越前ノ永平寺ヘ往ク途中ナリト申シテ証人方ニ立寄リ近来政府ノ壓迫甚シク演説ヤ新聞ニテ主義ノ目的ヲ達シ得ル時ニアラサレハ吾々主義者ハ外國ノ例ニ傚ヒ爆裂彈ヲ以テ起サル可ラス横濱ノ曙會ニテハ爆裂彈ノ製造ヲ研究シ居レリ、紀州ノ大石モ出京シ幸徳ト共に種々計画ヲ為シ居ルノミナラス、大石ハ已ニ紀州大阪ニ於テ同志者ノ勧説ニ着手シ、大阪方面ニハ三四名ノ加入者アリ武田九平ノ如キ其一人ナリ、幸徳方ニハ外國ヨリ爆裂彈ノ見本カ着シ居リ、幸徳モ管野モ爆裂彈アラハ何時ニテモ革命ヲ起スト申シ居レリ、自分ハ暴力運動の手初メトシテハ皇儲ヲ害スルヲ以テ可ナリト信ス皇儲斃ルレハ至尊ハ自ラ崩御スルノ結果ヲ生シ一

擧両得ナリ、殊ニ皇儲ノミナレハ自分一人ニテモ能ク暗殺ノ目的ヲ遂ケ得可シ抔勧誘的談話ヲ為シタルモ證人ハ愚童ニ對シ社會ノ進歩ハ秩序ニ據ラサル可ラス秩序ヲ壊乱シテ社會ノ進歩スルモノニアラス自分ハ學理ニ因テ社會主義ヲ研究スルモノナル旨答ヘタルニ愚童ハ君ハ學理的ノ人間ナルコトヲ森近ヨリ聞居リタルカ洵ニ其通リナリト申シタル旨ノ供述

被告武田九平ノ豫審調書中明治四十年八月頃大阪平民新聞ノ印刷人ト為リ翌四十一年四月中日本平民新聞ト改題シタル後モ引續キ印刷人ト為リタリ、同年十一月三日幸徳傳次郎カ東京ヨリ郷里土佐ニ帰省ノ途次大阪ニ立寄リタルヲ以テ同志者相集リテ歓迎會ヲ開キタルコトアリ幸徳ハ其席上ニ於テ「バクーニン」ノ説ヲ援キ社會ノ進歩ハ科學労働及反抗ニ因テ得ラル、旨ノ演説ヲ為シタリ、同年五月頃ハ政府ノ迫害甚シク東北評論熊本評論等相尋テ發行ヲ禁止セラレ大阪平民新聞ニ於テモ到底發行ヲ継續シ能ハサル状態ト為リシ為メ主義者間ニハ多少革命思想ヲ懐抱スル者出シ被告等モ亦其頃ヨリ無政府共産主義ヲ鼓吹スルニ至リタリ、大阪平民社ノ會散後ハ被告宅ニ平民倶樂部ナルモノヲ設置シ同志者相會シテ主義ノ發展ヲ図ルコト、為セリ、明治四十一年十月頃入獄紀念無政府共産ト題スル小冊子數十部ノ送付ヲ受ケタリ同小冊子ニハ頗ル危激ノ文字ヲ羅列シアリタルヲ以テ平民倶樂部員タル三浦安太郎岡本頴一郎岩出金次郎佐山芳三郎等ニ一二部宛ヲ頒與シ其他ハ大石ノ意見ニ従ヒ悉皆焼キ棄タリ尤モ同小冊子ヲ坂梨春水ニ示シタルコトアル様ニ記憶ス、同年十一月二十九日大石誠之助カ東京ヨリ帰宅ノ途次大阪ニ立寄リタルヲ以テ同人ヲ村上旅館ニ訪問シタリ其際大石ヨリ幸徳ノ病ハ腸結核ニテ餘命幾何モナキコト及幸徳ハ富豪ノ米庫ヲ開キ貧民ヲ賑ハシ度旨申シ居ルトノコトヲ聞キタルニ相違ナキモ暴力革命ヲ起シ諸官

衙ヲ破壊スル抔申シタルヤ否ハ記憶ニ存セス、十二月一日村上旅館ニ茶話會ヲ開キタルカ大石ハ其席ニ於テ同志ヲ三四十人募ルトカ又ハ富豪ノ米庫ヲ破壊スルトカ若クハ警察ノ干渉甚シキヲ以テ赤旗事件ノ連中カ出獄スレハ同志ヲ集メテ運動スルトカ申シ居リタル様ニ記憶スルモ暴力革命ヲ起スコトニ付相談ヲ受ケタルコトナシ、同年五月中内山愚童ノ訪問ヲ受タルコトハ相違ナキモ其際内山カ被告等ニ對シ大逆罪ヲ行フコトハ警戒嚴重ニシテ容易ナラサルニ付比較的警戒ノ嚴重ナラサル皇儲ヲ害スルニ若カスト申シタルヤ否記憶ニ存セス又其時被告カ内山ニ對シ来ルヘキ革命ニハ爆裂彈ノ必要アルヲ以テ其製法ヲ研究シ置サル可ラスト申シタルコトナキ様ニ記憶ス其他内山カ幸徳管野等ハ爆裂彈アラハ何時ニテモ革命ヲ起スト申居ル旨ノ話ヲ聞キタルコトナシ要スルニ内山ハ何用アリテ吾々ヲ訪問シタルヤ了解ニ苦シミ居ルナリ、押収第一號ノ九四三即チ「近頃ロイテル電報ハ海外同志ノ活動ヲ報ス実ニ肉ヲドリ骨鳴ルノガイ有云々」トアル端書ハ被告ヨリ三浦安太郎ニ遣ハシタルモノニ相違ナキ旨ノ供述

被告岡本頴一郎ノ豫審調書中被告ハ東京及大阪ニテ發刊シタル平民新聞ヲ購讀シ居タルカ明治四十年六七月頃大阪平民社ノ茶話會ニ臨ミ森近運平ヨリ西川光次郎ヤ片山潜等ノ唱フル議會政策ハ到底実行セラルヘキモノニアラサレハ寧ロ幸徳秋水ノ唱フル無政府共産主義ヲ実行スルニ若カス而シテ之ヲ実行スル手段トシテハ直接行動ト称シテ労働者カ團結シテ同盟罷工ヲ為スヲ最良策トスル旨ノ説明ヲ聞キ其頃ヨリ無政府共産主義ヲ奉スルニ至リタリ、同年十一月三日幸徳傳次郎ノ歓迎會ニ出席シタリ其際幸徳ハ森近ノ歓迎ノ辞ニ對シテ簡單ナル挨拶ヲ為シ二三列席者ノ感想談ヲ聞キタル後再ヒ起立シテ諸君ノ述フル如キ悲惨ノ状態ハ社會組織ノ欠陥ヨリ生スルモノナリトテ「バクーニン」ノ説ヲ援キ近世ノ文明ハ第

一科学ノ進歩第二労働者ノ生産力第三反抗心ニ因テ得タルモノナリ然ルニ我日本ニ於テハ其反抗心ノ充分ナラサル為メ一般労働者カ文明ノ恵澤ニ浴スル能ハサルモノナレハ将来ハ大ニ反抗心ヲ養成セサル可ラサル旨ヲ説明シタリ、明治四十一年九月中森近運平ノ出獄歓迎會ヲ兼平民倶樂部ニ茶話會ヲ開キタルコトハ相違ナキモ被告ハ其席ニ於テ天皇ハ尊敬ス可キモノニアラス木像ナラハ只拝ムヲ以テ足ル贅澤ナル生活費ヲ要スルモノニアラス抔ト申シタルコトナシ、被告ノ手帖（押収第一号ノ五一一二）ニ「汝等ノ所領ニシテ足ラサルカ天子ノ領ヲ奪フ可シ生ケル天子ハ世ノ費民ノ妨ナリ必ス天子ヲ要センカ木像カ銀像ニテ事足レリ」トアルハ明治四十二年七八月頃竹越與三郎著二千五百年史中高師直ノ言ヲ書留置キタルモノニシテ茶話會ノ當時ハ知ラサリシモノナリ、明治四十一年十二月一日岩出金次郎ヨリ紀州ノ大石誠之助カ来阪シタルニ因リ武田九平宅ニテ茶話會ヲ開ク旨ノ通知アリタルヲ以テ武田方ニ行キタリ然ルニ武田ハ大石ヲ旅館ニ訪ハントテ申セシニ付村上旅館ニ同伴シ更ニ大石ニ誘ハレ牛肉店新門亭ニ行キ尋テ茶話會ヲ村上旅館ニ開キタルカ其席ニ集マリタルハ武田九平三浦安太郎岩出金次郎佐山芳三郎及被告ノ五名ナリ大石ハ其席ニ於テ幸徳ハ病気ノ為メ餘命幾何モ無キ身ナレハ花々敷事ヲ為ス考ナルモ当時赤旗事件ニテ肝要ノ人間ハ皆入獄シ居ルヲ以テ其出獄ノ後ニアラサレハ運動ニ着手スル能ハス兎ニ角主義者ハ深ク修養ヲ為シ且ツ秘密出版ヲ為シテ同志ニ須タサル可ラス抔申居リタル旨ノ談話ハ聞キタルモ何等具体的計畫アルコトヲ聞カス従テ大石ノ談話ニ對シ何人モ賛否ノ意見ヲ述ヘタル者ナシ、同日武田方ニテ入獄紀念無政府共産ト題スル小冊子二部ヲ貰受ケ一讀シタルモ如何ナルコトヲ記載シアリシヤ記憶ニ存セス其小冊子ハ押収第一號ノ五一三ニ相違ナキ旨ノ供述証人坂梨春水ノ豫審調書中明治四十一年十月中大阪平民倶樂部ノ茶話會ニ於テ岡本頴一郎ハ近来政府ノ迫害甚シク新聞ヤ雜誌ニ因テ廣ク傳道スルコトハ困難ナルニ付キ現在ノ少數者ヲ深ク傳道セサル可ラスト申シタルコトアリ證人ノ手帖（押収第一号ノ一六一二）ニ「天皇ハ難有無イ神佛木像ノ如キモノナラハ贅澤ナ生活費ハ不必要云々」ト記載シアルハ證人ノ案出シタルモノニアラス前述茶話會ノ席上ニ於テ福田武三郎カ爆裂彈ヲ以テ大逆ヲ行ハント提言シ武田九平ハ桂ノ首ヲ取ルニ如カスト放言シ其後武田岡本等カ為シタル談話ノ中ニ手帖記載ノ如キ言語ヲ用ヒタル者アリシヲ以テ書留置キタルモノナリ、同年十一月中武田方ヲ訪問シタル際入獄紀念無政府共産ト題スル小冊子ヲ示サレタルコトアル旨ノ供述

被告三浦安太郎ノ豫審調書中被告ハ明治四十年夏頃ヨリ無政府共産主義ヲ奉スルニ至リタリ同年十一月三日大阪平民社ニ於テ幸德傳次郎ノ歡迎會ヲ開キタルニ幸德ハ其席上ニ於テ社會ハ科學ノ進歩勞働ノ発達及ヒ反抗心ニ因テ開拓セラルヘキモノナリ然ルニ今ノ世ハ科学ノ進歩ト労働ノ発達ハ充分ナルモ唯リ反抗心ニ乏シキ為メ文明ノ恵澤ヲ受ル能ハス今後ハ宜シク反抗心ヲ養成セサル可ラスト説キタルモ其手段方法ニ付テハ何等ノ説明ヲ為サス、明治四十一年二月中岡本頴一郎等ト共ニ大阪市北区老松町辺ニ於テ労働者ト題スル印刷物ヲ配布スル際刑事巡査ト葛藤ヲ生シタル事アリ被告ハ其時印刷物ヲ投棄テ一二丁逃出シタルニ岡本ハ被告ニ対シ貴様ハ平生大言壯語ヲ吐キナカラ何故逃出シタルヤ吾輩ハ平生大言壯語ハ為ササルモイザト云フ場合ニハ暴動ナリ暗殺ナリ一揆ナリ沈黙ノ間ニ遣ルト申シタルコトアリ岡本ハ非常ニ過激ナル男ナリ、仝年十二月一日大石誠之助ノ来阪ニ際シ仝人ノ宿所ナル村上旅舘ニ於テ茶話會ヲ開キタルカ大石ハ其席上ニ於テ幸德ハ病氣ニ苦シミ居ルヲ以テ或ハ憤死スルヤモ知ル可ラス政府ハ

陰険ノ手段ヲ以テ主義者ニ迫害ヲ加フルニ付注意セサル可ラス又実際ノ運動ニハ赤旗事件ノ同志カ出獄ノ後ニアラサレハ着手スル能ハサルモ先ツ夫マテハ修養ヲ必要トスル旨ノ談話ヲ為シタルモ何等具体的革命談ヲ聞キタルコトナシ尤モ被告ハ少シク遅参シタルヲ以テ其前如何ナル談話アリタルカヲ知ラス、其頃武田九平ヨリ入獄紀念無政府共産ト題スル小冊子二部ヲ貰受ケ其一部ハ田中泰ニ送付シ更ニ相坂信ニ轉送セシメ他ノ一部ハ此度押收セラレタリ同冊子ニハ危激ノ文字ヲ羅列シアリタルモ田中ヤ相坂ハ珍シキ書籍アラハ送リ呉ルヘキ旨申シ居リタルヲ以テ送付シタルモノナリ、明治四十二年五月中武田九平宅ニ於テ内山愚童ニ面會シタルコトハ相違ナシ其際被告ハ愚童ニ對シ自分ハ係累アリテ主義ノ為メ表面ニ立チ運動スル能ハサルモ係累ノ無クナリタル以上ハ主義ノ為メ身ヲ犠牲ニ供スル考ナリト申シタルニ愚童ハ必スシモ表面ニ立チ運動ヲ為スノ必要ナシ主義ノ運動ニハ金銭其他ニ付裏面ノ後援ヲ必要トスル旨答ヘタリ又被告ハ愚童ニ對シ外國ニテハ社會主義者カ大臣ヲ暗殺シタル事例アリ外國人ハ中々勇敢ナリト申シタルニ愚童ハ吾國ニ於テハ皇儲ヲ斃スニ若カス皇儲カ斃ルレハ至尊ハ喫驚シテ自ラ崩御スルノ結果ヲ生ス可キ旨ヲ説キ革命ノ際ハ皇儲ニ對シ危害ヲ加フヘキ意思ヲ泄シタリ、尚ホ愚童ハ紀州ノ大石ヤ横濱ノ曙會ニテハ爆裂彈ノ製造ヲ研究シ居リ幸徳方ニハ外國ヨリ取寄セタル爆裂彈ノ圖アリ幸徳管野等ハ爆裂彈ノ製造成ラハ何時ニテモ革命ヲ起ス可キ旨申シテ居ル抔ト話シ其ヨリ天王寺ヘ同行シタルカ武田カ帰宅シタル後武田ニ對シテモ大体同様ノ事ヲ繰返シテ話シタル様ニ記憶ス、其際武田モ来ルヘキ革命ニハ爆裂彈ノ必要アルヲ以テ今ヨリ其研究ヲ為サヽル可ラスト申シ居タリ、被告ハ愚童ノ勸誘ニ依リ革命計画ニ同意シタルニアラサルモ明治四十二年夏頃爆裂彈ノ製法ヲ田中泰ニ聞合セタルコトハ相違ナシ被告ハ平素大言壮語ヲ為シ居ルヲ以テ何カ大事ヲ企テ居ルモノ、如ク思ハシメンカ為メ爆裂弾ノ製法ヲ問合セタルニ外ナラサル旨ノ供述

證人田中泰ノ豫審調書中明治四十一年五月中大阪平民社ニ茶話會ヲ開キタル際三浦安太郎ヤ福田武三郎等カ一擧爆裂彈ヲ以テ革命ヲ起サント放言シタルニ岡本頴一郎ハ自分ハ多クヲ語ラス夫位ノ事ハ沈黙ノ間ニ遣ルト申シタルコトアリ、明治四十二年五月中三浦安太郎ヨリ武田九平宅ニ於テ内山愚童ノ談話ヲ聞キタル旨通知シ来リタルコトアリ其書面ノ中ニハ近頃珍シキ人ニ逢タリトテ内山ヲ称賛シ内山ハ皇儲ニ對シ危害ヲ加フルハ事容易ニシテ其効果大ナル旨申シ居タリ、自分モ爆裂彈ノ研究ヲ為シ置度ニ付「ダイナマイト」ノ製法ヲ證人ノ父ヨリ聞取リ呉ルヘキ旨ヲ記載シアリタルモ證人ハ父ニ聞キタルモ教ヘ呉レサル旨ヲ葉書ニ認メ返事シタルコトアリ其端書ハ押收第一号ノ九一〇ニ相違ナシ又三浦ノ書面ニハ入獄紀念無政府共産ト題スル小冊子ヲ封入シアリテ證人カ讀ミタル後相坂火劔ニ轉送シ呉ル可キ旨記載シアリタルヲ以テ一閲ノ上相坂ニ送付シタル旨ノ供述

被告幸徳傳次郎ノ豫審調書中明治四十一年十一月中大石誠之助ニ對シ決死ノ士五十人計アラハ爆裂彈其他ノ武器ヲ與ヘ暴力革命ヲ起シ諸官衙ヲ焼拂ヒ富豪ノ財ヲ掠奪シ餘力アラハ二重橋ニ迫リ番兵ヲ追拂ヒ皇城ニ侵入シテ大逆ヲ行ハント計画シ居ル旨ヲ告ケ且其決死ノ士ヲ募リ呉ル可キコトヲ囑シ其承諾ヲ得タル旨ノ供述

被告大石誠之助ノ豫審調書中明治四十一年十一月中東京巣鴨ノ平民社ニ幸徳傳次郎ヲ訪問シ同人ノ病氣ヲ診察シタルニ腸間膜結核ニテ餘命幾何モアルマシク思ハレタリ其際幸徳ハ被告ニ對シ近来政府ノ迫害

甚シク到底筆舌ノ力ヲ以テ反抗シ得可キ時ニアラス決死ノ士五十人許アラハ爆裂彈其他ノ武器ヲ與ヘ貧民ヲ集メテ掠奪ヲ為サシメ諸官衙ヲ焼拂ヒ二重橋ニ迫リタキ計画ナレハ決死ノ士ヲ募リ呉ル可キ旨委囑セルヲ以テ被告ハ帰國ノ上同志ニ謀ルヘキ旨ヲ荅ヘ置キタリ、帰途大阪ニ立寄リ十二月一日村上旅舘ニ於ル茶話會ノ席ニ於テ武田九平岡本頴一郎三浦安太郎外二名ニ對シ幸徳ハ病氣ノ為メ神經過敏ニ陥リ政府ノ迫害甚シキヲ憤慨シ決死ノ士ヲ募リ暴力革命ヲ起シ諸官衙及富豪ノ倉庫ヲ破壊シ一時タリトモ社會ノ勢力ヲ占領スルハ無意義ニアラサル可シト申シ居ル旨ヲ告ケタルニ列席者ハ何レモ喜ンテ賛成ノ態度ヲ示シタル旨ノ供述

被告岡林寅松ノ豫審調書中日露戰爭前幸徳秋水堺枯川等カ非戰論ヲ唱ヘ萬朝報ヨリ分離シタルコトアリ其際被告ハ幸徳堺等ノ説ヲ是ナリト信シ之カ動機トナリテ社會主義ヲ奉スルニ至リタリ被告ハ明治三十九年夏頃小松丑治中村浅吉ト共同シテ赤旗ト題スル社會主義ノ雑誌ヲ發行セントシタルコトアリ、裏面ヲ赤色ト為シ危激ノ文字ヲ布置シタル私製端書（押収第一号ノ一〇五七）ハ明治三十八年若クハ翌三十九年ノ十二月中新年ニ使用スル考ニテ拵ヘ置キタルモノナリ、被告カ無政府共産主義ヲ奉スルニ至リタルハ明治三十九年ノ暮若クハ四十年ノ春頃ナラント記憶ス、明治四十一年十一月頃入獄紀念無政府共産ト題スル小冊子ノ送付ヲ受ケ中村浅吉ニ頒與シタルコトアリ、明治四十二年五月二十二日内山愚童ノ訪問ヲ受ケ小松丑治ト共ニ海民病院ノ二階ニ於テ面會シタリ其際内山ハ入獄紀念無政府共産ト題スル小冊子カ到着シタルヤ又何レニカ配布シタルヤト尋ネタルモ被告等ハ内山ノ作ナルコトヲ知ラサリシヲ以テ其小冊子ハ到着シタルモ餘リ危激ノ文字ヲ羅列シアリタルヲ以テ小松丑治中村浅吉及被告ノ三名ニ

テ讀ミタルノミニテ他ニ配布セスト荅ヘタリ次ニ内山ハ東京ニテハ同志ニ對スル政府ノ迫害甚シクシテ如何トモスル能ハス幸德及管野ハ病氣ノ為メ餘命幾何モ無ケレハトテ大ニ決スル所アルモノ、如シ當地ニテハ何カ計画ヲ為シ居ルヤ今ヤ暴力革命ヲ起ス可キノ時ナリ革命ヲ起スニハ先ツ皇室ヲ倒ササル可ラスト申シタルコトハ相違ナキモ被告ハ只幸德ヤ内山ノ理想ニシテ實行計画トハ思ハサリシカ故ニ贊否ノ意見ヲ述ヘス即カス離レスノ挨拶ヲ為シ置タリ、其際内山ハ爆裂彈ハ如何ナル藥品ヲ以テ製造スルヤヲ質問シタルニ付爆裂彈ニハ「リスリン」ヲ混入スル旨ヲ告タルニ相違ナシ「リスリン」ヲ使用スルコトハ丹波博士ノ化學ノ書籍ヲ見テ記憶シ居リタルモノナリ、内山ハ其用途ヲ明言セサリシモ被告ハ来ルヘキ革命ニ用ユルモノナラント想像シ居タリ、革命ノ用ニ供スルモノナリト想像シナカラ爆裂彈ノ製法ヲ教ヘタル点ヨリ観レハ革命ニ同意シタルモノノ如クナルモ全ク其様ナル考アリテ教ヘタルニアラサル旨ノ供述

被告小松丑治ノ豫審調書中被告ハ岡林寅松ト共ニ明治三十八年頃ヨリ神戸ニ平民倶樂部ナルモノヲ設ケ社會主義ノ研究ヲ為シ明治三十九年中岡林等ト共ニ赤旗ト題スル社會主義ノ機関雑誌ヲ發行スル計画ヲ為シタルコトアリ、明治四十年十一月三日大阪平民社ニ於テ幸德傳次郎ノ歓迎會ヲ開キ岡林及被告ニ対シテ案内アリタルモ両人同時ニ出席スル能ハサル事情アリテ被告ノミ出席シタリ、幸德ハ其席上ニ於テ世界ノ文明ニハ科學勞働及ヒ反抗心ノ三者ヲ必要トス然ルニ今日ハ科學ト勞働トハ進歩シ居ルモ獨リ反抗心ノ欠乏シ居ル為メ文明ノ恵澤ヲ受ル能ハス故ニ将来ハ反抗心ノ養成ニ努メサル可ラスト説明シタリ、明治四十一年暮若クハ四十二年春ナリト思フ入獄紀念無政府共産ト題スル小冊子三十部内外ノ送付

ヲ受タルコトアリ郵便ノ消印ハ東京ナリシモ差出人ハ不明ナリシカ同小冊子ニハ頗ル危激ナル事ヲ記載シアリタルヲ以テ同主義者ノ中村浅吉ニ一二部頒與シタルノミニテ他ハ一切配布セス、明治四十二年五月二十二日夢ノ橋ノ傍ニ於テ内山愚童ニ出會シタルヲ以テ海民病院ニ同道シ岡林ト三人ニテ談話を為シタリ其際内山ハ東京ノ同志ハ政府ノ迫害甚シク手モ足モ出ヌトテ憤慨シ居リ殊ニ幸徳ヤ管野ハ病身ニテ餘命幾何モ無ケレハトテ大ニ決スル所アルモノノ如シ今ヤ革命ヲ起スノ必要ニ迫マリ居レリ當方面ニテハ何カ運動方法ヲ研究シ居ルヤト申シ尚ホ内山ハ皇室ニ對シ危害ヲ加フル如キ意味ノ話ヲ為シタルコトハ記憶シ居ルモ大逆ヲ行フヨリモ皇儲を害スルヲ以テ得策ト為ス抔ト申シタルヤ否記憶ニ存セス其際内山ハ被告等ニ對シ爆裂彈ノ製法ヲ尋ネタルヲ以テ被告ハ硫酸ト「リスリン」ヲ配合スレハ出来ル旨ヲ荅ヘタルニ相違ナシ被告ハ其製法ヲ教ヘタル後ニ於テ革命ノ用ニ供スル為ナランカト感シタルモ其時ハ何心ナク教ヘタルモノナリ、内山ノ革命談ニ付テハ被告モ岡林モ別ニ反對ノ意見ヲ唱ヘサリシモ決シテ同意シタルニアラサル旨ノ供述

證人中村浅吉ノ豫審調書中明治四十一年十一月カ十二月ノ頃岡林ヨリ入獄紀念無政府共産ト題スル小冊子四部ヲ貰受タルコトアル旨ノ供述

第七ノ事實ハ

被告新田融ノ豫審調書中被告ハ明治四十二年三月中ヨリ長野縣東筑摩郡中川手村明科製材所ニ雇ハレ居リシカ同年六月中宮下太吉モ亦同製材所ニ来リタリ、宮下ハ我々職工ニ對シ或ハ社會ヲ無政府ト為スノ時機到来ス可キ旨ヲ説キ或ハ至尊ヲ敬崇スルハ迷信ナルコトヲ語リ居リタルモ大逆罪ヲ犯スト申スカ如

キ企アル旨ノ話ヲ聞キタルコトナシ、或時宮下ヨリ入獄紀念無政府共産ト題スル小冊子ヲ貰ヒタルニ付之ヲ一讀セルニ非常ナル乱暴ノ事ヲ記載シアリタリ、被告カ宮下ヨリ薬研ヲ預リタルコトハ相違ナキモ爆裂彈ヲ製造スル為メ雞冠石ヲ粉末ト為スノ情ヲ知リテ預リタルモノニアラス尤同年十月二十日宮下カ該薬研ヲ使用シ赤色ノ薬品ヲ卸スヲ見タルニ付其後宮下ニ對シ過日薬研ニテ卸シタル赤色ノ薬品ハ如何ナルモノナルカヲ尋ネタルニ該薬品ニ他ノ薬品ヲ調合スレハ爆發スル旨ヲ荅ヘタルヲ以テ宮下ハ定メテ爆裂彈ヲ造ルモノナラント想像シタリ、同年十二月中宮下ノ依頼ヲ受ケ押収第一号ノ一四四ノ如キ小鑵二個ヲ作リ又明治四十三年四月中同形ノ小鑵二十四個ヲ作リタルコトハ相違ナシ宮下ハ蚤捕粉ヲ容ルル為ナリト申シ居タルモ被告ハ東京ニ送リ爆裂彈ヲ造ルモノナラント推察シ居タリ、被告ニ於テ爆裂彈ヲ造ル為メノ鑵ナルコトヲ知リナカラ石田昇ヤ松田喜ノ助ノ質問ニ對シ蚤捕粉ヲ容ルル器ナリト荅ヘタルハ不注意ナルモ深キ意味アリテ荅ヘタルニアラサル旨ノ供述

被告宮下太吉カ最終ノ豫審調書中（廿一回）最初本件ハ新田融ノ密告ニ因テ發覚シタルモノト思ヒ憤慨ノ餘リ今回ノ計画ヲ新田ニ告ケタル旨ノ申立ヲ為シタルモ其後事實ヲ枉ケテハ宜シカラスト思ヒ直シ前申立ヲ取消シタリ然ルニ其後ノ取調ニ於テ新田ニ情ヲ告ケサル道理ナキ旨ノ訊問ヲ受ケ已ムヲ得ス新田モ今回ノ計画ヲ賛成シ居タル旨ノ申立ヲ為シタレトモ實際新田ニハ詳シキ事情ヲ打明タルモノニアラス實ハ此点ニ付テハ前回限豫審ノ取調ナキトキハ公判廷ニ於テ申立ノ訂正ヲ為シタキ心得ナリシ尤新田ニ對シ爆裂彈ヲ製造スル為メナルコト及其爆裂彈ハ赤旗事件ヨリモ今少シ烈シキ事ヲ起ス為メ東京ニ送ルモノナルコトヲ告ケ新田モ之ヲ承知シ居ルコトハ相違ナキモ新田ニ對シ大逆罪ヲ犯スコトヲ告ケタルコト

ナキハ眞實ナル旨ノ供述
證人石田昇ノ豫審調書中新田融ハ宮下太吉ノ依頼ヲ受ケ蚤捕粉ヲ容ル、鑵ヲ作ルト申シタル旨ノ供述
證人松田喜之助ノ豫審調書中新田融ハ宮下太吉ニ頼マレ蚤捕粉ヲ容ルル鑵ヲ造ルト申シ居タルモ宮下ハ常ニ爆裂彈ノ事ヲ話シ居リタルヲ以テ或ハ爆裂藥ヲ装塡ス可キ鑵ヲ作ルモノナラント想像シ居タル旨ノ供述

第八ノ事實ハ
被告新村善兵衛ノ豫審調書中被告ハ弟忠雄ヨリ社會主義ノ説明ヲ聽キ又同主義ニ関スル新聞書籍等ヲ讀ミタルコトアルハ相違ナキモ社會主義者ニアラス、弟忠雄ハ明治四十年頃ヨリ無政府共産主義ヲ鼓吹シ居タルカ明治四十二年九月中帰宅ノ際近来政府ノ迫害甚シキヲ以テ到底新機運ヲ開カサルヲ得ス併少数ノ人ニテ遣ル筈ナルニ付其實行ハ容易ニアラサル旨申居タリ其後十月初旬西村八重治ヨリ藥研借入ノ約束ヲ為シ置タルニ付之ヲ受取リ宮下太吉ニ送付シ呉ルヘキ旨端書ヲ以テ申越シタルニ付西村八重治方ニ到リ聞合セタルニ藥研ハ花火ヲ作ル為メ村ノ若者等カ持行キ居レハ取寄セ置ク可シトノ挨拶ナリシヲ以テ其後柿﨑嘉六ヲ遣ハシ藥研ヲ受取来ラシメ鉄道便ヲ以テ宮下ニ送付シタリ宮下ハ職工ナルヲ以テ爆裂彈ヲ作リ同盟罷工其他威喝的行動ヲ為スモノナラント想像シ居タリ其後忠雄カ帰宅ノ際藥研ノ用途ヲ尋ネタルニ爆裂彈ヲ製造シタリト申シタル旨ノ供述
被告新村忠雄ノ豫審調書中被告ハ明治四十二年九月下旬西村八重治ヨリ藥研ヲ借用スル約束ヲ為シ置キ柿﨑嘉六ニ對シ西村八重治方ヨリ藥研ヲ受取リ兄善兵衛ニ届ケ呉ル可キ旨ヲ依頼シ兄善兵衛ニ對シテハ

柿﨑嘉六ニ於テ西村ヨリ薬研ヲ借用シ来ラハ之ヲ宮下太吉ニ送付シ呉ル可キ旨東京ヨリ書面ヲ以テ依頼シ置キタル旨ノ供述及第一項ニ援用セル證人西村八重治及ヒ仝柿﨑嘉六ノ各豫審調書中ノ供述

被告宮下太吉ノ豫審調書中被告ハ明治四十二年九月中忠雄ニ對シ多クノ社會主義ニ関スル書籍ヲ所持スルモ死ヲ決シタル身ニハ必要ナシ若シ甲府圖書館ニ寄附スルニ於テハ之ヲ納受ス可キカト話シタルニ忠雄ハ兄善兵衛モ社會主義者ナルヲ以テ同人ニ贈與シ呉ルヘキ旨答ヘタルコトアリ又本年五月十七日善兵衛ニ面會シタル時善兵衛ハ被告ニ對シ初メ平民新聞ヲ購讀シタルハ自分ナリシモ自分ノ出軍中忠雄カ引續キ同新聞ヲ購讀シタル為メ却テ弟ノ方カ熱心ナル社會主義者トナリタリト云ヒ尚ホ基督教信者ニ對シ社會主義ノ説明ヲ為シタルコトアル旨ノ談話ヲモ為シ居リタルヲ以テ善兵衛ハ熱心ナル社會主義者ニハアラサルモ同主義ヲ知リ居ル人ナルコトハ相違ナキ旨ノ供述

證人武田眞亀太ノ豫審調書中證人ハ明治四十三年四月廿四五日頃籾米買入ノ爲メ新村方ニ行キ其序ヲ以テ忠雄ニ對シ基督教ヲ信仰スヘキコトヲ申勧メタルニ忠雄ハ勿論善兵衛ニ於テモ基督教ヲ攻撃スルノミナラス両人口ヲ揃ヘテ無政府共産主義ヲ主張シタルニ付證人ハ我國体ヲ説明シテ其心得違ナルコトヲ申聞タルニ種々ナル政治機関ヲ設クレハコソ人ハ之ヲ必要ナリト思フ可キモ彼禽獣ヲ見ルヘシ互ニ扶助シテ故障ナク生活スルニアラスヤ況ンヤ人間ニ於テ相互扶助ノ出来サル理ナケレハ人間ノ生活上必スシモ權力階級ヲ要スルモノニアラサルコトヲ主張シタル旨ノ供述

ヲ彼此綜合考覈シテ之ヲ認定シ前提ノ事實モ亦前掲證據ノ全部ヲ参酌シテ之ヲ認定シタリ

法ヲ按スルニ前掲被告傳次郎、スガ、運平、太吉、忠雄、力作、清馬、健之、誠之助、平四郎、顕明、節堂、誓一、勘三郎、卯一太、卯一郎、道元、與次郎、頴一郎ノ行為ハ各刑法第七十三條ノ規定中天皇ニ對シ危害ヲ加ヘントシタル者ハ死刑ニ處ストアルニ該當シ被告愚童、寅松、丑治ノ行為ハ各同條ノ規定中皇太子ニ對シ危害ヲ加ヘントシタル者ハ死刑ニ處ストアルニ該當シ被告九平、安太郎ノ行為ハ各同條規定中天皇ニ對シ危害ヲ加ヘントシタル罪ト皇太子ニ對シ危害ヲ加ヘントシタル罪トノ両者ニ該當スレトモ同法第四十五條、第四十六条ノ規定ニ依リ天皇ニ危害ヲ加ヘントシタル罪ノ刑ニ處スヘク被告融ノ行為ハ刑法第三十八條第二項ニ罪本重カル可クシテ犯ストキ知ラサル者ハ其重キニ従テ處断スルヲ得スト規定シアルニ依リ前示刑法第七十三條ノ刑ニ處セスシテ爆發物取締罰則第一條治安ヲ妨ケ又ハ人ノ身体財産ヲ害セントスル目的ヲ以テ爆發物ヲ使用シタル者云々ノ規定同第五條中第一條ニ記載シタル犯罪者ノ為ノ情ヲ知リテ其（爆発物）使用ニ供ス可キ器具ヲ製造シタル者ハ重懲役ニ處ストノ規定ヲ適用シ且刑法施行法第十九條第二十條第二條旧刑法第二十二條第二項ニ照シ九年以上十一年以下ノ範囲内ニ於ル有期懲役ニ處スヘク又被告善兵衛ノ行為ハ前示刑法第三十八條第二項ノ規定アルニ依リ同法第七十三條ノ刑ニ處セスシテ爆発物取締罰則第一條治安ヲ妨ケ又ハ人ノ身体財産ヲ害セントスル目的云々ノ規定同第三條中第一條ノ目的ヲ以テ爆発物ヲ製造シタル者ハ重懲役ニ處ストアル規定刑法第六十二條正犯ヲ幇助シタル者ハ従犯トストアル規定同第六十三條従犯ノ刑ハ正犯ノ刑ニ照シテ減輕ストアル規定ヲ適用シ且刑法施行法第二十一條旧刑法第百九條同第六十七條刑法施行法第十九條第二條第二十條旧刑法第二十二條第二項ノ規定ニ照シ六年以上八年以下ノ範囲内ニ於ル有期懲役ニ處スヘキモノトス尚押収物件中押第一号ノ内一乃至五即チ鐵葉製小鑵切包壱個同紙包貳個鐵製小鑵壱個雞冠石紙包壱個同鑵入壱個調合剤貳拾三匁塩酸加里九拾貳匁及ヒ仝号ノ内一四四即チ鐵葉製小鑵貳個ハ總テ被告太吉ノ所有ニ属スルヲ以テ刑法第一九條第一項第二号ニ依リ没収スヘク公訴ニ関スル訴訟費用ハ刑法施行法第六十七條ヲ適用シ刑事訴訟法第二百一條ノ規定ニ従ヒ又没収ニ係ラサル差押物件ハ同法第二百二條ノ規定ニ従ヒ裁判スヘキモノトス

検事松室致、検事法學博士平沼騏一郎
検事板倉松太郎本件ニ干與ス

明治四十四年一月十八日

大審院特別刑事部
裁判長判事　鶴　丈一郎
判事　志方　鍛
判事　鶴見守義
判事　末弘嚴石
判事　大倉鈕藏
判事　常松英吉
判事　遠藤忠次

右謄本ナリ

明治四十四年一月二十一日

裁判所書記　北川銓總

裁判所書記　田尻惟德

大審院特別刑事部

裁判所書記　田尻惟德

贋言

今村　力三郎

芻言

自序

明治四十三年十月二十七日予と花井弁護士(1)とは大審院弁護士室にあり、偶々《たまたま》予審判事潮恒太郎氏より面会を求められ、両人相携《あいたずさ》えて潮氏をその予審廷に訪《と》いしに、氏曰《いわ》く、幸徳伝次郎が両君に弁護を依頼したしとの事なるが、両君これを承諾せらるべきや否やと、予等両人即座に承諾の旨を答えしに、潮氏はしからば幸徳をこの席に招くべしとてその旨を書記に命じ、暫時《ざんじ》にして幸徳は廷丁に伴われて入り来り、曰く、これまで両君には非常にお世話になって随分御迷惑を掛けているが、それに何等酬ゆることもしないで、今度また御迷惑を願うことは甚だ恐縮であるが、今度は最後であるから両君で僕のために死水を取って貰いたいと、最も沈痛に依頼の辞を述べ、予等両人は旧友の事でもあり直に承諾の旨を答えたり。幸徳は重ねて今度の事件は僕が平素より親しくせし数人のほか、多数の青年も加わっているから、迷惑ついでに両君にてそれらの青年の弁護もして貰いたいといい、予等両人はそれも宜《よろ》しいが、多数の被告人中にはあるいは利害や申し立ての矛盾するものあらんか、果してしからば矛盾せる被告を一人にて弁護する能《あた》わざるべしといいしに、傍《かたわら》より潮氏は私は全被告を調べ各被告の申し立てを知っているから、私が被告を分ちて適当に両君の担当を定むべしと言われ、ここに予と花井弁護士とは潮予審判事の分類せる被告の系統により多数被告の弁護を分担せり。爾来烏兎匆々《じらいうとそうそう》十四年を経て大正十三年二月二十二日大審院長横田秀雄氏より面会を求められ、約束の時間に院長室を訪いしに、予を難波大助(3)の弁護人に官選せんと欲するが承諾せらるべきや否や、かつ共同弁護人は花井、岩田両博士なりと、予は謹んで命を奉すべき旨を答えたり。

幸徳事件の判決は、被告人二十六名にして内二名は爆発物取締罰則違反として有期懲役に処せられ、他二十四名は悉《ことごと》く大逆罪として死刑の宣告を受けたるが、その半数は特赦の恩命にて無期懲役に減刑せられ、他の半数は刑の執行を受けたり。そして最近虎の門事件において難波大助が死刑に処せられたるは、なお何人の記憶にも新たなる所なり。

弁護人の位地より両件を比較するに、難波大助の事件は事実にも法律にも刑の量定にも一つの疑問を存せず、到底極刑を免るべきに非《あら》ず、ただ大助の精神状態が刑法上の責任能力ありやの点のみ多少の問題となれども、すでに専門大家たる医学博士呉秀三氏が精神に異状なしと鑑定せるありて常識論を以てこれを動かす能《あた》わず。

幸徳事件にありては、幸徳伝次郎、管野スガ、宮下太吉、新村忠雄の四名は事実上に争いなきもその他の二十名に至りては果して大逆罪(4)の犯意ありしや否やは大なる疑問にして、大多数の被告は不敬罪(4)に過ぎざるものと認むるを当れりとせん。予は今日に至るも、その判決に心服するものに非《あら》ず。ことに裁判所が審理を急ぐこと、奔馬のごとく一の証人すらこれを許さざりしは、予の最も遺憾としたる所なり、当時予は弁護を結ぶにかくのごとき事件にありては、裁判所は宜《よろ》しく普《あまね》く被告に利益なる事実と証拠とを調査し、苟《いやしく》も疑いあるものには無罪の判決をなし、その上にもまだ無罪の人はないかと一人にても多く無罪の人を出すことに努力すべきである。かくすることが国史の汚点を薄くする所以《ゆえん》であるとの言を以てせし事を記憶せり。

幸徳事件の一件記録は、今なお保存せられあることなれば、特志の仁ありてこれを調査するあらば判決の当否も自ら明らかなるべく、また警察や裁判の結果が如何《いか》に深刻なる不測の兇変を生ずるものなるか、思想問題の対策を如何にすべきや等につき、発明する所蓋《けだ》し尠少《せんしょう》にあらざるべし。上に仁慈なる皇室を奉戴し、下に忠君愛国の精神に充てる国民を擁し、僅々《きんきん》十有四年間に二回の大逆事件を生みたるは、真に驚魂駭魄《きょうこんがいはく》国家の不祥国民の不幸これより大なるは莫《なし》矣。難波大助事件に愕《おどろ》きたる社会は雑誌に新聞にこの問題を論議するもの甚《はなは》だ多し。しかれども悉《ことごと》く皆抽象論にして事按の真相を知らず。予不幸にして幸徳難波両件の法廷に列し事按の真相を知るにおいて、道途《どうと》の人に優《まさ》れり。すなわち禿筆《とくひつ》を呵して事実と感想とを叙す。その幸徳事件に疎にして難波事件に密なるは幸徳事件時代においては審理の形式的客観点なりしと予が記憶の茫邈《ぼうばく》たるとに由《よ》れり。

大正十四年一月

再序

本篇は大正十四年一月その稿を卒《お》え、三月二日数部を浄写して要路に呈せり。而《しこう》して三月八日東京地方裁判所の発表したる和田久太郎外四人、殺人未遂、爆発物取締罰則違反事件の事実によれば、その中心人物は肺患または重き花柳病に罹《かか》り余命幾何《いくばく》もなきことを自覚し、一命を抛《なげう》って重大なる犯罪の決意をなすに至りたるものなること、および同主義者の首領たりし先輩のため復讐の挙に出でたるものなること、宛《あたか》も予が本篇に述べし所と符節を合するがごとし。依レ之観レ之、怖るべき多種多様の大犯罪もその動機に遡れば、犯罪の根底に一脈の原因相共通せるものあることを看取するを得べし。為政者たるもの須《すべか》らくこの根本原因に活眼を開くべし。徒《いたずら》に刑罰の末節に拘泥せば、犯罪は月に益《ますます》滋《しげ》く、社会の不安は日に愈《いよいよ》甚だしかるべし。

頃日《けいじつ》仄《ほの》かに聞く所によれば、内務省は弘く難波大助に関して蒐集したる資料を印刷してこれを関係官衙に配布し、本稿もまた収められてその中にありと。予は本稿の執筆の徒爾《とじ》ならざりしを欣《よろこ》ぶ。而《しこう》して予は内務省が蒐集せる資料によりさらに予の研究に益する所あらんと欲し、ある日電話にて一冊の分与を求めしに、警保局長某氏自ら電話口に立ち、極秘に藉口《しゃこう》して強硬にこれを拒絶せり。そもそも予が本稿に執筆せるに至りたる微衷《びちゅう》の存する所は、読者の諒察せらるる所ならん。

およそ禍は機微に隠れて人の忽《ゆる》がせにせる所に発す。朝野同憂の士共に心血を濺《そそ》ぎ、禍根を未萌に絶たざるべからず。予は我が内務省の狭量を遺憾とす。我等国民は独《ひとり》官僚に託して枕を高うする能《あた》わず。是歳丙寅一月少しく増補をなすに方《あた》り、記して以て再序となす。

大正十五年一月

（1）　花井卓蔵（はない　たくぞう）一八六八—一九三一　明治時代中期から昭和初期の弁護士、政治家。一八九〇年に弁護士開業。一八九八年総選挙に当選、衆議院議員となる。以後、政界革新、対外硬、普通選挙実現などの運動に参加、活動する。また、法律取調委員、臨時法制審議会委員などを歴任し、刑法改正案、陪審法などの作成に関与した。今村の親しい友人。

（2）　予審　戦前の裁判制度の一つ。被告、事件を公判に付するか免訴にするかを決定するための必要な取調べ、および公判では取調べにくいと考えられる事項の取調べ、証拠保全を行う等の公判前における裁判所の取調べのこと。

（3）　難波大助（なんば　だいすけ）一八九九—一九二四　大正時代の社会主義者。青年期にロシアのテロリストに共感を抱き、大逆事件公判記事を読んで反天皇思想に傾く。関東大震災直後の社会主義者虐殺への報復を意図し、一九二三年一二月二七日、議会開院式に向う摂政宮裕仁（昭和天皇）を虎ノ門付近で狙撃するも失敗、死刑となる（虎ノ門事件）。今村力三郎は裁判の官選弁護人であった。

（4）　大逆罪、不敬罪　大逆罪は、皇族に対し危害を加え、または加えようとすることによって成立するもので、死刑に処せられる。不敬罪は、皇族への「不敬」、皇室の名誉、尊厳を害すべき一切の行為に対して成立するもので、その成立範囲は極めて広く適用された。第二次世界大戦後の一九四七年、刑法改正で廃止された。

総記

明治四十三年幸徳伝次郎等の大逆事件あり。後十四年を経たる大正十二年にまた難波大助の大逆罪を犯すあり。かつて刑法制定の際一委員は、苟《いやしく》も日本臣民にして大逆罪を企つるがごときことあるべからず。故に刑法第七十三条のごとき規定を設くるの必要なしとの意見を陳べたりと伝聞せり。思うに刑法第七十三条の存置論者といえども、同条が実際の適用を見るがごときは万々なかるべきを信ぜしならん。しかるに僅々十有四年間に再度の大逆事件発生し、大審院特別刑事部の開廷を頻々《ひんぴん》たらしめ、前後二十五名に死刑を宣告するがごときは、独《ひとり》我が国の歴史に空前の事実たるのみならず、世界を通じて未だかつて見ざる所なり。かかる不祥事の頻発を見て、日本帝国の臣民たるもの誰か深憂浩歎《しんゆうこうたん》を禁ぜざるものあらんや。彼等逆徒の罪もとより天地の容《い》れざる所なるも、彼等もまた骨肉の情あり。朋友の誼《よしみ》あり、生を楽しみ死を悪《にく》むの念において吾人と異なるものあるに非《あら》ず。しかるに骨肉の情を棄て、朋友の誼を擲《なげう》ち、進んで死地につく所以《ゆえん》のものは何ぞや。その細条に至りては、多岐多端《たきたたん》これを悉《つく》す能《あた》わざるも、内にしては彼等の思想、外にしては彼等の境遇、二者相交錯して未曾有の不祥事を醸《かも》したるに外ならず、境遇は思想を生み、思想は境遇を招き、終に累を皇室に及ぼすに至る。顧みて彼等の思想を按ずるに、毫《ごう》も皇室と相関するものに非ず。皇室はもとより億兆を竢《ま》つに一視同仁を以てし、そして彼等初めより皇室に怨恨あるに非ず。しかるに敢て大逆を企つるに至る所以《ゆえん》は何ぞや。不肖力三郎前後二回大逆事件の法廷に列し深く犯罪の因縁を察するに、因果の関係実に愕《おどろ》くべきものあり。抑々《そもそも》一の事実より起る感想は、智識境遇の異なるに従い各人必ずしも同一ならざるも、事実は遂に枉《ま》ぐべからず。本篇は主として事実を掲げ、間々交ゆるに感想を以てす。もしその感想の当否に至っては、予の魯鈍《ろどん》を恕《ゆる》し、識者教えを垂れて可なり。他日この篇を読むものあらば事実に拠《よ》りて自家の見地を開くべし。予の感想の当否を以て事実を棄つること勿《なか》れ。

無政府主義と暗殺
――幸徳、難波両名がテロリストとなれる動機――

幸徳伝次郎が獄中より、磯部、花井両博士と予の三人へ送りたる、明治四十三年十二月十八日の信書中に左の一節あり。

「無政府主義の革命といへば、直ぐ短銃や爆弾で主権者を狙撃する如く解する者が多いのですが、夫《それ》は一般に無政府主義の何者たるかゞ分つて居ない為です。弁護士諸君は既に御承知の如く、同主義の学説は殆んど東洋の老荘と同様の一種の哲学で、今日の如き権力武力で強制的に統治する制度が無くなつて、道徳仁愛を以て結合せる、相互扶助共同生活の社会を現出するのが人類社会自然の大勢で、吾人の自由幸福を全くするのには、此《この》大勢に従つて進歩しなければならぬと云ふに在るのです。従つて無政府主義が圧制を憎み束縛を厭《きら》ひ、同時に暴力をも排斥するのは必然の道理で、世に彼等程自由平和を好むものはありません。彼等の泰斗《たいと》と目せられるクロポトキン[5]の如きも判官は単に無政府主義者かとお問になつたのみで、矢張り乱暴者と思召《おぼしめし》て御出かも知れませんが、彼は露国の公爵で今年六十九歳の老人、初め軍人と為《な》り後《の》ち科学を研究し世界第一流の地質学者で、是《これ》まで多くの有益なる発見を為し、其他《その》哲学、文学の諸学に通ぜざるなしです。彼の人格は極て温和親切で決して暴力を喜ぶ人ではありません。

又クロポトキンと名を斉《ひとし》ふした仏蘭西（フランス）の故エリゼー・ルクリユス[6]の如きも地理学の大学者で、仏国は彼が如き学者を有するを名誉とし、市会は彼を紀念せんが為に巴里（パリ）の一道路に彼の名を命《なづ》けた位です。彼は殺生を厭ふの甚しき為め全然肉食を廃して菜食家となりました。欧米無政府主義者の多くは菜食主義者です。禽獣をすら殺すに忍びざる者、何んで世人の解する如く殺人を喜ぶことがありませうか。此等《これら》首領と目さるゝ学者のみならず、同主義を奉する労働者は、私の見聞した処でも他の一般労働者に比すれば、読書もし、品行もよし、酒も煙草も飲まぬのが多いのです。彼等は決して乱暴者ではありません。

成程《なるほど》無政府主義者中から暗殺者を出したのは事実です。併《しか》し夫《それ》は同主義者だから必ず暗殺者たるといふ訳ではありません。暗殺者の出るのは独《ひとり》無政府主義者のみでなく、国家社会党からも、共和党からも、自由民権論者からも、愛国者からも、勤王家からも、沢山出て居ます。是《これ》まで暗殺者と云へば大抵無政府主義者のやうに誣《そし》られて、其の数も誇大に吹聴されて居ます。現に露国亜歴山（アレキサンドル）二世帝を弑《ころ》した如きも無政府党のやうに云はれますが、アレは今の政友会の人々と同じ民権自由論者であつたのです。実際歴史を調べると、他の諸党派に比し無政府主義者の暗殺が一番僅少なので、過去五十年ばかりの間に全世界を通じて十指にも足るまいと思ひます。顧みて彼の勤王愛国者を見れば、同じ五十年間に世界でなくて我日本のみにして殆んど数十人或は数百人を算するのではありませんか。単に暗殺者を出したからとて暗殺主義なりと言はゞ、勤王論愛国思想ほど激烈な暗殺主義は無い筈《はず》です。故に暗殺者の出るのは其主義の如何に関するものでなくて、其時の特別の事情と其人の特有の気質とが相触れて此《この》行為に立到るのです。例えば之《これ》は政府が非常に圧制し、其為に多数の同志が言論集会出版の権利自由を失へるは勿論、生活の方法すらも奪はるゝとか或は富豪が横暴を極めたる結果窮民の飢凍悲惨の状見るに忍びざるとかいふ如きに際して、而《しか》も到底合法平和の手段を以て之《これ》に処するの途なきに於て、感情熱烈なる青年が暗殺の暴挙に出づるのです。是は彼等に取っては正当防衛とも云ふべきです。彼の勤王愛国の志士が、時の有司の国家を誤らんとするを見、又は自己等の運動に対する迫害急にして他に緩和の法なき時、憤慨の極《きわみ》暗殺の手段に出づると同様です。彼等元より初めから好んで暗殺を目的とも手段ともするものでなく、皆自己の気質と時の事情とに駆られて、茲《ここ》に至るのです。そして其歴史を見れば初めに多く暴力を用ゆるのは、寧《むし》ろ時の政府有司とか、富豪貴族とかで、民間の志士や労働者は常に彼等の暴力に挑発され酷虐され、窘窮《きんきゅう》の余《あまり》已《や》むなく亦《また》暴力を以て之に対抗するに至るの形跡があるのです。米国大統領マッキンレイの暗殺でも、伊太利（イタリア）王ウンベルトのでも、又西班牙（スペイン）王アルフオンゾルに爆烈弾を投じたのでも皆夫《そ》れ〻〻其時に特別な事情があつたのですが、余り長くなるから申しません。要するに暗殺者は其時の事情と其人の気質と相触るゝ状況如何《いかん》に依っては、如何なる党派からも出るのです。無政府主義者とは限りません。否同主義者は皆平和自由を好むが故に暗殺者を出すことは寧ろ極めて少なかつたのです。私は今回事件を審理さる丶諸公が「無政府主義者は暗殺者なり」との妄見《ぼうけん》なからんことを希望に堪へませぬ」

幸徳のこの書面は裁判所が無政府主義者は暗殺主義者なりとの前提を以て多数被告の罪を断ぜられんことを慮《おもんぱか》り多数青年被告のために弁護の資料を提供せしものにして、すでに大逆の予謀に与《く》みしたる幸徳自身は、罪の免れざるを覚悟せし時なる故に、無政府主義の説明としてこれを見れば浅薄の譏《そしり》ありとも、当時における彼の信念を偽りたるものに非《あら》ざるべし。

文中政府が非常の圧制をなし、多数の同志が言論集会出版の権利自由を失い、甚だしきは生活の方法すらも奪わるるの時、感情熱烈なる青年が暗殺や暴挙に出るは正当防衛なりとの意味を強調せるは、当時における幸徳伝次郎に対する当局の圧迫を憤慨するの言なり。外は言論出版の自由を奪い、内は生活の糧道を絶つ、自暴自棄に陥ること故なしとせず。窮鼠《きゅうそ》かえって猫を噛《か》む、戒《いまし》めざるべけんや。

難波大助も大正十年五月某日神田青年会館における、第二回社会主義大会の講演会の傍聴に赴きたるに、錦町警察署長が一言も発せしめず司会者および弁士に暴力を加え、片っぱしから拘引せるを見て憤慨絶頂に達し、社会主義者が言論に訴える事を止めて、行為によって思想を宣伝するは権力者自ら社会主義者に向って仕向けたる罪なりと唱え、また震災当時に行われたる平沢計七その他南葛労働組合の領首および大杉栄等の虐殺事件(7)における官権の処置を不当とし、義憤を感じたる事を以て大逆罪決行の動機の一なりと陳述せり。すなわち幸徳事件においても、難波事件においても不当なる警察権の行使が、古今未曾有の大逆事件を醸《かも》したる動機の一たることはその揆《き》を同じうせり、幸徳伝次郎の書面によれば、元来無政府主義者は自由と平和を好み、主義として暴力を排するものなるに、彼等を駆って大逆を敢てするに至らしめたるものは、かえって官権これを促したるものあるに似たり。警察官が社会主義者、無政府主義者もしくは労働運動者に圧迫を加うるは、よって以て、彼等を鎮圧し国家の安寧《あんねい》を維持せんとするにありて、その奉公の観念はこれを嘉《よみ》すべきも、苟《いやしく》も人類生活に密接せる主義主張は警察権の行使によりて屏息《へいそく》せしめ得べきに非ず。弱者は一時の弾圧に耐えずして逃避することあるべきも、梟悍《きょうかん》なるものはかえって益々反抗の念を加え終《つい》には予想すべからざる結果を生ずるものなり。弾圧に恐れて逃避するがごとき弱者は初めより圧迫を加うるの要なきものなり。而《しか》して強者はこれによって益々反抗を強うするものとせば、警察権の圧迫は畢竟《ひっきょう》有害無益に終るものなり。有害無益なる彼等の行為が大逆罪を生むの一原因たるを知らば、彼等は如何《いか》にしてその罪を闕下《けっか》に謝せんとする歟《や》。

（5）　クロポトキン　一八四二―一九二一　ロシアの地理学者、革命家。シベリアの地理学的研究で名をなす一方で、無政府主義思想に共鳴し、これが宣伝に力める。一八八六年以降イギリスに居住し、著述に専念した。

（6）　ルクリュ　一八三〇―一九〇五　一九世紀の卓越したフランスの地理学者。無政府主義という急進的な政治的立場からフランスを追放され、イギリス、アメリカなどを遍歴する。一八七一年パリ・コミューンに参加するも、再び追放される。一八九二年ブリュッセルの自由大学比較地理学教授に就任、大著「新世界地誌」を著す。

（7） 震災当時……虐殺事件 一九二三年九月一日関東地方に大地震が発生し、関東地方南部を中心に莫大な被害をもたらした。震災後、意図的な朝鮮人来襲の流言の広まりの中で、軍隊、警察、自警団は朝鮮人や中国人の虐殺を行った。また社会主義者、無政府主義者にたいする弾圧が行われた。東京府亀戸警察署管内では労働組合総連合結成の中心人物で、労働文学の先導役であった平沢計七ら社会主義者が逮捕、殺害された（亀戸事件）。憲兵隊の甘粕正彦大尉が無政府主義者の大杉栄、伊藤野枝夫妻らを殺害した（甘粕事件）。震災直後の不法弾圧事件に対する責任は形式的に問われるだけで、世論の抗議の力も弱かった。

裁判官の苦心
――判決文に見る両事件の動機――

幸徳事件においても、難波事件においても裁判官は、門外漢の容易に窺《うかが》い知る能《あた》わざる用意と苦心とを払えり。

幸徳事件の判決文の冒頭に曰《いわ》く、

被告幸徳伝次郎ハ夙《つと》ニ社会主義ヲ研究シテ、明治三十八年北米合衆国ニ遊ビ、深ク其《その》地ノ同主義者ト交ハリ、遂ニ無政府主義ヲ奉ズルニ至ル。其《その》帰朝スルヤ専《もっぱ》ラ力ヲ同主義ノ伝播ニ致シ頗《すこぶ》ル同主義者ノ間ニ重ンゼラレテ隠然其首領タルノ観アリ。被告管野スガハ数年前ヨリ社会主義ヲ奉ジ、一転シテ無政府主義ニ帰スルヤ漸ク革命思想ヲ懐キ、明治四十一年世ニ所謂《いわゆる》錦輝館赤旗事件(8)ニ坐シテ入獄シ、無罪ノ判決ヲ受ケタレリト雖《いえども》忿恚《ふんい》ノ情禁ジ難ク、心窃《ひそか》ニ報復ヲ期シ、一夜其心事ヲ伝次郎ニ告ゲ、伝次郎ハ協力事ヲ挙ゲンコトヲ約シ且夫妻ノ契《ちぎり》ヲ結ブニ至ル。其他ノ被告人モ亦概《おおむ》ネ無政府共産主義ヲ其信条ト為ス者、若《もし》クハ之《これ》ヲ信条トナスニ至ラザルモ其ノ臭味ヲ帯ブル者ニシテ、其中伝次郎ヲ崇拝シ、若クハ之ト親交ヲ結ブ者多キニ居ル。明治四十一年六月二十二日錦輝館赤旗事件ト称スル官吏抗拒《こうきょ》及治安警察法違反被告事件発生シ、数人ノ同主義者獄ニ投ゼラレ遂ニ有罪ノ判決ヲ受クルヤ、之ヲ見聞シタル同主義者往々警察官吏ノ処置ト、裁判トニ平ナラズ、此ヲ以テ政府ガ同主義者ヲ迫害スルノ意ニ出タルモノト為シテ大ニ之ヲ憤慨シ、其《その》報復ヲ図ルベキコトヲ口ニスルモノアリ。爾来《じらい》同主義者反抗ノ念愈々《いよいよ》熾《さかん》ニシテ、秘密出版ノ手段ニヨル過激ノ文書相尋《あいつい》デ世ニ出デ、当局ノ警戒注視益《ますます》厳密ヲ加フルノ止ムヲ得ザルニ至ル。是《ここ》ニ於テ被告人共ノ中深ク無政府共産主義ニ心酔スル者、国家ノ権力ヲ破壊セント欲セバ先ヅ元首ヲ除クニ若《し》クハナシト為シ、国体ノ尊厳宇内《うだい》ニ冠絶《かんぜつ》シ、列聖ノ恩徳四海ニ光被スル帝国ノ臣民タル大義ヲ滅却シ、畏《おそれ》多クモ神聖侵スベカラザル聖体ニ対シ、前古未曾有ノ兇逆ヲ逞《たくましゅう》セント欲シ、中道ニシテ兇謀発覚シタル顛末ハ即チ左ノ如シ（下略）。

難波事件の判決は被告人の思想の変遷より犯罪の直接間接の動機を叙すること最詳密なり。

　被告人大助ハ歴史上由緒アル難波家ニ生レ、嘗《かつ》テ県会議員、衆議院議員タリシ難波作之進ノ四男ニシテ、曽祖父覃庵ハ維新ノ際王事ニ尽《つく》シタルノ故ヲ以テ、特ニ先帝陛下ニ拝謁ヲ賜ハリ没後贈位ノ恩典ニ浴シ、被告人父作之進モ亦《また》皇室尊崇ノ念篤《あつ》ク、被告人ハ厳格ナル父ト慈愛深キ母トノ薫陶ヲ受ケテ人ト為リ、克《よ》ク父母ニ仕ヘ難波家ノ伝統的精神ヲ体シ皇室中心主義ヲ奉ジ、其《その》中学時代タル大正六七年頃ニ於テハ書ヲ雑誌武俠世界ニ寄セ、乃木将軍ノ死後我国ノ上下浮華軽佻《ふかけいちょう》ニ流レ、世界無比ノ皇室ヲ奉戴スル我帝国ハ危殆《きたい》ニ瀕スルモノトシテ大ニ之ヲ慷慨《こうがい》シ大元帥陛下ノ統帥シ給フ軍隊ニ入営スルヲ以テ臣民ノ光栄ナリト為シ、徴兵忌避者ヲ不忠ナリト論ジタルコトアリ。又当時大阪朝日新聞ガ皇室ノ尊厳冒《ぼう》瀆《とく》ニ関スル記事ヲ掲載シタル際同新聞ヲ攻撃シ、父ト共ニ其ノ不読不買ヲ知人間ニ奔走勧誘シタルコトアリテ、臣民ノ大義ヲ守リ愆《あやまれ》ル所ナカリシガ、被告人ハ曩《さき》ニ大正六年二月慈母ヲ失ヒ、其ノ境遇ニ変化ヲ来シメル為メ、苦学自ラ立タンコトヲ決意シ東京ニ走リタル以来、東西各地ニ転学流寓《りゅうぐう》シ、再三上京シテ或ハ中学検定試験ニ志シ、或ハ屢々《しばしば》高等学校入学試験ニ応ジタルモ終ニ其志ヲ得ズシテ、大正十年ニ及ベリ。而《シカ》シテ其間父ヨリ支給セラルヽ学資頗《すこぶ》ル薄ク、常ニ父ヨリ倹素ヲ旨トスベキコトヲ命ゼラレ已ムコトヲ得ズシテ自炊ヲ為シ、又ハ新聞配達ニ従事シテ、自給ヲ計リ窮乏ヲ忍ビ具《つぶさ》ニ辛苦ヲ嘗《な》メタル処、大正八年偶々《たまたま》四谷区谷町ノ陋隘《ろうあい》ナル一室ニ起居シテ通学ヲ為スニ当リ、親シク付近ノ貧民窟ヲ目撃シ、之ヲ自己ノ悲境ニ比シテ生活ノ艱難《かんなん》ヲ覚ユルニ従ヒ、漸次思想ノ変化ヲ来シタルニ際シ、恰《あたか》モ世界大戦ノ後ヲ承ケ、露独ノ帝制崩壊シ、ソヴヰヱツト政府ノ組織セラルアリ、又欧米民主主義ノ風潮我国ニ瀰漫《びまん》シ、為ニ被告人ノ精神ニ多大ノ刺戟ヲ与ヘ茲《ここ》ニ我国建国ノ歴史ニ疑念ヲ挟ミ、皇室ニ対スル被告人ノ従来ノ信念ニ動揺ヲ生ズルニ至レリ。大正九年第四十二帝国議会ノ開会セラルヽヤ当時被告人ハ、衆議院ノ傍聴席ニ在リテ其ノ混乱セル議場ノ醜態ヲ視、議員ニ対スル尊敬ノ念ヲ失ヒ、又普通選挙反対ノ演説ヲ聴キ我国ノ政治家ガ頑迷《がんめい》ニシテ民衆ノ利害ニ意ヲ用ヒザルモノトシテ、大ニ之ヲ憤慨シ痛ク議会政策ノ非ナルヲ感ジ、同年五月帰省シタルニ、時偶々総選挙ニ方《あた》リ、確乎タル主義政見ヲ有セザル父作之進ガ単ニ家名ノ為候補ニ立チ、巨額ノ冗費ヲ為スコトヲ吝《おし》マザルヲ見テ、自己ニ対スル節倹ノ訓告ハ固《まこ》ト是一片ノ虚言ニ過ギズト為シ、父ニ対シテ大ナル反感ヲ懐キ、越テ大正十年ニ至リ雑誌改造、解放、社会主義ニ関スル著書、露国ノ小説ヲ耽読《たんどく》シ、又社会主義的傾向ヲ有スル朋友ニ交ハルニ及ビ、社会主義的思想ハ漸ク被告人ノ脳裏ニ浸潤スルニ至レリ。当時被告人ハ父ヨリ僅少ナル補給ヲ受ケ、勉学ノ傍《かたわら》再ビ新聞配達ヲ業トシ、父ノ代議士タル地位ト自己ノ労働者タル境遇トヲ対比シテ益《ますます》反感ノ度ヲ高メ、私有財産制及家族制度ヲ呪詛《じゅそ》シ、又大正十年発売禁止トナリタル雑誌改造ノ四月号ニ掲載セラレタル断片ト題スル文章ヲ読ミテ、露国ノ「テロリスト」ニ同情シ、「テロリスト」ノ行動痛烈ニシテ、露国ノ革命ハ此等ノ徒ニ負フ所尠《すく》ナカラズトシテ大ニ之ニ共鳴シ、尋《つい》テ同年四月中幸徳事件ノ判決ヲ掲載シタル当時ノ新聞ヲ読ミ、其《その》処罰ヲ残忍ナリトシ、深ク幸徳一派ノ者ノ心事ヲ憐ムト共ニ、彼等ト主義ヲ同ジクスル者ノ何等為ス所ナク屛息スルヲ以テ怯懦《きょうだ》ナリトシテ大ニ之ヲ憤慨シ、決死ノ覚悟ヲ以テ自ラ暴力即時遂行者タラントスルノ意ヲ決スルニ至レリ。其ノ後幾バクモナク社会主義ノ講演会ニ赴キタル際、臨監ノ警察官ガ其演説ヲ中止シ片言隻句《へんげんせっく》ダモ発セシメズ即時解散ヲ命ジタルヲ見テ、言論ノ自由ヲ与ヘザルコト既ニ斯ノ如シトセバ、主義者ガ言論ニ訴フルコトヲ為サズシテ直接行動ノ手段ニ出ズルコトアリトスルモ、是レ皆官憲自ラ招ク孼《わざわい》ニシテ、其責主義者ニ存スルニ非ズト思惟シ、又従来躬《みずか》ラ実験シタル労働生活ニ稽《かんが》フレバ、現時ノ社会ハ多数窮民ヲ救済スル施設ニ乏シキヲ以テ、速カニ社会ノ状態ヲ変革スルコトニ努メザルカラズト為シ、学生々活ヲ擲《なげう》チ専心此ノ種ノ運動ニ従事セントシタルニ、父兄ヨリ痛切ナル訓戒ヲ受ケ之ニ服シテ、大正十一年四月以来早稲田高等学院ニ入学シタルモ、平素学課ヲ怠リ好デ社会問題ノ講演会ニ出席聴講シ、傍《かたわ》ラ暴力社会主義者及無政府主義者ノ著作ヲ耽読シテ、益々社会ノ変革ハ暴力ニ依ルノ外ナシトノ信念ヲ鞏固《きょうこ》ナラシメ、其思想愈々《いよいよ》悪化スルニ及ビ、被告人ハ断然其ノ学生々活ヲ廃シ、労働者トナリテ下層生活ヲ営ミ、自ラ労働者解放運動ノ一兵卒トナリ主義ノ為メ奮闘スルノ意ヲ決シ、大正十二年二月退学シテ深川区富川町所在ノ木賃宿ニ移リ下層労働ニ服シタルニ、労働ノ辛苦、生活ノ困憊《こんぱい》深ク肝心ニ徹シ、有産者ニ対スル忿恚《ふんい》反抗ノ情ヲ激越ナラシメタリ。同年五月病ヲ得テ帰省シ、父兄ノ言ニ服シテ足ヲ生家ニ駐《とど》メタルモ、被告人ノ思想却《かえっ》テ一層ノ険悪ヲ加ヘ、無自覚ナル労働者ヲ指導統率シテ多数ノ団結ヲ組織シ、政権ヲ獲得シテ無産者独裁ノ制ヲ採ルノ要アリトナシ、終ニ共産主義ニ共鳴シ、更ニ「マルクス」ノ共産主義宣言ヲ熟読スルニ及ビ、益々其ノ信念ヲ強フスルニ至レリ。其間屡々《しばしば》東京ニ往来シ、大正十二年九月ノ大震災ニ際シ、官憲ノ採レル措置ヲ快《こころよし》トセズ、速ニ徹底シタル行動ニ出ズルニ如カズト思惟《し》シタルニ方《あた》リ、父ヨリ汝ノ主義ヲ棄テ、父ノ命ズル所ト長兄ノ訓戒スル所ニ従テ行動スベシトノ厳訓ヲ受ケ、被告人ノ進退谷《きわまれ》リ、遂ニ暴力遂行ノ計画ヲ決然敢行セントシ、我国ノ列聖汎《ひろ》ク万民ヲ愛撫シ給ヒ皇恩四海ニ洽《あまね》ク、臣民亦挙テ皇室ヲ翼戴シ、苟《ママ》モ帝国臣民タルモノハ、其地位階級ノ如何《いかん》ヲ問ハズ均ク皇恩ニ浴スベキモノナルコトニ想到セズ、畏《かしこ》クモ皇室ト共産的思想トハ両立スベカラズト妄断シ、言論ニ依ルモ其効果少シトナシ、皇族ニ対シ危害ヲ加ヘテ共産主義者ノ決意ヲ示シ、因テ以テ一面ニ於テハ、現時我国ニ於テ主義宣伝ニ関シ言論ノ自由ヲ許サズ、労働組合ヲモ公認セズ、銃剣ヲ以テ自由思想ニ対スル、権力者階級ト戦ヒ、権力階級者及資本家ガ皇室ヲ奉擁シ、労働者及社会運動者ニ加フル圧迫ヲ除去シテ、無産者ノ危急ヲ防救スベク、他面ニ於テハ大震災ニ当リ無辜《むこ》ノ労働者、社会主義者ヲ殺戮《さつりく》シタル反動団体ノ暴状ニ対シ、其ノ反省ヲ促シ、尚進ンデハ現ニ我国ノ無産者間ニ澎湃《ほうはい》タル皇室中心主義ノ信念ヲ放擲《ほうてき》セシメンコトヲ目的トシ、同志ニ図ルコトナク独リ其ノ事ニ当ルヲ万全ノ策ナリト為シ、其機ヲ窺《うかが》ヒ居タル処、同年十一月中父作之進ハ、被告人ノ心気ヲ転ゼシメンガ為銃猟ヲ許スヤ、被告人ハ家ニ杖銃ノ在ルヲ憶《おも》ヒ、之ヲ使用シテ不逞ノ意志ヲ遂ゲント欲シ云々（下略）。

幸徳事件の当時は客観主義刑法論(9)の末期に属し、犯罪成立の条件を審理し終れば直に法律を適用し、刑の量定をなすを以て足れりとなし、被告の主観もしくは直接間接の犯罪の因縁、もしくは犯罪後における被告人の悔悟等はこれに重きを置かざりしを以て、判決理由も頗《すこぶ》る簡単にして、多数被告人の主観的動機のごときは全然これを知る能わざれども、これを概括して、赤旗事件における警察と裁判とに対する不平および同主義者に対する行政官の圧迫が犯罪の原因なることを宣明せり。難波事件にありては主観主義の刑法論時代に入りたるを以て、自ら裁判官の事件に臨む態度を異にし予審判事より公判判事に至るまで一に主観主義に準拠して審理を尽《つく》し、その判決理由も悉《ことごと》く犯罪の動機を列挙し、かつ犯罪の前後における被告の心理状態までこれを説示せり。もし幸徳事件の裁判官をして、難波事件を審理せしめたらんか恐らくはここに出でず。また難波事件の裁判官をして幸徳事件を裁判せしめんか、判決の結果に彼と大いに異なるものあるべきや必せり。ただ彼此《ひし》を通じて同一なるものあり。何ぞや。判決理由において官民に警告しその反省を促さんとするの苦心これなり。およそ裁判官として、警察裁判閣臣代議士の非を挙げ、彼等に嫁するに責任の一部を以てするがごとく見ゆる文字を判文に示すことは、時に世人の誤解を招くの虞《おそれ》ありとして、彼等の最も嫌忌《けんき》する所なり。しかるに両判決が忍んでこれを判文に示す所以《ゆえん》のものは、敢て犯罪の原因を公開し、官民をして斉《ひと》しくここに考慮するところあらしめんとするに外ならず。抑《そもそも》同一の原因は同一の結果を生ずるは物理の原則なり。予は幸徳、難波両事件の犯罪の動機に共通せるものあるを見て転《うたた》寒心に堪えず、幸徳難波両判決を読むもの宜《よろ》しく意をここに留むべきなり。私《ひそか》に怪しむ、朝野の先憂の士一人も裁判官の苦衷《くちゅう》を解するものなく、忠君愛国の結晶を以て自ら任ずるの輩《やから》も、皇室と国家の重大問題に無関心なること風馬牛《ふうばぎゅう》のごとくなるを。

(8) 錦旗館赤旗事件　社会主義者、無政府主義者に対する弾圧事件。一九〇八年、東京神田錦旗館での山口義三出獄歓迎会で、大杉栄、荒畑寒村らが無政府万歳を叫び、待ちかまえていた警官隊に大杉、荒畑のほか堺利彦、山川均らが検挙される。

(9) 客観主義刑法論　日本では一八八〇年ボアソナードによって旧刑法が起草され、一九〇七年現行刑法が公布された。旧刑法は一八一〇年フランス刑法の影響を受け、罪刑法定主義の明文規定を有したが、新刑法は罪刑法定主義の規定を特に設けず、犯人主義・主観主義の思想を濃厚に有する(『法律学辞典』岩波書店、一九三四年)。

警察と裁判と大逆罪との因果

——強圧、重刑主義の弊——

幸徳伝次郎の大逆事件を醸生したるものは、赤旗事件における警察および裁判に原因するものなることはその判決の明示する所なり。そして、難波大助は予審において左のごとき申し立てをなせり。

四月何カノ本カ雑誌デ幸徳氏等ノ大逆事件ノ公判ノ日時ガ書テアツタノヲ見タ事ガアリ、夫《そ》レデ上野図書館ヘ行ツテ公判ノ翌日ノ新聞ヲ見タノデス。処ガ二十四人ニ対シテ死刑ノ宣告ガ下サレテ居リ、二名ニ対シテハ無期懲役ノ判決ガ下サレテアルノヲ見テ、一個ノ吾々ト同様ナ○○○○○○○○○○○陰謀ヲシタト云フ丈《だ》ケデ未《いま》ダ何等実際的行動ニ出デヌニモ拘ラズ、残忍ニモ若キ二十四名ノ生命ニ対シ死刑ノ宣告ヲ下スノハ、実ニ暴虐ト云ハウカ、非人道ト云ハウカ之以上残忍ナ法律ガ世界ノ何処《どこ》ニアルダロウト云フ事ヲ感ジ（中略）秋水氏等ガ未ダ事ヲ為サヾル内ニ発覚シテ断頭台ノ露ト消ヘタ事ハ、実ニ秋水氏等ニ執《と》ツテ残念極マル事デアツタロウト非常に同情ヲ寄セ、未ダ其《その》陰謀ニ加ハラズシテ生キ残ツタ同志達ガ、秋水氏等ニ何等酬《むく》ユル丈《だ》ケノ行動ヲ為シ居ラズ（即チ死ヲ決シテ志ヲ継グト云フ意味デス）其事件ヲ動機トシテ一時盛ンデアツタ処ノ日本ノ社会革命運動ガ屏息シタ形ニナツタコトハ、残ツタ同志達ガ十分ナル奮闘ヲシナカツタ結果デアル。実ニ意気地ノ無イ極リデアルト斯ウ憤慨シ、私ガ死ヲ決シテ、「テロリスト」トナツテ、遣《や》ツテ見様ト其時初メテ「テロリスト」トナルコトヲ決心シタノデス。

刑罰を以て一般警戒となし重刑主義を唱うるあり、その説一理なきに非ざるも、その弊や苛酷に流れ、かえって反動を招くことなきに非ず。およそ刑罰はこれを怖れこれを忌《い》むものに対してのみ効果を有し、これに怖れずこれに甘んずるものに対して威嚇の力なきや勿論なり。予かつて監獄署にて幸徳伝次郎に接見の際、同人が屢々《しばしば》死の覚悟を語るを以て、君が深く一死を覚悟せるは左《さ》もあるべきことながら、もし君の覚悟せる死を求めてこれを得る能わざりせば奈何《いかん》と反問せしに、彼は愕然顔色を変じて、そりゃ困ると答えし事あり。鼎鑊甘如飴（ていかくあまきことあめのごとき）の徒に向って厳刑酷罰何かあらんや。

赤旗事件が幸徳事件を胚胎《はいたい》し、幸徳事件が難波事件を醸生したりとせば、治国の要具たる警察と裁判とが相俟《ま》って、遂に不測の禍《わざわい》を招きたるなり。もしこれに反対論理を適用すれば、赤旗事件なくんば幸徳事件なく、幸徳事件なくんば難波事件莫矣《なし》と断ずるを得ん。事に警察と裁判にしたがうもの大いに鑑戒《かんかい》する所なかるべからず。

西園寺内閣は明治三十九年一月七日成立し、明治四十一年七月総辞職をなし、同月十四日第二次桂内閣成立せり。西園寺内閣総辞職の原因に関し、文学博士吉田東伍氏の倒叙日本史に載するところに拠《よ》れば、

「西園寺侯は前内閣派の大不興を招き、已《すで》に前内閣派は外交財政に就きて、元老をして連《しきり》に内閣を詰責せしめしのみならず、遂に某々を通じて宮中に入り、『政友会は西園寺首相を初め原、松田等総て仏蘭西学系統に属し、随《したが》いて共和政治を喜ぶものにして、近時我国に於る社会主義無政府主義の取締を緩慢に附するも全く之が為なるのみならず、此多数党たる政友会員の議決せる新刑法の如きも、社会主義を含有し、又近時教育上に於ても社会主義の加味し来りたるは全く国体を傷くべき危険の政策なり』と

云為せしめたりといふ。蓋《けだし》西園寺侯この飛語に駭《おどろ》き病に詫して辞職す。世論之を以て、官僚は西園寺を毒殺したりと云ふに至る。中《あた》らずと雖《いえど》も遠からず」

この説の当否は知らざるも当時西園寺内閣毒殺の世評ありしは事実なり。しかるにこれを幸徳事件の陰謀の経過に対照すれば、いわゆる錦輝館赤旗事件は明治四十一年六月二十二日に起り、幸徳伝次郎、大石誠之助、森近運平が大逆事件を謀議したるは、明治四十一年十一月十九日にして桂内閣時代に属す。また宮下太吉が上京して初めて伝次郎を訪い、逆謀を告げたるは明治四十二年二月十三日なり。故に幸徳事件は社会主義の取締り寛大なりとて毒殺されたる西園寺内閣時代に起らずして、かえってその取締りに厳密を加えたる桂内閣時代に陰謀されたるは奇なる現象にあらずや。幸徳事件の判文中当局の警戒注視益《ますます》厳密を加うとの一句を精読せば蓋《けだし》思《おもい》半《なかば》に過ぐるものあらん。

古《いにしえ》より重刑主義を以て天下を経営せんと試みたる多数の為政者は、悉《ことごと》く失敗の教訓を後世に貽《のこ》せり。秦の始皇帝は厳刑酷罰主義のもっともなるものなり。四百六十人の儒者を坑にし、己に反する思想の絶滅を期したる猛烈の君主なり。自ら始皇帝と称し、二世三世以て万世に伝えんと豪語せしが、二世四十年にしてその祀絶てり。秦に代りて天下を統一したる漢の高祖は法を三章に約したる寛厚《かんこう》の長者たりしが、かえって漢代四百年の太平を開けり。これらは三尺の童児も熟知せる史実なるに一たび局に当るや自ら戒ることを忘れ、厳峻苛辣を以て国を誤り、身を滅したるもの東西枚挙に遑《いとま》あらず、慨嘆《がいたん》の至なり。

徳川五代将軍綱吉の時代に、和蘭（オランダ）の医師「エンゲルベルト・ケンフエル」の著したる日本誌[(10)]に、長崎より遙々江戸に来り、将軍綱吉に謁見するまでの紀行文を載せり。沿道の風景土俗車馬の費用

に至るまで詳細に叙述し苟《いやしく》も眼に触れたる奇習異俗一つとして洩すことなし。彼が品川宿の入口なる鈴ケ森まで来りし時の、

「恰《あたか》も品川に入る手前にて吾等の眼中に入れる公刑の場所の光景は、轉《うた》た戦慄すべく嫌ふべきものありき。或は腐爛せんとし、或は半ば食ひ散らされたる人の面部及体部は、他の死骸の間に累々として横はり、犬鴉其他食を貪《むさぼ》る禽獣は群を為して、斯《かか》る惨憺たる遺棄物によりて其飽くなきの食欲を満さんとして、其処《そこ》に待ちつゝありき」。

との記事を発見したるとき、予は思わずこれだから重刑主義は駄目だとの嘆声を発せり。

徳川時代に江戸の近郊において最も多くの強盗殺人の行われたるは、南は鈴ケ森、北は小塚原にしてこの二ヵ所は江戸南北の公刑場たりしなり。兇漢は現前自分と同様の罪を犯して、梟首《きょうしゅ》せられたる刑死者の醜骸を目撃し、己も明日これと同一の運命に陥ることを知悉《ちしつ》して刑場に罪悪を恣《ほしいまま》にしたるに非ずや。

徳川幕府はいわゆる一人を刑して、万人を戒しむる他戒主義の刑制を信仰し、惨刑酷刑を公開し、死屍を白日に曝露し、断頭を高く梟木に掲げ以て一般を警戒し、犯罪を予防せんと努め、「ケンフエル」をして公刑場の光景に戦慄せしめたるものなるも、この重刑主義が果して幕府の期待せる効果を奏せしや否やと省れば、かえって反対の結果を招きたることを知るべし。

「ケンフエル」の好奇心よりせる、この一文章は、予の専攻せる智識に強き刺激を与えたり。不良少年に体罰を加うれば益々反抗、執拗、癖見等の不良性を増長せしめ、かえって教誨《きょうかい》の効を挙ぐる能わざるものなることは、教育家の唱うる所なり。官権が厳刑酷罰を以て国民に臨めば国民は終《つい》に厳刑酷罰に慣れ

て、益々残虐なる犯罪を敢行するに至るものなり。

姉崎博士の著「切支丹宗門の迫害と潜伏」によれば、寛永十五年以前にありては、切支丹信者を捕うればなんらの審問もなく火あぶり、つるし、斬罪の重刑に処し、信者の妻子はたとえ信者に非ずとも悉《ことごと》く死刑に処せしが、この時代には火刑者の骨や灰を盗み国外へまで持出され、極刑は益々殉教者を多からしむるの結果を招き、また殉教者の勇敢なる最後が見物の公衆にまで感動を与うるを見て、寛永十五年宗門改役につきたる井上筑後守は、旧来《きゆうらい》の宗門改めの方法を改正し、火あぶりの刑を廃し、信者の妻子はこれを不問に付し、また信者といえども棄教したる者は食禄を与えてこれを好遇し、恩威ならび施したるため著しく禁教の効を奏したりという。

同書に掲載せる井上筑後守の残した宗門改記録に左のごとき記載あり。

「台徳院様御代より大猷院様御代に罷《まかり》なり候ても始は伴天連《ばてれん》とらへ候ても大形《おおかた》火あぶり仰付《おおせつ》けられ候由其後加々爪民部少輔堀式部少輔町奉行いたし候時より吉支丹宗門の者はつるし候様にと仰付けられ長崎にてもつるし候由然れども吉支丹法の穿鑿《せんさく》は之なく伴天連渡り候へば或は火あぶり或はつるし或は斬罪に仰付けられ候故伴天連度々日本へ渡り申し候由」

とあり。姉崎博士はこの候故の二字に深き意味ありとて、井上筑後守の自信を表わせるものなりと敷衍《ふえん》せられたるが、媽港（マカオ）の宣教師等が先輩の虐殺に遭いしことを伝聞し、己その志を継がんと欲し、躍然として日本に渡来したるの状この二字に顕然たり。

また同じ宗門記録文書中、

「つるし殺又は斬罪火あぶりに仰付られ候内は伴天連切に渡し申す由其後御ころばせ日本の宗旨になされ小日向にさしおかれ女房を下され伴天連には十人扶持に銀子一貫づゝ下され切々色々の義御尋ねなされ申上げざる時は嗷問《ごうもん》仰付けられ候様に遊ばされ候てより宗門の者すくなく罷りなり候由」とあり、井上筑後守の後任北条安房守も能《よ》く前任者の政策を踏襲《とうしゅう》して、寛永年間には島原の乱を起し徳川の天下を震撼したる吉支丹も、享保年間に至って遂に禁教の目的を達したりという。

予がここに「ケンフエル」の紀行文と、姉崎博士の「切支丹宗門の迫害と潜伏」との一節を引用したるは、一は厳刑が犯罪防遏《ぼうあつ》の力なきを示し、一は寛大なる刑事政策がかえって刑罰の目的を達したる例証を示さんがためなり。

我が国の裁判所は、社会主義者と朝鮮人とに特別に重刑を科するの傾向あり。幸徳事件において二十四人に死刑を宣告したるは最も顕著なる事実なるが、先年朝鮮人金益相(11)が上海にて田中大将を狙撃し、誤って米国婦人を殺害したる事按において長崎地方裁判所は無期刑を宣告したるに、長崎控訴院は検事の控訴を容《い》れてこれを死刑に処したり。また最近朝鮮人金祉燮が爆弾を携えて上京し、宮城前にて捕縛せられたる事按において、東京地方裁判所は無期刑を宣告し、検事は死刑を相当として控訴をなし、東京控訴院は一審同様無期刑の判決をなせり。これを伊庭想太郎(12)、福田和五郎(13)、中岡艮一(14)等の判決に比較すれば、朝鮮人と内地人との間に刑罰量定の標準に著しき差別あることを疑わざるを得ず。この他出版法違反、治安警察法違反のごとき条例違反においても、社会主義者と朝鮮人とに対しては、著しく科刑を重くするの傾向あり。裁判所や検事局はかかる反国家的の人物には重刑を以てこれを懲するの必要ありと信ずるならんか、かくすることは彼等に、法律は支配階級の便宜のために設けられたるものなりとの観念を与え、法律を蹂躙することを以て階級戦の一手段となすに至り、彼等をして益々反国家的ならしめ、一人斃《たお》れば後者これを継ぎ、畢竟《ひっきょう》彼等の闘志と団結とを鞏固《きょうこ》ならしむに終るべし。

幕府の他戒主義刑事政策の中心地点がかえって兇悪なる犯罪の実行場に化したると、幸徳事件の厳罰が難波事件の動機となりしこととは共に重刑主義の弊害を示したる同一轍に非《あら》ずや。

(10)　ケンペル『日本誌』　ドイツの医者ケンペルが一六九〇年から二年間滞日した記録をもとに著した、ヨーロッパにおける最初の本格的日本研究の書。政治、歴史、宗教、風土、動植物を記した全五巻と「鎖国論」などからなる付録で成り立っている。『日本誌』の蘭訳本は安永年間には既に日本に輸入されていた。

(11)　金益相　一九二〇年北京で朝鮮民族解放を目指す義烈団に入団。二一年九月朝鮮総督府爆破事件を起こす。翌二二年二月、陸軍大将田中義一が上海に立ち寄った際に狙撃するが失敗、逮捕され死刑となる。金祉燮、一九二〇年北京で義烈団に入団。二三年九月の関東大震災後の朝鮮人虐殺事件に大いに憤慨する。翌二四年一月、宮城爆破を意図し、二重橋付近で投弾するも失敗、逮捕され獄中で死す。

(12)　伊庭想太郎（いば　そうたろう）　一八五一―一九〇三　明治時代の教育者、星亨の暗殺者。東京農学校校長、四谷区議会議員、同区学務委員を歴任。東京市教育会長星亨が行った小学校における儒教的「勿れ主義」教育批判演説に憤慨、星の東京疑獄事件への関与とも合わせて、道義腐敗を憂え、一九〇一年星を短刀で刺殺した。裁判では無期懲役の判決、服役中に死亡。

（13）福田和五郎（ふくだ　かずごろう）一八六八―一九二七　明治、大正時代のジャーナリスト、大陸浪人。『国民之友』の編集、『京都新聞』『二六新聞』主筆を経て、『日本新聞』を創刊する。一九一五年に小川平吉らと国民外交同盟会を結成、幹事となり、政府の対中国外交を批判、対外硬運動を行い、一九一六年一月、宮中より帰途の大隈首相の自動車に爆弾を投じたが、爆発せず未遂に終る。

（14）中岡艮一（なかおか　こんいち）一九〇三―　原敬首相殺害犯人。足尾銅山主任の子として生まれ、高等小学校を中退、印刷所徒弟となる。一九年山手線大塚駅雑役夫、二一年同駅転轍手となる。政党政治批判に共鳴、上司からの原内閣批判を受け入れ、国民を悪政から救おうと考えたことが犯行の動機、といわれている。裁判では無期懲役となり、三四年恩赦で出獄する。

暗殺心理の種々相
――幸徳等の刑死直前の様相――

暗殺者の心理は失望、反抗、怨恨、復讐等種々の複雑なる心理が互いに交錯して、最後に常規を逸するに至るものなれども、暗殺に政治的もしくは社会的の意味あるものにありては、最も多量に名誉心の満足を含むものとす。露探《ろたん》前田某を殺したる今村勝太郎、原首相を殪《たお》したる中岡艮一、今回の難波大助のごとき、いずれも兇行後における新聞記事または同主義者の批評に深き注意を払い、これによって自己の名誉心の満足を得んとする傾向を有せり。難波大助のごときは日本臣民たるものの一人として、彼に同情するなきは勿論なるが、彼は心竊《ひそか》に同主義者の仰望を期待せしがごとし。ある時予が彼に告ぐるに共産主義者某氏が、社会主義、共産主義は運動方法として、「テロリズム」に反対なりと語りしことを以てせしに、彼は失望の色を現せり。また幸徳事件における唯一の女性にして、狂熱的の情緒と徹底したる言動とを以て社会の耳目を聳動《しょうどう》したる管野スガのごときも、一面よりこれを見れば火のごとき虚栄心の持主にして、その稚気むしろ笑うに堪えたるものあり。管野は明治四十一年の赤旗事件の際、錦町警察署の一警吏より「しゃくんだ女」と呼ばれたるを洩れ聞き、大いに憤慨し、出獄直後に隆鼻術を施して得々《とくとく》たりしがごときその一例にして、当時の好話柄たりしなり。

各被告によりて多少程度を異にすれども、自己の健康に不安を懐くことも共通の事実なり。幸徳伝次郎が親友大石誠之助に腸間膜羸痩《るいそう》なりと診断せられ余命の長からざるを知り、今村勝太郎は在監中屢々《しばしば》多量の喀血をなし生命危篤として出監治療を許されたるものにして、彼は今日に永らえるは一奇蹟というべし。難波大助も腎臓病の痼疾《こしつ》あり。中岡艮一も肺尖に患《わずらい》ありしという。故に他人よりしてこれを見るときは、彼等は到底余命幾許《いくばく》もなき身を以て楽しからざる生活を送り窮巷《きゅうこう》に徒死せんよりは、若《し》かず破天荒の活劇を演じ、天地を驚動し晴々しき舞台において、短き一生を終らんにはとの棄鉢《すてばち》的行為なりと映ずるものなきに非《あら》ず。而《しか》して世人よりかくのごとく見らるることは、彼等の名誉心を傷つくるものなれば、彼等は自己の病を否認し、もしくは比較的軽症なりと主張すること殆《ほと》んど異口同音なり。

彼等兇徒に通有なるは、彼等の全部が悉《ことごと》く無信仰なるの一事なり。かくいえば宗教家は直にそれ故に人生に宗教は必要なり、無信仰ほど危険なるはなしと叱呼するならん。しかれども彼等は初めより現代宗教を敵党なりと認むるものなれば、既成宗教を以て彼等を感化せんとするは、水に火を点ぜんとするよりも難《かた》し。神儒仏耶の高徳を会して、思想の善導を謀《はか》るがごときは時務に迂《う》なるものなり。

暗殺と新聞記事とは重大なる関係あり。星亭氏の毎日新聞における、原敬氏の阿片事件、満鉄事件の記事における、難波大助事件の大杉事件、亀戸事件の記事における、何《いず》れも暗殺者の決意に大なる関係あり。ある場合にはかの記事なくんば、この暗殺なかりしならんと思わるることあり。勿論新聞記事にも誤謬あり、誇張あるは免れざるも、全然無根なりとすべからず。故に公人にして社会より攻撃せらるる時は、弁明すべきは情理を尽《つく》して弁明し、承認すべきは率直に承認するを以て、他日に禍根を残さざる最善の処置なりとす。徒《いたずら》に強弁して非を蔽《おお》うがごとく見らるる態度はこれを避くるを以て賢明なる方法とす。山本内閣が亀戸事件における処置のごときは予の最も与《くみ》せざる所なり。

暗殺者は常に熱狂者にして、幸徳事件の一人管野スガのごときその最も甚だしきものとす。彼女某検事の尋問に対し、貴官は私達の同志に最も圧制を加えた人です。もし私達の革命が成功した時貴官の頭に爆烈弾を投げつけて、貴官の頭から鮮血が迸《ほとばし》ったらサゾ愉快でしょうネと激語してその他の答弁を拒絶し、また公判の最終陳述として、私達の計画は中途にて発覚し不幸にして失敗せしが一葉落ちて天下の秋を知る、他日必ず私達の志を継ぐものあらんと豪語せり。

幸徳伝次郎は主義において首領たるも、大逆罪においては首謀者に非《あら》ず。管野スガ、新村忠雄、宮下太吉の三人はある時相議して、自分等は一身を犠牲にして事を挙ぐるも、先生（彼等は伝次郎を先生と呼べり）は無政府主義の学者なれば我等と共に一命を失うは惜しむに堪えたり《（ママ）》、今後先生を除外して、我等三人主として事を挙げんと。伝次郎もその意を諒《りよう》し中途より謀議に遠ざかりしも、刑法第七十三条の犯罪は陰謀のみにても成立するものなれば、伝次郎の中途脱退も遂にその身を救うに足らざりしなり。伝次郎は畢《ひっ》竟《きよう》彼女の狂熱的情熱に抱擁せられ、心身共に焚《や》き尽されしなり。もし伝次郎とスガとが夫婦たることなかりせば、彼の大逆事件は決して発生せざりしならん。

暗殺に与するがごとき徒輩はもとより豪胆不敵にして、身命を鴻毛《こうもう》の軽きに比するものなることは勿論なるが、暗殺が彼等の奉持する主義に原因するものなるときは殉教者たる信仰と満足とを以て、従容《しようよう》として死を迎うるものなり。かかる徒輩に科するに死刑を以てするのは、彼等の進んで求めんとするものをこれより与うるものなれば、刑罰の目的たる制裁もしくは苦痛の意味をなさざるべし。

幸徳伝次郎の辞世の詩は、

昨非皆在我　何怨楚囚身　才拙惟任命　途窮未禱神

死生長夜夢　栄辱太虚塵　一笑幽窓底　乾坤入眼新

の絶句にして、彼も死に近づきて悔悟の念を兆《きざ》したるを推知し得べし。また管野スガが予に寄せたる辞世の歌は、

やかて来む終の日思ひ限なき生命思ひ笑みて居ぬ

限りなき時と空とのたゞ中に小さきもの、何を争ふ

彼女の強気負け惜しみと革命家たる衒気《げんき》の閃《ひら》めけるうちに無信仰の彼女が、永遠の生命を思うて自ら慰むる心機を見る可し。

幸徳等の死刑執行に立ち会いせる教誨師沼波政憲氏の談話を、市場学而郎氏の筆記せるものあり。彼等が死に臨んでその態度の従容自若たる、直に人をして古《いにしえ》の殉教者を思わしむるものあり。原文の儘《まま》左に転載す。

幸徳一派の刑死の刹那　市場学而郎記

明治四十一年（明治四十四年が正しい）一月二十四日社会主義者幸徳秋水一派十二名（管野スガ子一名は翌二十五日執行）が刑死したる当時の有様に就《つい》ては、これまで絶対秘密に封ぜられてあるので、立会はれた役人を除くの外何人も窮知《きち》することが出来なかつた。私は此話を聞き出したのは確かその年の九月頃であつたと記憶する。当時刑の執行に立会はれた教誨師沼波政憲氏が、死刑執行の悽惨たる光景に痛く頭脳を刺撃せられ、子々孫々に至るまで決して監獄の教誨師たるべきものに非ずと、直に職を辞したりと聞き、氏を深川区西町の第二無料宿泊所に訪問した。談たまたま死刑囚に移りたる際、私は幸徳一派が刑死当時の状態に就て話されたきことを氏に強要した。氏は初めは容易に話されそうもしなかつたが、余りに熱心に迫つたので漸くに其一斑を洩された。併《しか》し是れは絶対に秘密を厳守せねばならぬのであるから断じて他に洩してくれるなとの条件付であつた。併《しか》しながら今日となつては最早幾多の星霜を経て居るので余り差支《さしつかえ》もあるまいと思ふし、殊《こと》に本会（日本犯罪学会）の席上で話すのであるから、さしさはりはなからうと思ふし、殊に在野史家の参考にもならぬとも限らないと思はるゝので、是れを洩すことにした。沼波氏に対しては前約を破り申訳ない次第であるが幸に恕せられたい。

幸徳伝次郎　死刑の二三日前のことであつた。彼は沼波氏に向ひ、私が死刑の執行を受くるは事件の成行上止むを得ぬ所であるが、唯《ただ》気の毒に思ふのは我々と共に死刑の宣告を受けた人々である。彼等の中には親のあるものもあり、妻子のあるものもある。今更何と云ふた所で致し方がない。同じ舟に乗り合せて海上難風に遭《あ》ひ、共に海底の藻くづとなつたと諦めて貰ふより外はない云々。

彼の監房より引き出されて死刑執行の旨を告げらるゝや、彼れは典獄に対《むか》ひ、原稿の書きかけが監房内に散乱してあるから一度監房へ戻して貰ひたい。そうすれば原稿を整理して来るからと願《ねがい》立てたが、許されなかつた。尤《もつと》も彼れは其朝まで筆を執つて原稿を書いてゐたのである。彼れが絞首台に上るや従容として挙止些《いささ》かも取乱したる様子は見えなかつたが、或は強いて平気を装ふたのではなからうかと疑はれもした。

大石誠之助⑮　是れも同じく死刑の二三日前であつた。沼波氏が彼れを独房に訪づれると、彼れは氏に対してかやうのことを話された。世間には能く冗談から駒が出ると云ふ諺があるが、今回の事件の如きは正に好適例だと思ふと、冷かな笑を漏されたさうである。死刑の当日呼出されて典獄の前に立つた時、彼れは自分は永らく獄中に在つて絶へて喫煙したことがない、願くば巻煙草一本を喫して改めて此世の暇乞《いとまごい》を為さんと。そこで沼波氏は敷島一本を与へたるに彼れ欣然として半ば喫して云ひけるには、暫く吸はずして喫ひますとどうも頭がぐらついて来ます。是れでは絞首台へ上つても気持能く往生出来ますまい。と其儘《そのまま》煙草を捨てた。然し彼の一度絞首台へ上るや全く従容自若たるものであつた。

内山愚童⑯　彼が刑の執行を宣告せらるゝや沼波教誨師は彼に対つて、「貴方は元僧侶の方であつたのだから切《せ》めて最後の際だけでも念珠を手にかけられたらどうですか」と尋ねると、彼は暫くの間黙然として考へて居たが、唯一語「よしませう」と答へた。そこで氏は「夫《そ》れは又どう云ふ訳ですか」と反問すると、彼は「仮令《たとえ》念珠をかけて見たところでどうせ浮かばれつこはないのです」と笑つて答へられた。

宮下太吉⑰　彼が絞首台に上るや否や無政府党万歳を呼ばんとし、将《まさ》に無政府党万まで呼んだ処を執行の看守は周章狼狽して、直に機車を転じて、辛くも絞首台下の屍骸たらしめた。

新美卯一郎⑱　彼は元熊本新聞の記者だつたので獄中に在つても好んで文学的書籍を耽読した。一月十八日死刑の宣告を受くるや切に辞世の句を読まんものと苦心した容子であつた。刑執行の二三日前に、沼波氏は彼を独房に訪ねると、彼は喜んで左の一句を示した。

死ぬる身を弥陀にまかせて雪見かな

刑に臨むや、死ぬるを消ゆると改め即ち、

消ゆる身を弥陀にまかせて雪見かな

彼は従容として死に就いた。

奥宮健之⑲　刑執行の前日であった。沼波氏は偶然彼を独房に訪れると彼は氏に対つて「どうも世の中には不思議の事がありがちのものです。私が死刑の宣告を受けるとは一寸私自身としては妙な感に打たれます」云々と。其当時世間では奥宮だけは政府の間者だと噂されて居たゞけ此一語は不可解の謎として見るより外はないやうに思はれると氏は語られた。

彼が死に臨むや従容自若些《いささ》かも後事を顧念するの容子も見へず、寧ろ幸徳以上の落付振りであった。

新村忠雄⑳　彼は刑の宣告を受くるやフト恐怖に襲はれたる如き態度でありしが、同時に軽度の脳貧血を起し、将《まさ》に後に倒れんとしたるを教誨師は後より之を抱き止めたるが、直に回復し従容として刑の執行を受けた。

古河力作㉑　彼が刑の執行は十一人目即ち其日の最後であつた。午前八時幸徳を絞首台に上げてより、刑の執行を迅速に取扱つたのであるが、彼の執行は既に午後四時に近かつた。

日の短い季節であつた為め最早夕食の刻限であつた。彼に刑の執行を言渡すと彼は平然として戒護の看守に向ひ「まだ夕飯を頂戴しませんでしたね――」と云つた。そこで沼波氏は彼に対し「今日はお前も薄々知つての通り非常に忙しかつたのでツイ夕食までは気が付かなかつた」と云ふと彼は「どうも腹が減つて丶は元気よく死ぬことも出来ますまい、どうぞ阿弥陀様に供へてあるお菓子でも頂きませう」と云ふので、氏は簡単に読経を済して、番茶と羊羹とを与へると彼は如何《いか》にも美味《うま》さうに二本の羊羹と密柑一つとを平げて「もう腹も十分ですからスグ出かけようではありませんか」と自ら腰掛けを離れた。其態度の従容たるは豪胆と評すべきか、無神経と称すべきか、兎に角彼が如きものは是迄の死刑者中未だ曽《かつ》て見たことが無い。

菅野スガ子㉒　翌二十五日午前八時スガ子の刑に臨むや、顔色平日に異らず。寧ろ快然として微笑を湛《たた》え自若として死に就いた。蓋《けだ》し彼女の心情を忖度《そんたく》するに後世若し革命家列伝を編するものあらば、自分は日本に於ける婦人革命家として筆頭第一に叙述せらるべきものと自ら夫《それ》を誇として居たのではあるまいか。

余　談

幸徳一派死刑の当日には密柑と羊羹とを与へたのである。所が彼等は殆ど申合せた如く密柑の皮をむき、筋を取り、食したる後キチンと皮の中に筋を収め、そして夫れをテーブルの片隅に置き少しも取乱さなかつた。夫れだけ彼等にはどこか落付きがあつた。大抵の死刑者は、密柑など与ふれば皮も筋もあたり構《かま》はず棄てたものである。云々。

幸徳事件の発覚は如何《いか》なる端緒によりたるか、記録を閲するに明治四十二年九月奥宮健之が伝次郎を訪問せしとき、伝次郎は今もし日本において大逆を行うものあらばその結果如何《いかん》と問い、健之は我が国においてかくのごとき挙をなすものあらば人心を失い失敗せんのみと答えたることあり。その翌十月健之の再び来訪せしとき、伝次郎は健之に爆弾の製法を問い、健之は知人西内正基に質《ただ》してこれを伝次郎に教えたる事実あり。同年十一月三日宮下太吉が、明科付近の山中にて爆弾の実験をなし、その効力甚大なるものありしとて、これを太吉より忠雄に通知し、忠雄は伝次郎に伝次郎は健之に報告し、その後健之は飯野吉三郎（青山穏田の行者といわれ政界の裏面に暗躍したる怪人物）を訪問したる事実あり。これらの事実を総合すれば、健之は陽に伝次郎の謀議に与みし、陰に之を吉三郎に売りしならんと推測せらるべき事情なきに非《あ》らず。予は当時より健之の行動を疑問とせしが前掲沼波政憲氏に語りたる健之の言によりて、健之の口よりこの疑問を解くの鍵を与えられたるの感あり。予をして憶測を擅《ほしいまま》にせしむるならば、明科における宮下太吉の爆弾の実験は、長野県の警察を驚かし長野県より内務省へ報告ありしも、内務省は未だ何等の端緒を握る能《あた》わずして、徒《いたずら》に疑惑に包まれつつありし際、健之より密謀を耳にせる飯野吉三郎が当局へ密告し、ここに逆徒を一網に打尽し得たるものならんか。而《しか》して密告者健之が自己の運命を不思議がりつつ、共に大逆罪の共犯者として絞首台に消えたるは奇縁と謂《い》うべし。

幸徳事件は関係者多数なれば、たとえ健之や吉三郎の密告なしとするも、早晩発覚の運命にありしならんも、難波大助は単身独行せるを以て遂に発覚の機会なく、彼がごとき兇行を演ずるに至れり。彼が十二月二十二日山口県柳井津に友人梅田与一を訪問せる際、与一は大助がステッキ銃を携帯せるを見て危険を感じ、再三これを自分に預けよと言いたれども、大助は辞を設けてこれを携えて上京せり。而《しか》して与一は十二月二十五日大助の後を追いて京都に来り、二十七日京都にて兇行の号外を見るや即夜上京せしほどなれば、与一は兇行前において大助の危険を察知しいたるものなるべし。故に同人が密告すればあるいは未発に防ぎ得たりしならんも、しからずんば他に発覚の機会なし。我等同胞は皇室の警衛を警察官吏に一任することなく、各自、身を挺して警衛の任に膺《あた》り、以て皇室を擁護し奉るの覚悟なかるべからず。

(15)　大石誠之助（おおいし　せいのすけ）　一八六七―一九一一　明治時代の医師、社会主義者、日本でキリスト教受洗後渡米。オレゴン大医学部卒。後に、伝染病研究のため渡印。帰国後、社会主義に傾倒。平民社の社会主義運動に参加。『週刊平民新聞』等に寄稿。故郷和歌山県新宮の平民クラブの中心的存在。一九一〇年の大逆事件に連座、死刑となる。

(16)　内山愚童（うちやま　ぐどう）　一八七四―一九一一　明治時代後期の無政府主義者、曹洞宗の僧侶。

一九〇四年神奈川県箱根林泉寺住職となる。同時期に、『週刊平民新聞』に寄稿、社会主義の立場に立つ。後に幸徳秋水との交流から無政府主義者となる。一九〇八年『無政府共産』等を秘密裡に出版し、翌年逮捕される。前掲書の出版等を理由に大逆事件に連座して、死刑となる。

(17) 宮下太吉（みやした　たきち）　一八七五―一九一一　明治時代の無政府主義者。機械工として全国各地で働く。労働者として働くうちに、社会主義に傾倒する。片山潜らの穏健な社会主義に飽き足りず、一九〇八年内山愚童の『入獄記念無政府共産』を愛知県大府駅で配布。天皇信仰を打破するため、爆裂弾を投げ、天皇も血を流す同じ人間であることを証明しようと決意する。長野県明科製作所で爆弾を試作し、大逆事件唯一の手がかりとして逮捕され、死刑となる。

(18) 新美卯一郎（にいみ　ういちろう）　一八七九―一九一一　明治時代のジャーナリスト。熊本県出身。早稲田専門学校に学ぶ。『鎮西日報』記者を経て、熊本新聞社に入社する。一九〇七年『熊本評論』を創刊、政府の弾圧により機関紙を失った幸徳秋水らの評論を掲載。爆弾テロの話を聞いたことから、大逆事件に連座、死刑となる。

(19) 奥宮健之（おくみや　けんし）　一八五七―一九一一　明治時代の社会主義者。土佐の生まれ、一八七〇年上京して英語を学び、一八八一年自由党に入党、自由民権運動に参加する。東京で人力車夫の生活擁護運動を行う。八四年名古屋事件に参加し逮捕され、一二年の獄中生活を送る。出獄後、労働運動、社会主義運動に乗り出し、普通選挙実施を主張。幸徳秋水に爆弾の製法を教えたことを理由に、大逆事件に連座、死刑となる。

(20) 新村忠雄（にいむら　ただお）一八八七―一九一一　明治時代の無政府主義者。一九〇七年社会主義夏期講習会に参加する。翌年高畠素之らが創刊した『東北評論』に関与する。幸徳秋水、大石誠之助の家に寄宿。宮下太吉らとの天皇暗殺謀議加担を理由に逮捕、死刑となる。

(21) 古河力作（ふるかわ　りきさく）一八八四―一九一一　明治時代の無政府主義者。福井県出身。上京後、滝野川の草花栽培園園丁となる。社会主義に傾倒し、川田倉吉の社会主義クラブ愛人社に入社。一九〇九年幸徳秋水らの発行する『自由思想』にかかわる。宮下太吉らとの天皇暗殺謀議を理由に逮捕、死刑となる。

(22) 管野スガ（かんの　すが）一八八一―一九一一　明治時代の新聞記者、社会主義者で女性革命家の先駆者。一九〇二年大阪の小説家宇田川文海に師事。『牟婁新報』『毎日電報』記者をつとめる。荒畑寒村と同居し、社会主義者となる。のちに幸徳秋水と同棲し、幸徳と共に『自由思想』を発刊する。宮下太吉らの天皇暗殺謀議に関与したとして大逆事件に連座、死刑となる。

抑圧に酬ゆる復讐

――赤旗事件は幸徳事件を生み、幸徳事件は難波事件を醸生せり――

幸徳伝次郎の大逆罪が政府の迫害を憤慨し、その報復として計画せられたるものなることは、大審院特別刑事部の判文に明示せる所なり。また難波大助の予審調書の一節に、

言論、集会、運動（社会運動労働運動）ヘノ暴圧ハ日本ノ権力者ガ口癖ニ云フ思想ニ対シテハ思想デ争

ヘニ全然違反セシコトヲ示シテ居マス。而《しか》シテ彼等ハ今ヤ更ニ思想ニ対スルニ銃剣ヲ以テスル過激思想取締法案ノ如キモノヲスラ出スニ躊躇セザルコトヲ表明シテ居マス。私共共産主義者ハ銃剣ニ対シテモ尚思想デ戦フ程ノ御目出度《おめでたき》信条ヲ有スルモノデハアリマセン。私達ハ「テロリズム」ノ流行ヲ極力忌避シマス。然《しか》レドモ言論ノ自由毛頭ナキ暁《あかつき》ニ於テハ私達主義者ガ其《その》窮余ノ一策トシテ「テロリズム」ヲ採用スルノハ当然ノ処置デアリマス。私達ハ言論暴圧ノ結果トシテ起ル暴行ト流血ガ無産者ノ幸福ヲ害《そこな》フ事甚大ナル事ヲ鑑ミ斯《こ》フナルコトヲ前以テ防グ為メ権力者ヘノ反省トシテ「テロリズム」ヲ採用スルノデアリマス。

千九百二十三年五月以降ヨリ日本ニ於ケル反動団体ハ権力者ノ保護ト鼓舞ト指導ニ依リ其勢力漸《よう》ク高マリ、九月一日ノ大震災以後其跋扈《ばっこ》益々甚シカラントスル傾向ヲ生ジマシタ。大震災以後一部ノ権力者中反動諸団体ノ者共ガ社会主義者、労働者、鮮人労働者、支那人労働者ノ多数ヲ惨忍野蛮ナル方法ニ依テ虐殺セシコトハ私達主義者ノ憤激憎悪措カザル所デアリマス。反動諸団体ハ大震ノ「ドサクサ」マギレニ凱歌ヲ奏セシヲ好機トシテ、一部国家社会主義者ノ指導ニ依リ更ニ此上暴行ヲ左傾社会主義者、組合労働者ノ上ニ加ヘル形勢ヲ示シテ居リマス。私達共産主義者ハ反動団体ノ暴力ニ屏息シテ労働運動、社会運動ヲ中止スル程意気地《いくじ》ナシデハ無イ。寧ロ却テ逆襲的ニ彼等ニ向ツテ挑戦スル丈《だけ》ノ意気ト決心トヲ有シテ居ルノデアリマス。私達ハ私達ノ決心ヲ権力階級ト資本家階級ノ傀儡《かいらい》タル反動諸団体ニ明示スルコトハ共産主義者ノ義務ト信ジマス。故ニ私ハ反動団体ノ此上ノ暴虐ナル行動ニ対シテ私達ノ向フ所ヲ示ス手段トシテ、彼等ノ絶対神聖ト看做シ尊信措ク能ハザル皇族ニ対シテ「テロリズム」ヲ遂行スルモノデアリマス。是私共共産主義者ガ反動団体へ挑戦スルニ先テノ抗議デアリ警告デアリマス。

大助はこの外に亀戸事件において軍隊と警察とが、十数人の組合労働者を虐殺したるに拘《かかわ》らず遂に一人も処罰せられることなき事実と、大杉栄外二名を殺したる甘粕某が十年の有期懲役に処せられたる事実と、原首相を殺したる中岡艮一が無期懲役に処せられたる事実とを対比して国家の法律が、実に勝手気儘《きまま》の者なりとの批難を加えおれり。大助の主張は事実においても、理論においても粗笨杜撰《そほんずさん》を免れざれども、これに対しては、反動団体や警察や軍隊にありてもまた深く自家の責任を自覚せざるべからざるものあることを否定すること能《あた》わず。加之《しかのみならず》吾人の最も怖るるところは誤りたる事実、または理論に惑溺《わくでき》して大事を惹起《じやつき》したるものの多きにあり。古来妄《みだ》りに大事を惹起したる者の多くは、誤れる事実と理論に動かされたる者なり。故に吾人は彼等の主張が事実または理論の誤れるの故を以て、これを忽諸《なおざり》に付するを得ず。況《いわ》んや較《やや》もすれば累を皇室に及ぼすものあるにおいておや。

無政府主義、共産主義、社会主義等民衆の実生活を基調とするものは、宛《あたか》も昔時の宗教のごとく殆《ほと》んど一つの信仰に類するものあり。人によりて信念に強弱あるは勿論なるも、その強きものにありては、他の圧迫を以て容易に信念を擲《なげう》つものに非《あら》ず。かえって圧迫に反抗して復讐の挙に出づるものあることを知らざるべからず。吾人は天理教や大本教の教祖に多くの尊敬を払わざるも、彼等の信徒はその教祖に対し、ほとんど盲目的の尊崇を捧ぐるがごとく、彼等主義者間にありても、その首領に対する信仰と尊敬とは吾人の想像以上にして、難波大助が幸徳のため復讐せんと決意したること、または甘粕事件の後、大杉栄の同志が某々将軍を狙撃したるがごとき最も有力にこれを証す。

すでに陳《の》ぶるがごとく赤旗事件はその復讐として幸徳事件を発生せしめ、幸徳事件はさらにその復讐として難波事件を醞醸《うんじょう》せしめたり。而《しか》してそのここに至る所以《ゆえん》は、思想の衝突に基づくを以て、反対思想、反対団体の中心に攻撃の目標を定むるの勢をなし、危害を皇室に加えんとする危険思想を発生する所以なり。予がある日大助に接見の際、もし幸徳事件の裁判を不当なりとして幸徳のため復讐せんとするものならば、宜《よろ》しくその裁判に関与したる判検事に向って復讐を謀《はか》るべし。毫《ごう》も裁判に関係なき皇室に危害を加うべき理由なきに非ずやと詰問せしに彼は頗る答弁に窮し、予審の申し立てを翻えし幸徳事件の復讐としての「テロリズム」に非ず。支配階級への抗議、もしくは警告としての「テロリズム」なりと弁解したることあり。また公判の最終の発言として共産主義の正面の敵に非ざる皇室に対し危害を加えんとしたるの軽率なりしことを陳謝せり。皇室は思想や階級に超越して、常に一視同仁なり。この一視同仁の皇室を彼等をして敵党なるがごとく誤信せしめたるは、抑《そもそも》何人の責任なりや。予は当局者が深く思いをここに致さんことを熱望して止まざるものなり。

責任論の一

――難波大助事件の犯行の詳細――

幸徳伝次郎の大逆罪は予備中に発覚し纔《わずか》に事なきを得たるも、難波大助に至っては鳳輦《ほうれん》に咫尺《しせき》し、銃身は車台の外面を衝《つ》きて塗料を剝離し、弾丸は硝子窓を破りて弾痕を御座内に止め、陪乗の侍従は硝子の破片にて顔面に出血するに至る。玉体に微傷だも負わせ給わざりしは真に天佑と謂《い》う可《べ》し。兇漢大助が南谷検事正に申し立てたる兇行の現状は左のごとし。

皇太子ノ自動車ガ私ノ真正面カラ五間位赤坂方面へ寄ツタ位置へ来マシタ時ニ私ハ前ニ立ツテヰタ子供ヲ突キ除ケ左へ警官右ニ憲兵ノ居リマス其間《そのま》ヲ通リマシテ皇太子ノ自動車ノ硝子窓ヨリ筒先ガ三寸カ五寸位ノ距離マデ接近シマシタ皇太子ノ顔ト銃トガ一致シタトキニ引金ヲ引キマシタ夫《そ》レガ為《ため》弾丸ガ確ニ硝子窓ニ当リマシタ大キナ亀裂ガ入リ穴ガ明《あ》イタ事ヲ見届ケマシタ私ハ直グ革命万歳ヲ響キ渡ル様ナ声デ連呼シツ、其《その》自動車ノ後ヲ追駈《おいか》ヶ五六間走ツテ行キマシタガ其處《そこ》へ警官ヤ憲兵ヤ群集ガ来マシテ取囲マレテ仕舞マシタ

兇漢をして警戒線を突破せしめ御召《おめし》自動車に肉薄して、兇器たる「ステッキ」銃の狙を定むるの余裕あらしめ、加之《しかのみならず》発砲後革命万歳を連呼して五六間自動車の後を追駈けたる後、漸く逮捕したるは言語に絶えたる怠慢に非《あら》ずや。

予審判事に対しても略《ほぼ》同様の申立をなし、なお予審判事の、被告は皇太子殿下の何處《どこ》を撃つ考えであったかとの問に対し、顔です。首から上を狙う積りであったのです。と答えたり。読者はさらに左の検証調書を見よ。

検証調書

被告人難波大助ニ対スル刑法第七十三条ノ罪ノ被告事件ニ付キ大正十二年十二月三十日大審院特別権限ニ属スル被告事件予審判事沼義雄ハ裁判所書記稲垣正二立会ノ上検証スルコト左ノ如シ

此《この》検証ハ大審院検事々務取扱東京地方裁判所検事正南谷知悌同事務取扱同裁判所検事岩松玄十宮内省書記官二荒芳徳及宮内技手隈元一郎立会ス

検証ノ目的物ハ

皇太子殿下御召《おめし》自動車ナリトス

検証ノ結果ハ

一、右皇太子殿下御召自動車ハ英国デムラ会社製造ニ係《かか》ル「スペシヤル」号貴賓車第十一号ニシテ宮内省主馬寮車馬課自動車係第一車庫ニ安置シアリ同車ノ長サ約二間半幅五尺高サ約七尺アリ車台ハ暗赤色ニシテ「ルーム」ノ上方ハ黒色ヲ呈ス

一、「ルーム」ノ御座席ノ左右ニハ孰《いず》レモ高サ約一尺九寸幅約二尺八寸ノ硝子窓アリ又左右ノ「ルーム」ノ「ドアー」ニハ孰レモ約一尺九寸平方ノ硝子窓アリ又後方ニハ高サ約九寸一分幅約二尺八寸ノ硝子窓アリ尚前方運転手台トノ境ニハ総硝子ノ設備アリテ其《その》各硝子ノ厚サ孰レモ一分八厘ナリ

一、御座席ノ右側硝子戸ニハ前方ヨリ約四寸三分後方ヨリ約三尺二寸下方ヨリ約一尺五分上方ヨリ約六寸地上ヨリ約六尺ノ個所ニ弾丸貫通シ為ニ生ジタル縦約一寸四分横約一寸八分ノ不整円形ヲ為セル一個ノ孔アリ又該孔ヨリ四方ニ生ジタル無数ノ亀裂存ス孔ノ内側ハ其《その》周囲約七八分ノ間硝子著シク剥落セリ其模様別紙第一図ニ図示スルガ如シ

一、尚硝子窓ノ前方下端ニ接シタル車台ノ外部ニハ「ステツキ」銃ノ当リタル為メ生ジタルモノト認メ得ベキ長サ約二寸三分幅約三分乃至《ないし》四分ノ一個ノ毀損個所アリ其毀損個所中前端ハ最初銃口ノ衝突

ニ依リテ生ジタルモノト認メ得ベキ銃口形ノ毀損アリ其模様亦《また》別紙第一図ニ図示（イ点）スルガ如シ

一、尚右毀損個所ヨリ後方ニ当リ「ルームドアー」トノ境ヨリ約九寸五分ノ個所ヨリ斜メ後下方ニ亘《わた》リ銃口ガ接触シタル儘《まま》自動車ノ進行シタル為メ生ジタルモノト認メ得ベキ長サ約七寸四分幅約一分ノ一条ノ摺《す》リ瑕《きず》アリ其摺リ瑕ハ只《ただ》外部ノ漆ヲ剝シ内部ノ鉄板ヲ露出スル程度ニシテ其模様ハ別紙第一図ニ図示（ロ点）スル如シ

一、次ニ「ルーム」内ヲ検スルニ幅約四尺八寸長サ約六尺二寸アリテ御座席ハ後方ニ設備サレ幅約一尺六寸高サ約一尺五寸天井ヨリ約三尺三寸左右両側窓ノ下端ヨリ約一尺存ス御座席ノ中央ノ前方ニハ侍従長ノ座席アリ其他御座席ノ稍々《やや》前方ニ於テ左右ニ各一個ノ化粧箱設ケラル

一、天井及其《その》周囲ヲ検スルニ天井ノ左後隅ニ偏シタル付近ニ五個所ノ示指頭大ノ弾痕アリテ其弾痕ハ何《いず》レモ顕著ナリ而《しか》シテ弾丸ハ天井ヲ貫通セズシテ只布ヲ毀損シタルニ止マル其模様ハ別紙第二図ニ図示スルガ如シ

一、「ルーム」内ノ各硝子窓ノ下縁框化粧箱御座席御座席下等「ルーム」内一面ニ硝子ノ破片及磨砂ノ如キ硝子ノ粉末並《ならびに》弾片散在シ殊《こと》ニ後方硝子窓ノ下縁框上ニハ硝子ノ粉末一面ニ堆積セルヲ認メタリ之《これ》ヲ別紙ノ通リ押収シタリ

一、尚「ルーム」ノ左側及後方硝子戸ノ内側ニハ数個ノ弾痕点々トシテ存在セルヲ認メタリ仍《よっ》テ以上ノ事実ヲ綜合スルトキハ弾丸ガ右硝子戸ニ中リタル為メ右ノ如キ孔ヲ生ジ硝子ガ剝落スルト共ニ其弾

片及其粉末ガ「ルーム」内ニ渦巻キテ散乱シタルコトヲ推知シ得ベク皇太子殿下ガ当時如何ニ御危険ノ状態ニ在ラセラレタルカヲ拝察スルニ余リアリ

一、此《この》検証ハ午前十一時十分ニ着手シ午後二時四十分終了ス

読者はさらにその煩を厭わず侍従長入江為守氏の予審における供述を見よ。

問　御召自動車ガ芝区琴平町一番地先道路ニ差シカ、ラレタル際一不敬漢ガ現ハレ殿下ノ御召自動車ニ向ツテ発砲シタ模様ニ付テ陳《の》ベラレヨ

答　其《その》日ハ午前十時二十五分御出門デ三十五分乃至《ないし》四十分近クニ虎ノ門ノ處ヲ御通過ニナリマシタ其際私ハ殿下ニ向ツテ御陪乗シテ居リマシタ不敬漢ノ現ハレタ所ハ即《すなわ》チ私ノ左後方ニ当ルト思ヒマス従ツテ少シモ心付キマセヌデシタ皇太子殿下モ少シモ御心付キハナカツタ様デシタ突然砲声ヲ聞キマシテ私ハ砲声ノ方へ顔ヲ向ケマシタ其時ニ私ノ顔面へバラバラト何カ知ラン掛ル様ナ心持ガシマシタ殿下ノ御様子ヲ拝シタ處ガ一向御変リノナイ模様デシタカラ安神致シマシタソシテ自動車ノ私ノ左ノ方ノ硝子ヲ見ルト一ツノ孔ガ開イテ居リマシタ右ノ方へ弾丸ガ抜ケタカト思ツテ右ノ方ヲ見マシタガ何等変リガアリマセンデシタ蓋《けだ》シ弾丸ガ自動車ノ上方ノ何レカニ止マツタモノカト思ヒマシタ其時自動車ノ方向ガ少シ右廻シタ様デシタガ直ニ前方ニ向ツテ速度ヲ速メテ前進シマシタ咄嗟《とっさ》ノ事デアリマシタカラ什《ど》ウユウ事柄デアツタカ何者ガ出タノデアツタカ少シモ判リマセンデシタ只自動車ガ前方ニ進ム時ニ後方ニ多勢ノモノガ兇漢ヲ取押ヘテ居ルノヲ瞥見シマシタ尚其際ニ私ノ手袋ニ血ガ滴ルノヲ認メ「ハンカチ」ヲ取出シテ顔面ヲ拭フタ處ガ「ハンカチ」ニ血ガ付タノヲ認メマシタ夫《それ》デ顔面ニ負傷シ

タコトガ判リマシタ夫ガ弾丸ノ破片デアルカ或《あるい》ハ硝子ノ破片デ出来タモノデアルカ不明デアリマシタ其内《そのうち》間モ無ク自動車ハ議院ニ到着シタノデアリマス

問　皇太子殿下ニハ何等御怪我《おけが》ハ無カツタカ

答　殿下ニハ何等御怪我ハアリマセンデシタ

問　証人ハ如何《いか》ナル傷ヲ負フタカ

答　小サイ傷デ恰度《ちょうど》十五許《ばか》リアツタソウデス多分硝子ノ破片デ出来タモノデアリマシテ極メテ小サナ傷デ痛ミモ感ジマセヌデシタ

この検証調書と侍従長の証言とを一読せるものは、殿下の微傷だも負わせ給わざりしを見て、寧《むし》ろ不可解なる神秘的天佑《てんゆう》として祖宗の神霊に感謝すべきなり。

我等臣民は暴漢がかく玉体に迫りたるを聞知し、驚愕と憤怒と恐懼との感情一時に胸に迫り、茫乎《ぼうこ》として言う所を知らず。それ禍は機微に隠れて人の忽《ゆるがせ》にする所に発す。兇行を未発に防ぎ能《あた》わざりしこと、すでに曠職《こうしょく》の責なしとせず。況《いわ》んや兇徒をして鳳輦《ほうれん》を犯すことを得せしめたるがごとき何等の怠慢ぞや。かくのごとくして警衛の任果して何《いず》れにありや。ある日刑務所において大助に接見の際彼冷然として曰く。警戒の巡査や憲兵が群衆に背向きでは駄目ですなと、以て警戒の迂を嘲笑す。管野スガも予審判事に向い、私も天子の通行を見ましたが、警衛など笑うべきもので、爆弾さえあれば何人《なんぴと》の手も借りないで私一人で目的を達せられますと、豪語し麗々と調書に記載せり。当時この調書を読みたる判検事等は、警衛の当局者に注意を与え万全を策すべきに、旧態《きゅうたい》依然たること実に十有余年、遂に一大助をして兇行を恣《ほしいまま》にせしむ。幸いにして危機を一髪に免れたりといえども職に警衛の任にありたるものその責決して軽からず。警衛の警吏一定の間隔に直立不動の姿勢を保つは警衛の形式にして、警衛の精神に非ず。形式ありて精神なし。故に一旦緩急あり、事変咄嗟《とっさ》の間に起るや、瞬間にこれに応ずる能《あた》わず、遂に兇徒をして容易に警戒線を突破せしむ。鳳輦の通過は一秒時間なり。この一秒時間を真剣勝負の緊張せる精神を以て警衛し奉るあらば、決して過《あやまち》を再びすることなかるべし。予は警衛当局者が精神的の訓練に意を用ゆるあらんことを切望す。

責任論の二
――難波事件当時の警視総監湯浅氏の進退について――

山本内閣は難波大助の大逆事件によりて崩壊したれども、総辞職の理由は偏《ひとえ》に帝国の国体に鑑《かんが》み国務に超越して皇室に謝罪の誠を致したるものなりや、あるいは憲法第五十五条に従い国務の連帯責任を負いしものなりや、今なお国民の惑う所なり。独《ひとり》警視総監にありては職務曠職《こうしょく》の全責任者にして、懲戒免官の処分は固《もと》より当然なり。加藤高明内閣の成るや当時の警視総監たりし、湯浅倉平氏(23)は擢《ぬき》んでられて内務次官となり、ために世上の物議を醸《かも》せり。

大正十三年一月二十六日勅令第十一号を以て、同日以前の懲戒処分は免除の恩典に浴したるを以て、湯浅氏の新任は法律上の形式において一も間然する所なし。しかれども同勅令によりて、免除せられたる懲戒者はその数頗《すこぶ》る多かるべく、その懲戒処分の原因たる事実に至りては千様万態にして、したがって責任の大小軽重は原因たる個々の事実によりて判断せらるべきものとす。その軽きものにありては欣々然として蘇生の恩を謝し、再び公生涯に奉仕するを妨げざるも、その重きものに至りてはたとえ恩典ありといえども自己の責任の重大なるに省み、皇恩の渥《あつ》きに感激し愈々《いよいよ》自責の観念を深うせざるべからず。もしその恩典に浴し公生涯に復活すべきや否やは、一に懲戒の原因たる事実に鑑み、本人の主観によって決定すべき精神上道徳上の問題なり。法律の形式において厥《か》くる所なしとて靦然《てんぜん》要職を汚すものあらば、これいわゆる免れて耻《はじ》なきの徒なり。恩命の形式に隠れて謹慎の誠を致さざるの輩なり。

懲戒処分免除の恩典はただ将来に向って、懲罰の効果を消滅せしめたるに止まり、新たなる任命と相関する所なきや勿論なり。

湯浅氏は内務次官に新任したるは、湯浅氏の主観においてすでに恩典に浴したる上は、内務次官に就職するも内に顧みて疚《やま》しき所なしとせしものなることは言うまでもなし。しかれども我等国民はさらに客観的にこれを批判するの自由を有す。

前章に転載せる、難波大助の南谷検事正聴取書、検証調書、入江為守氏の証人調書を一読せば何人といえども最大危険が玉体に迫りたるを見て、慄然《りつぜん》として夏なお寒きを覚えざるものなかるべし。危機一髪、間髪を容《い》れず等の古来の形容詞は未《いま》だ以てこの最大危険を形容するに足らず。その当面の責任者が果して恩典によりて自責の観念を消滅し得べきものなりや。抑々《そもそも》恩命は外より来り、自責は内より発す。恩命に藉口《しゃこう》して自家を回護するがごときは、初めより自責の念なき者なり。

某議員のごとく、忠誠を云為《うんい》して政府を攻むるものと、恩命に藉口して自ら守るものとは、共に政渦を宮中に及ぼすことを憚《はばか》らざるの徒にして、不臣の罪において択《えら》ぶ所なし。

予は当時の警視総監たりし湯浅氏の、懲戒処分の原因たる事実を挙示し、以て同氏の曠職《こうしょく》の責任の大小軽重を読者の判断に任せ、進んで同氏が内務次官の要職につきたる責任観に関して精神上、道徳上の批判を乞わんと欲するものなり。

(23) 湯浅倉平（ゆあさ　くらへい）　一八七四―一九四〇　明治時代から昭和戦前期の官僚、政治家。帝大卒業後内務省に入省。岡山、静岡各県知事、内務省警保局長を歴任。警視総監、内務次官、会計検査院長歴任後、一九三三年宮相に就任。三六年の二・二六事件直後から四〇年まで内大臣を務める。

責任論の三
――難波大助の思想変化の跡――

難波家は山口県の名家にして、曽祖父覃庵は維新勤王家の一人として贈位の恩典に浴したるの士なり、大助も中学時代にありては熱心に皇室中心主義を奉じ、かつて大阪朝日新聞が皇室の尊厳冒瀆の記事を掲げたるを憤り、率先して非買非読同盟を募りたることあり。また雑誌武俠世界に徴兵忌避者を痛撃せる論文を投書したることあり。かかる可憐なる好青年が戦慄すべき逆徒に一変したることは鬼神も予測する能《あた》わざる所にして、これを以て一に家庭の責任となすがごときは実に浅見というべし。現に難波家には大助の外、正太郎、義人、健寛の三男、安喜子、彌代子の二女あり皆学業優良にして、性行温良の青年淑女なり。独《ひとり》大助のみ過激思想に心酔し危険なる言動あるを見て、父兄や近親等がこれを匡正《きようせい》せんと欲し、百方苦心したるも遂にその効なかりしことは前掲判決文の示す所なり。大助は単に思想の赤化したるのみならず漸次徳性を欠き、早稲田高等学院の入学試験に失敗しながら入学し得たりと欺き、父より洋服代金その他入学に要する資金を送らしめんと企てしも、長兄に看破せられて遂げざりしことあり。ある時は魔窟に出入し娼婦に戯れしことあり。父兄より過激思想を棄つべしと厳戒を受くるや、陽にその意に従うがごとき態を示して金銭を得たることあり。故に大助が「テロリズム」を口にするは、これを以て父兄を脅迫して金銭を得んとするものと察し居たるなり。もし大助が大逆を犯さんとするを寸毫《すんごう》にても察知し得たらんには、彼の父兄は如何《いか》なる強圧を彼に加うることも敢て辞するところに非《あら》ざるも、かくのごときは人智のおよぶところに非ず。思慮薄浅なる青年が時に空想突飛なる放言をなすも、多く意に介せざるが常なれば、大助が如何なる放言をなせりとも、彼がごとき行動に出でんとは夢にも思いおよばざりしことは、通常人として免れ難きに属す。事後よりしてこれを見れば、如何なる批評もなし得べきも、社会が全責任を難波家に負わしめんとするは苛酷なるべし。幸徳事件の連累者の一人奥宮健之の実兄奥宮正治は、当時宮城控訴院検事長の重職にありて、兄は検事長、弟は大逆罪の被告たり。実に古今絶奇の現象を呈したるも、世論は兄正治の責任を問わざりしなり。しかれども難波一家のものは、上皇室に対し、下社会に対し恐懼措《お》く所を知らず、挙家謹慎して罪を上下に謝し、父作之進は一室に籠居し、髪梳《くしけず》らず、髯剃らず、客を謝して囚人の生活をなせりという。また山口県人は同県民中より兇徒を出したるを自責し、山口県教育会の主催にて県下各団体一致して、大正十三年九月二十一日亀谷公園に祈誓式を執行し、二州の山河光輝を失い百世の忠魂地下に哭《こく》すと嘆息し、勤王先賢の英霊を祀り皇運の隆昌を祈りしという。しかれども兇徒大助を出したることはその責難波一家または山口県人に止まるべきや、山口県なる限られたる行政区域に責任を限定すべき理由を発見し得ず。大助も我等の同胞にして、日本社会の生みたる一人なり。もし鹿児島県人なるが故に我に責任なし、北海道人なるが故に我に責任なしというものあらば、一国家一国民たるの実何《いず》れにありや。我等日本人は普天の下、率土《そつど》の濱《ひん》悉く連帯してその責任を負うべきものとす。これを事実に徴するに、大助の思想の変化の機因と認めらるるものを年月順に叙すれば左のごとし。

大正六年二月母死亡す。

大正六年四月二十日頃鴻城中学在学中突然精神に異状呈し、同宿の従兄弟より電報し、父作之進来りて郷里へ連れ帰りたることあり。

大正六年武俠世界に寄書して、大元帥陛下の統帥し給う軍隊に入営するを光栄とし、徴兵忌避者を不忠者なりと攻撃す。また大阪朝日新聞が皇室の尊厳を冒瀆するの記事を掲げたるを憤り、父と共に同新聞の不買不読同盟を募る。

大正八年四月陸軍大将田中義一氏が山口に帰省し、中学校、小学校の授業を廃して、全生徒の閲兵をなしたるを見て憤慨す。

大正八年九月東京に来り政談演説に興味を有し各所に傍聴す。

大正九年二月第四十二帝国議会を傍聴し、議場の醜態を見て議員に対する尊敬の念を失う。同日総理大臣原敬氏の普通選挙は我国体の基礎を危くすとの演説を聴き直接行動による外なしと考う。

大正九年五月父が主義政見なくして議員候補者となるを見て父に対する尊敬の念を薄くす。

大正九年九月四谷鮫ケ橋の貧民窟に間借生活をなし社会主義思想を兆《きざ》す。

大正十年一月より雑誌改造を読み社会主義思想の第一歩に入る。

大正十年三月改造に河上肇氏の書きたる断片を読みて、専制に対して「テロリスト」の起るを当然と考う。

大正十年四月幸徳事件の判決を読み「テロリスト」たることを決心す。

大正十年五月より七月まで新聞配達をなす。

大正十年五月青年会館の社会主義者大会の講演会における警官の横暴を憤慨す。

大正十一年四月早稲田高等学院に入学す。

大正十二年二月退学富川町木賃宿に止宿し屋外労働に従事し、淫売窟に出入す。

大正十二年五月一日「メーデー」に参加す。同日読売新聞に「レーニン」が日本を倒すには十億の金と十人の血で沢山なりと語りしとの記事を見て十人の血という事に感ず。

大正十二年九月亀戸事件、大杉事件を見て憤慨す。

想うに大助が自覚せる多くの現象の外、彼自ら知らずして感化を受けたる事また甚だ多かるべし。ある時刑務所において彼に接見したる時、君がもし高等学校の入学試験に合格し目的に向って進むことを得たらんには、今回のごとき直接行動に出づることなかるべしと思わるるが奈何《いか》ん。と問いしに彼は言下に、ソウかも知れませぬと答えたり。この点は独《ひとり》大助のみならず、中岡艮一といえども彼が好める文学に向って順調に進み得べき位地にありしならば、東京駅頭の兇行におよばざりしなるべし。かくのごとく彼を兇行に導きたる原因は数えてこれを悉《ことごと》くする能《あた》わず。また彼と同一境遇、同一事情に包まるるものといえども、彼と同一行動に出ずるものは彼一人の外なかるべきや必せり。故に彼に原因の一部を与えたるものといえども、法律的には勿論、道徳的にも何等の責任を負わざるべきも、我が日本社会を一体としてこれを考うる時、我等の社会より彼を出したる責任を免るべからず。故に予はこの国家の一大災禍に臨んで、国民全体が自己の責任を自覚し、各自に反省する所あらん事を望むものなり。

直接行動とその責任者
——直接行動を惹起せしむる真因——

立憲代議政治にありては、国民が議会を信用すれば自ら直接行動に出づるの要なきなり。しかるに議会は国民のある階級を代表せず、もしくは議会を以て国民の福祉を託するに足らずと看做されたる時、ここに直接行動を生ずるは蓋《けだ》し止むを得ざるの帰結なり。

難波大助は大正九年二月第四十二議会を傍聴し、議員が議場において醜態を極むるを見て、尊敬の念を失い、また同日原首相が普通選挙は我が国体の基礎を危くするを以てこれに反対すとの演説を聞き、我が国の政治家が民衆の利害に無関心なるに憤慨し、直接行動に出づるの外なしと決意したるものなることは、特別刑事部の判決もまたこれを認むる所なり。前掲幸徳伝次郎が磯部、花井両博士と予との三人へ送りたる書面に直接行動と暴力革命との区別を論じたる一節あり曰く。

直接行動の意義

私は又今回の検事局及予審廷の調べに於て直接行動てふことが矢張暴力革命とか爆弾を用ふる挙とか云ふこと、殆んど同義に解せられて居る観があるのに驚きました。直接行動は英語の「ヂレクトアクション」を訳したので、欧米では一般に労働運動に用ふる言葉です。労働組合の職工の中には無政府党もあれば、社会党もあり、忠君愛国論者もあるので、別に無政府主義者の専有の言葉ではありません。そしてその意味するところは、労働者全体の利益を増進するには、議会に御頼み申しても埒《らち》が明かぬ。労働者のことは労働者自身にて運動せねばならぬ、議会を介する間接運動でなくして、労働者自身が直接に運動しやう、即ち総代を出さないで自分等で押し出さうと云ふに過ぎないのです。

幸徳伝次郎の弁解によれば、直接行動必ずしも暴力革命に非《あら》ざるも、直接行動本来の性質は議会不信任に存し、議会不信任は立憲政治の根底を動揺せしむるものとす。国民の代表機関は小は町村会より、大は帝国議会に至るまで皆基礎を国民の信任に置かざるべからず。しかり而《しこう》してこれを現時の状態に徴するに代表機関が国民の信任を求めんとせば、彼等まず猛省一番せざるべからず。予はここに議会攻撃に筆鋒を転ずるものに非ず。見よ。原敬氏の歿後数年ならずして、原氏の引率せし政友会が率先して、普通選挙即行と貴族院改革とを絶叫するに徴するも、原氏の普通選挙は国体の基礎を危くすとの一語が、如何《いか》に軽率にしてかつ無責任の放言たるかを知るに足らん。君子その言において苟《いやしく》もする所なし。小人時に臨んで説をなす。予は改めて原首相の軽率なる一語と議員の醜態とが、一青年をして直接行動の決意をなすに至らしめたる重大な結果を挙示し、大小政治家の言行の波及する所が、如何に弘くしてかつ大なるものあるかを警告し、以て彼等の反省を促さんとするものなり。

大助の悔悟

——犯行より刑死に至るまでの大助の言動——

大逆罪の犯人難波大助が、予審において陳述せるところは、暴言を極めここにこれを筆にするに忍びざるものあり。彼が暴言する所以《ゆえん》を察するに、大逆罪決行の直後にして精神の興奮せることその一なり。共産主義革命戦の第一線に立ち、主義のため斃《たお》れたる勇士なりとの名誉心に駆られたることその二なり。故に彼の言う所を察すれば、感情と癖見とを縫うに名誉心の糸を以てせるものなることを看取するを得るなり。一例を挙げんに、彼は屢々《しばしば》皇室を尊崇すべき科学的根拠なしと放言して憚《はばか》らず。皇室の尊崇を科学に求めんとするがごとき稚気《ちき》と浅薄とを脱せざる彼は、同時にこの稚気と浅薄とを以て「レーニン」や共産主義に惑溺したるものなり。裁判官や弁護人が彼をして悔悟せしめんとして、ある人々と彼との接見に便宜を与えたるは事実なり。これにつき多少の批難あることを耳にせり。詳細は聞かざるも、一は大助が悔悟したりとて死刑は免れず、免れざる死刑を免るるがごとく装いて悔悟を促すは非なり。二は宗教家など時勢後れのものが、感化をなさんとするも不可能なること初めより知られたることなり。三は主義のために死を賭したるものなれば悔悟せしめんなど、裁判官としても弁護人としても無用の業なり。この他にも批難の理由はありしやも知らざれども、予の耳にせしは右の三項に出でず。刑罰の目的よりすれば、被告人が自分のなしたることは決して悪事にあらずとの信念を有するものに、強《し》いて権力を以て刑を執行するも刑罰の目的を達し得るものに非ず。大助に死刑を執行するに際し、彼が前非を悔い甘んじて刑を受くると、自分は民衆のために主義戦の第一線に立ちて戦死するのである。死刑の執行は権力階級の横暴なりとの観念を抱きて、刑を受くるとは、刑罰の目的より見れば霄壌《しょうじょう》の差異あることは多言を要せず。

板垣伯が自己の監輯《かんしゅう》せる雑誌社会政策に藩政時代における、土佐藩の刑事裁判に関する談話を掲載せられたることあり曰く、

曽《かつ》て予の郷里土佐に於て、父を殺したる為に官に捕はれたるものあり。彼は感ずべき青年にして、勤勉力行の結果少しく産を興せば、父は之を酒色の為に蕩盡《とうじん》し、従つて興せば従つて靡《ひ》し、斯くの如きもの其幾十回なるを知らず、百方之を諫《いさ》むるも敢て其行を悛《あらた》めざるにより、斯て過ぎ行かば終に家の祀を絶つの已むべからざるに至らんことを憂ひ、彼は千思万考の末、不倫にも遂に其父を殺しぬ。是を以て彼は法廷に出で、鞠問《きくもん》を受くるや、悍然《かんぜん》として抗弁して曰く、予は祖先を思ふが為めに已むを得ずして敢て之を為せり。我父は父として為すべきことを為さずして、却て祖先の祀を絶たんとしたるが故に、予は之を殺せしのみ。斯の如き不法なるものは父として父に非ず。故に予は之を殺すも毫《ごう》も我心に疚《やま》しき所なしと。斯くの如くにして少しも其罪を悔ゆるの色なく、法官は如何《いか》に之を諭《さと》して父を殺すの不倫

なるを説くも、自ら刑罪に首服《しゅふく》せざりき。当時罪人の首服せざるものは之を刑することを得ず。故に官は頗る之が処置に苦しみつゝありしが、時に小監察某なるものあり。彼が教育なく為に倫常を知らざるを憫《あわれ》み、上官に請ふて自ら獄中に行き、彼の為に論語を講じぬ。斯くの如きもの数十日、将《まさ》に其書の三分の一に及びし頃彼は滂然《ぼうぜん》として涕《なみだ》を流し、甫《はじ》めて其罪を悔ひて曰、予や今日に至るまで人倫の大道を知らず、敢て父を殺すの大憝《だいたい》を犯せり。いま閣下の聖人の教を講ぜらるゝに由りて豁然《かつぜん》として大悟す。予の罪大にして万死を以て之を償ふに足らず。願くば速《すみやか》に刑に就て泉下の父に謝せんと。即ち喜んで其罪に首服し、従容《しょうよう》として刑せらる。

これに類する美談は独《ひと》り土佐藩のみならず、幕政時代においては諸藩に伝われり。弁護人や裁判官が被告をして翻然《ほんぜん》悔悟せしめんと思い立ちしは、刑罰の目的よりせるものなれども、その人と方法とを得ざりとの批難はこれを辞せず。その他の批難は刑罰の主義目的に関する意見の相違にして今はこれを呶々《どう》せず。

顧みて難波大助が最後までその非を悟らざりしや否やの点に至りては、世間の伝うる処粗笨《そほん》にして事実に遠きものあり。よって大助のこの心裏の秘密を窺《うかが》うに足るべき数四《すうし》の事実を列挙すべし。

大助はある時教誨師藤井恵照氏に北海道に行きて百姓をしたいと語りしことあり。

某氏と接見の際、政府は決して僕を殺すことは出来ぬと語りしことあり（註　もし政府が自分を殺せばかえって後難あることを惧《おそ》るるの意味）。

予が初めて接見の際、刑務所は彼の自殺を警戒するため、革帯にて彼の両手を縛しありたり。彼曰く、自殺は後悔者のなす所なり。自分は決して悪いことをしたと思わぬから後悔もせぬ。自殺もせぬ。こんなものは寝起に邪魔ですから止めてくれるように先生からいって下さいと語りしことあり。またある時予が大助に君が前非を悔い謝罪の意を表して、生命が助かるものと仮定せば、謝罪して命を拾うが良いかそれとも飽くまでこれまでの主張を固執して死につくが良いか、君は孰《いず》れを択《えら》ぶかと問いしに、彼は主張を棄てれば僕のなした事が無意義になるから僕は死んでも主張は棄てませぬと答えたる事あり。

大助の性質は殆んど無感情にて、藤井教誨師も如何《いか》なる極悪人もここへ来ると温き言葉を聴きて「ホロリ」とするものなるが、大助は入獄以来決して左様の事なし。かかる人物にはこれまでかつて接したることなしと語られたり。

大正十三年六月五日予に寄せたる通信中に、

介石や泣土鳴土や青嵐の役者を借りて御用を力《つとめ》三郎

（註　泣土鳴土は「マクドナルド」をもじりしもの、また青嵐は予が永田秀次郎氏の平易なる皇室論を差入れしが故なり）

手を変へて品を変へての軟化策新羅《しらぎ》の王よ尻を喰へよ

批評する価値だになけれ皇室論役人殿の独《ひと》りぎめ哉《かな》

この頃の大助は自ら悔悟の念の萌さざらんことに努め、他より誘導啓蒙をなさんことにするものあれば、かえって反抗心を強くするの風ありて、予にかかる嘲弄《ちょうろう》を与えて私《ひそ》かに快とせしなり。

十一月十四日すなわち判決言い渡しの翌日、彼に接見したるとき予が開口一番「ドウダ」昨夜は寝られたかと問いしに、彼は寝られんこともなかったですなあと答えたり。

ある時予は大助に摂政宮は君の狙撃に遭っても少しも驚き給わず、神色自若として開院式に臨ませ給い、平生の通り極めて沈着に勅語を御朗読遊ばされたので、便殿に入らせらるるまで、山本総理大臣始め一人も事変のあったことを知らなかったというが、「ドウダ」お偉いだろうと語りしに、彼はアアいう人は物に驚いた経験がありませんからなあ、と答えて眼を外らしたることあり。

これら二三の問答によりても大助が負け惜しみの天性を具《そな》えたる、極めて強情の男たることを知り得べし。かかる大助も自分の行為よりして、父兄が社会的に圧迫を受くることを伝聞し、深くこれを悲しみ、接見の際屢々《しばしば》これに言及せり。ある時予に何故に裁判がかく長びくかと問いし故に、予は君の裁判は大抵判っているから急ぐ必要はなからんと答えしに、彼は僕の裁判が済めば父兄に対する社会の迫害が止みましょうと語りしことあり。また親族の林某氏が接見したる際、大助に父に短刀を送りたるものありと告げし時、流石《さすが》の大助も頭を俛《ふ》し暗然たりしという。大助の眼にも涙あるらしく見えたるは、前後ただこの時のみなりしとは藤井教誨師の語る所なり。

大助が公判廷にて最終の陳述として、述べたる言葉は頗《すこぶ》る長きものなりしが、そのうち彼の悔悟の心理に関するものは、自分は父兄が社会から受くる迫害を軽く計算していた。もし予め今日のごとき迫害を父兄が社会から受くることを知ったならば、今度の事は決行しなかったであろう。共産主義正面の敵でない皇室に向って危害を加えんとしたるは間違いであった。罪を皇太子に謝す。との数語にして、大助の従前の主張とは大なる相違あり。

大審院特別刑事部は判文の末段に至り、大助悔悟の情を次のごとく説示せり。

被告人ハ公判ノ最終ニ於テ自己ノ行為ハ其《その》懐抱スル主義ノ為ニハ仍《なお》正当ナリト思考スルモ皇室ハ無産者ニ対シ直接ニ圧迫ヲ為スニ非《あら》ザルニ拘ラズ独断ヲ以テ一時タリト雖《いえども》又単ニ手段ノ為ナリト雖皇室ヲ敵トシタルハ軽率タルヲ免レズ共産主義者ハ必ズシモ暴力ヲ以テ直ニ革命ヲ実現セントスルモノニ非ズ言論思想ヲ以テ戦ハント欲シ唯《ただ》権力階級ノ挑戦ニ因《よ》リ已《や》ムヲ得ズ暴力ニ訴ルモノニ過ズ故ニ皇室ハ共産主義正面ノ敵ニ非ズ若夫《もしそ》レ権力階級ニシテ皇室ヲ私シ之《これ》ヲ無産者ノ圧迫ニ利用スルガ如キコトアランカ共産主義者ハ皇室ヲ敵ト為スニ至ルベキモ畢竟《ひっきょう》共産主義者ノ希望スル所ハ彼ノ英国ニ学バントスルニ在リテ決シテ露国ニ倣《なら》ハントスルモノニ非ズト陳述シタリ是《これ》被告人ノ犯罪動機ニ関スル信念ニ付若干ノ反省ヲ伝ヘ　稍《ようやく》慚悔ノ情ヲ示スモノト謂フ可シ然《しか》レドモ被告人ノ行為ハ万世一系ニシテ一視同仁ナル皇室ヲ奉戴スル我国建国以来ノ光輝アル歴史ニ拭《ぬぐ》フベカラザル一大汚点ヲ印シタルモノニシテ其罪責極メテ重ク従テ叙上ノ情状アルモ其ノ罪責ヲ軽減スルニ足ラザルモノト認ム

予は公判の終結後彼に接見の際、君が共産主義の正面の敵にあらざる皇室に危害を加えんとしたるは間違いであったという考えは何時《いつ》から起ったのかと問いしに、彼は暫時黙想して後、実は僕の本心ではないのです。アアいえば幾分か父兄への迫害が緩和されると思ったから言ったのですと答えたり。

判決言い渡しを終るや否や彼は大声を発して、日本無産労働者、日本共産党万歳、露西亜（ロシア）社会主義ソビエット共和国万歳、共産党インターナショナル万歳と万歳を三唱せり。

これより先《さき》司法省は大助最後の陳述として、

自分は独断を以て軽率にも皇太子殿下に危害を加うるに至りたるは衷心遺憾に堪えず。また自分の親を始め兄弟姉妹および友人等に対し、今日の如く大なる迷惑を及ぼすべきことを事前に察知したらんには、本件の如き暴挙を敢行することを避けたるべし。ここに自分は、自分の行為のため直接間接に迷惑を被《こうむ》りたる天下一切の人々に誠心誠意謝罪の意を表するものなり。

と多少の文飾を加えて、謝罪の意を公にしたるを以て、大助のこの不謹慎なる万歳三唱に狼狽し周章して記事差し止めをなしたるも、自ら社会に伝播し、これを聞知したる人々は皆大助を以て、頑冥不霊《がんめいふれい》を以て終始一貫せしものと思わしむるに至れり。

判決言い渡しの翌十四日予は彼に接見し、君が昨日万歳を唱えたることは、公判の最終陳述として共産主義の正面の敵に非《あら》ざる皇室に危害を加えんとしたるは間違いであったとか、罪を皇太子に謝すとかいった言葉と矛盾するに非ずやと詰《つめよ》りしに、彼は言下に先生ソンな事はありません。昨日の万歳は決して皇室に関係ありませぬ。自分は皇室に罪を謝するも共産主義は棄てない。それ故自分は最後の万歳を唱えて同主義者に敬意を表したのであるとの意味に弁解し、かつ曰く、私は昨日の法廷にて罪を天下に謝すと一言し、なお傍聴人にも一言したかったので看視長さんに相談したら、看視長さんは最早《もはや》弁論も終結した後だから言わない方が宜《よろ》しかろうと申されたので止めましたと語れり。吁《ああ》大助の口よりこの一語を聞かんと欲して吾人のなしたる苦心幾何《いくばく》ぞや。公開の法廷において罪を天下に謝せんと欲したる彼大助に、空《むな》しくその機を逸せしめたるは何たる遺憾ぞや。これを聴きたる予は千仞《せんじん》の功を一簣《いっき》に虧《か》きたるの思いをなし、遺憾の色面上顕然たるものありしが、立会い居たるその看守はサット顔面に汗を浮べ、私は弁論も済んだ後だから、言うべき機会はなかろうと止めましたと、傍より言葉を添えたり。この接見は十四日午後三時過四時近きときなりしかば、予は刑務所の時間外の迷惑を察し、なるべく早く退出せんと欲し、大助が看守長に相談したるは、罪を天下に謝すという言葉をも明らかにして相談したるか、または単に発言の相談にて内容を告げざりしやを問い訊《ただ》さず、また傍聴人にいわんとせしことの如何《いか》なることなりしやも聴くことをなさざりしがなお彼は語を継いで、自分が罪を天下に謝すと言わんとせしことも、判決言い渡しの際に自ら進んで起立して敬意を表したることも（註　公判審理のとき大助は腰打掛けて無作法の態度にて応答せり）皆社会の父兄に対する迫害を緩《ゆる》うせんとの情よりなりと語れり。この接見は最後の接見にして、翌十五日刑の執行あらんとは彼此《ひし》共に思いおよばざりしかば、語り残し聞き残したることの多かりしは、今もなお残念に思いおれり。

大助の心理状態を察するに、生を万一に僥倖《ぎょうこう》せんとするの希望を存し、この希望を達するには頑強に主張を維持し、自分を殺せばその反動にて、さらに第二第三の大助の出で来るべき威嚇を示し、死を免れんとすることと、謝罪の意を表し、同情を得て命を救わんとすることと矛盾せる考えの往来せしと見らるべきもののなきに非《あら》ず。しかれども彼は名誉心強きが故にこの名誉心を泥土に委し、彼のなしたる行為を全然無意義たらしむるは、彼の忍ぶ所に非ず。彼は生の愛惜と名誉心の絆とを両断する能《あた》わずして、最後に至れるならんか。また彼が父兄の迫害緩和に藉口《しゃこう》する公判廷における、謝罪の陳述も寧《むし》ろ本末転倒にして、謝罪が本心にて、父兄の迫害緩和は予に向って言葉を飾りたるものと解するを当れりとす。その証拠には彼の最後の陳述中に、他日有産者階級と無産者階級の闘争を生じたる場合に、皇室が有産者階級に味方したるときにおいてのみ、共産主義者は皇室を敵とすべきものなりとの言あり。すなわち彼は理論においても、皇室を敵としたる自己の行為を否定したるものなれば、彼は本心より自己の非を承認したりと察するを得べし。世間が彼が最後の万歳を唱えたる一事に着目して大胆不敵、頑冥不霊《がんめいふれい》にて終始せしがごとく伝うるは真相に非ず。

大助の性格は前にその一端を述べしがごとく、普通人とは大なる相違あり。善悪とも自信強く偏固の男なれば、最後の万歳も彼自身には、激甚《げきじん》なる反動を社会に起すものとは考えざりしなり。故にこの一事を以て彼に悔悟の念なかりしと断ずるは軽率なり。大助はまた時としては意外に率直なることあり。ある時予が大助に、君等の主張は現在の資本主義を攻撃し、これを破壊せんとするには相当に強き理拠を有すれども、これに代って建設さるべき具体案を示さざるは弱点に非《あら》ずやと語りしに、彼は、左様です。左様です。それが第一の弱点ですと首肯《しゅこう》したることあり。大助のごとき殆《ほと》んど精神異常者に近きものの性質や心理を、ある方面の言動よりして全豹《ぜんぴょう》を断ぜんとするは、かえって正鵠《せいこく》を失うものなり。

つらつら彼の思想言動の推移を考うるに、彼の意志は常に極端より極端に転じ、少しも中庸に止まる能《あた》わざることを発見すべし。すなわち中学時代のある時までは熱心なる皇室中心主義を奉じ、後五六年間に共産主義に変じ、皇室と共産主義とは両立せざるものと軽信して兇行を敢てし、予審中は極めて露骨にこれを陳述し、書記が調書に殿下との敬称を記せしとき、彼は自分は殿下と申さずとて敬称を削除せしめながら、一方には幸徳氏、中岡艮一君など「テロリスト」派の兇徒に敬語を用ゆるほど頑冥なれども、公判の最終の陳述として、罪を皇太子に謝すと公言せり。また大助は予審において、父作之進と不和なりし関係を述べ、日常の些事を列挙し、幼時漬物に醤油を掛け過ぎて父に叱られし事まで数え上げ、終には父は

「ブルジョアー」である。私は「プロレタリア」である。「ブルジョアー」は主義の敵である。父もまた例外ではないとまで極端の言を吐き、人をして読むに堪えざらしむるものあり（註　大助もこの一節を余りにいい過ぎしと後悔せしと見え、公判の際自ら請うてこの部分の朗読の省略を求めたり）。しかるに予審終結後に至り、彼の意思は大なる変化をなし、自己の行為により、父兄が社会より圧迫を受くるに至りしことを憂い、前記のごとく自分が父兄の社会より受くる迫害を軽く計算したることの誤りなりしことを公言せり。予は大助が衷心《ちゅうしん》悔悟の念ありて充分なる明言をなすの機会を失い、往々にして誤伝せられたるを悲しむ。

法官有情

罪を憎んで人を憎まずとは千古の金言なれども、極悪の罪人が頑然として抵抗すれば、平素温厚の君子といえども、遂には怒気を発して興奮し被告と相争うに至るを免れず。況《いわ》んや難波大助のごとき癖見に陥りたる強者《こわもの》に接したるとき、自己の平静を保つことは何人も難《かた》しとする所なり。しかるに大助は予審判事沼義雄氏の取調べに満足し、ある時予に予審判事は申し分ないですなあと語りし事あり。また公判の裁判長横田秀雄氏は衷心より被告を憐み、仏の慈悲心の愛もこれに過ぎずと思わるる温き態度にて審理を進められたるを以て、流石《さすが》の大助もこれに動かされたるものあり。横田裁判長が涕《なみだ》を流して、共産主義にも真理のあることは認めるが、なぜ共産主義と皇室中心主義と両立することを考えなかったかと問われしときは、大助も強き感動に打たれしがごとく見受けられたり。この時に彼は即答せざりしが、彼が最終の陳述にて、共産主義国家においても皇室の尊厳を保つと述べしは、横田裁判長の温情に動かされたるものなるべし。

予は刑事法廷に出入すること三十有七年、裁判長が激怒して顔色を変じ、被告と相争うを見たること屢々《しばしば》にして、常にこれを苦々しく思えり。裁判長が激語を発し、職権を以て被告を威圧することあれば、被告は益々反抗するのみにて、反省の念を生ぜず。反省しなければ悔悟なし。悔悟なければ刑罰の目的を達する能《あた》わず。乃《すなわち》知《しる》一裁判長の態度は刑制全般に影響するものなることを。予は大逆事件の法廷に列し、横田裁判長の審理を目撃し、全国の裁判官のこれを模範とせんことを熱望して止まざるものなり。

其仁如天

天孫降臨列聖相承、上下三千年、未だかつて皇室と国民との乖離ありしこと莫《なし》矣。謹んで惟《おもん》みるに皇統連綿として百二十二代、時に汚隆ありといえども肇《ちょう》国《こく》以来一皇室を奉戴《ほうたい》するもの、全世界中唯《ただ》我が日本帝国あるのみ。「ブールボン」家と称し、「オルレアン」家と呼び、「ロマノフ」と号し、愛親覚羅《あいしんかくら》と名づく各国の皇室皆その姓あり。同一民族中より起て主権を掌握したるもの皆然り。彼等皇室の尊貴も歴史を遡れば畢竟《ひっきょう》陳呉の徒のみ。(24) 独り我が皇室が姓を有し給わざるは、有史以前より君臨せる万世一系の皇室なるが故にして、歴史の誇り何物かこれに若かんや。私かに三千年の星霜を積み世界唯一無二の歴史を飾るに至りし所以《ゆえん》を稽《かんが》うるに、一に君徳の光被に由らずんばあらず。
明治天皇は憲法発布の告文中、
皇祖皇宗ノ遺訓ヲ明徴ニシ典憲ヲ成立シ条章ヲ昭示シ内ハ以テ子孫ノ率由《そつゆう》スル所ト為シ外ハ以テ臣民翼賛ノ道ヲ広メ永遠ニ遵行セシメ益々国家ノ丕基《ひき》ヲ鞏固ニシ八洲民生ノ慶福ヲ増進スベシ茲《ここ》ニ皇室典範及憲法ヲ制定ス惟《おも》フニ此レ皆皇祖皇宗ノ後裔ニ貽《のこ》シタマヘル統治ノ洪範ヲ紹述スルニ外ナラズ而シテ朕ガ身ニ逮《いたり》テ時ト倶《とも》ニ挙行スルコトヲ得ルハ洵《まこと》ニ皇祖皇宗及我ガ皇考ノ威霊ニ倚藉スルニ由ラザルハ無シ
と宣《のたま》わせ給えり。
藤原氏以来覇者政柄《せいへい》を執《と》り、徳川氏に至るまで皇室は政治の責任の衝に当られたることなく、学者、あるいは武門政治を目して、皇室は虚器を擁《よう》せりと慷慨《こうがい》するものあれども、北条、足利の梟悍《きょうかん》を以てするもなお皇室を奉戴するにあらずんば、以て群雄を御する能《あた》わず。武門政治を目して、皇室は虚器を擁せりと形容するの当否は問う所に非ず。たとえ虚器なりとするも、ただ兵馬の権を自らせざるに止まり、日本帝国の重心として、主権の総攬者たる大義名分においては絶対の権威を保たれしなり。
皇室が政治を親《みずか》らし給わざりし因果の研究は、これを史家に委《ゆだ》ね、一言にしてこれを尽せば、日本の政体はその時代によりて、各形式を異にするも、要するに皇室が時の有力者、最適者に政権を授け給いしに外ならず。代議政体において、国民の重望を担えるものを挙げて国務に膺《あた》らしむるも、封建時代において武力あるものに政柄《せいへい》を授け給うも、畢竟《ひっきょう》時代に従いて形式を異にするに止まれり。これ明治天皇が皇室典範も憲法も、皇祖皇宗の後裔に貽《のこ》し給える統治の洪範を紹述するに外ならずと宣べ給える所以《ゆえん》なり。

寔《まこと》に我が国は大化以来の立憲国にして、天皇は政治上の責任を負わせ給わず。皇室は其仁如天、只管《ひたすら》億兆の慶福を軫念《しんねん》あらせ給うあるのみ。これ我が皇室の伝統的精神にして古今を一貫す。

古のふみ見るたひに思ふかなおのかをさむる国はいかにと
民のため心のやすむ時そなき身は九重のうちにありとも
世のためにもの思ふときは庭にさく花も心にとまらさりけり
事あるにつけていよいよ思ふかな民安かれと思ふ心を
ちよろつの民の心を治むるもいつくしみこそ基なりけれ
国民のうへやすかれと思ふのみわか世にたへぬ思ひなりけり

明治天皇の御製十万首に達すと拝承す。悉《ことごと》くこれ治国安民億兆愛撫の聖慮の流露にあらざるはなし。これを拝誦するもの誰か感涙に咽《むせ》ばざらんや。

明治四十四年七、八月の頃、当時大阪控訴院検事長たりし、水上長次郎が旧藩主伊井家の用件を帯び、舞子別邸に御養痾中の有栖川宮威仁親王殿下の御前に伺候《しこう》せしに、殿下より種々の御物語ありて、その御話のうちに次の御言葉ありしとて、水上氏の謹話を拝聴せり。

殿下　水上は司法官であるから能《よ》く知つて居やうが幸徳はあれはどうにかならぬものであつたらうか。

水上　陛下の御大権の特赦か又は減刑で如何やうにもならうと拝察致します。

殿下　左様か。

水上　唯今お尋ねの御言葉の思召の程は如何で御座りませうか。

殿下　総て人事は互に拮抗して居ては益々事がもつれるものであるから、一方が一段高き所にある方が宜しくあるまいか、左すれば抗争は自然に止むであらう。

水上　御趣意を承りまして誠に恐れ入りました。

予が特に水上氏の許諾を懇請し、ここに親王の御言葉を本稿に援用する光栄を得たるは我が皇室の寛仁《かんじん》大度《たいど》にして、彼等逆徒の上にも等しく仁慈の恵を垂れ給いしことを、世人に周知せしめんと欲するが故なり。

罪あらはわれをとかめよ天津神民はおのれか生みし子なれは

明治天皇のこの御製は実に幸徳事件の頃の玉詠なりと洩《も》れ承る。爾《なんじ》の敵を愛せよとは敵を想定しての言なり。我が明治天皇は敵なる観念に超越し、啻《ただ》に逆徒の罪を憎み給わざるのみならず、天に向って我を咎《とが》めよと自責し給うに至りては、至仁至慈、言辞の以て形容すべきものあることなし。もし彼等逆徒をして、この御製を拝誦せしめんか翻然悔悟して、血涙千行たるものあらんのみ。

朝みとり澄みわたりたる大空の広きをおのか心ともかな

明治天皇はかく御感懐を詠じ給い、御一代の行事は皆この天地を包容する大度量より出させ給いしなれば、徳川慶喜[25]、西郷隆盛のごとき一たび方向を誤り、朝敵の汚名を蒙りしものにすら恩命を以てその罪を赦し給えり。当局の吏僚器局狭小、苛察《かさつ》以て奉公となし、厳竣以て忠となし、上下を壅蔽《ようへい》して国民を惑わしむ。悲しむべきに非ずや。

今上天皇御践祚《せんそ》し給うや、畏《かしこ》くも大正元年九月二十六日勅令第二十四号を以て大赦を行わせ給い、爆発物取締罰則第一条治安妨害の目的を以て犯したる、爆発物取締罰則の罪もまた大赦の恩典に浴せり。

幸徳事件の共犯者として起訴せられたる一人に新村善兵衛なるものあり。彼は大逆の事実を知らず単に爆裂薬製造の情を知りて、鶏冠石磨砕に用ゆる薬研《やげん》を供給したりとの故《こと》を以て有期懲役八年に処せられたるものなり。故に善兵衛は当然この大赦令に浴して出獄すべき筈なるに、司法当局者は彼の出獄を許さず。彼善兵衛は大正四年七月二十四日仮出獄によりて出獄せり。もし善兵衛に逆謀に与するの意思ありせば、勿論幸徳等と同罪たるべし。彼にその意思なかりしが故に、単純なる爆発物取締罰則違反として処罰せられたるなり。しかるに彼善兵衛に大赦の恩典をおよぼさざりし、司法当局の処置は、恣に天皇の恩命を遮《さえぎ》るものに非ずして何ぞや。小人の忠君観一に何ぞここに至れる。

かかる誤れる忠君観より曲学阿皇の説、天下に公行し、讜直《とうちょく》の言はその跡を潜むるに至る。かくして秋霜の威は、すなわちこれあらんも、春風の情に乏しきを憾《うら》む。予は二三の実例を有するも、これを引証すればまた新たなる紛糾を惹起するを恐れ、ここにこれを唱《とな》えざるも、具眼《ぐがん》の士憂を同じうするものあらん。

神皇正統記嵯峨院の条に、

凡保元平治より以来の乱りがはしさに、頼朝と云ふ人もなく、泰時と云ふものもなからましかば、日本国の人民いかゞなりなまし。このいはれをよくしらぬ人は、故もなく皇威の衰へ武備のかちにけると思へるは誤なり。所々に申し侍る事なれど、天日嗣は御譲に任せ、正統に帰らせ給ふにとりて用意有るべき事の侍るなり。神は人を安くするを本誓とす。天下の万民は皆神物なり。君は尊くましませど、一

人を楽しましめ万民を苦しむる事は天も許さず、神もさいはいせぬいはれなれば、政の可否に随ひて御
運の通塞あるべしとぞ覚へ侍る。

と論ぜり。直言諱《いみ》なき皇室論なれども、これによりて皇室の尊厳は瀆《けが》されず。またこれを以て准后源親房卿の誠忠を疑うもののあるを聞かず。もし大正の聖代において親房卿に倣《なら》うものあらば、恐らくは災禍踵《きびす》を反《かえ》さざるべし。我が国政治の要諦は多言を要せず。我が皇室の御精神を宣揚しこれを実践するにあり。かえって怪しむ百官有司言行相反し、独《ひとり》至尊をして社稷を憂えしむ。

ひとり身を省《かえり》みるかなまつりことたすくる人は数多あれとも

の御製ある所以《ゆえん》なり。

まつりこと正しき国といはれなむもゝの司よちから尽して
賤《しづ》か上に心を止めて縣守《あがたもり》たつきなき身をいつくしまなむ

中央地方の有司心に耻《は》ずる所なくしてこの御製を拝誦し得るものありや。

陛下の信任を辱うし、大政燮理《しょうり》の局に膺《あた》るものは、大公至正一身を空うして以て聖明に酬いざるべからざるに、一たび大命を拝すれば、貪婪《たんらん》飽くなく、醜聞続出し、私曲を公行して毫も抑損する所なし。我が国近時の歴代内閣が刑事裁判に関連して倒壊したるもの多きを見よ。山本内閣の「シーメンス」事件[26]における、大隈内閣の大浦事件[27]における、原内閣の満鉄事件[28]、阿片事件[29]、瓦斯《ガス》事件における、その最も顕著なるものなり。彼等の政治が刑事裁判を惹起する底の手段を避けざると、刑事裁判にて迫らるるまで政権に執着して離れざることを証明するものに非ずや。

大正十三年十二月三十日報知新聞が「細民辛苦の結晶が斯《か》くして無になる」「政商政客結託の犠牲となつた預金部と云ふ一大伏魔殿」と題して掲載せる、預金部の不良貸付を見るに、巨万の金員を不信用の債務者に貸付け、ほとんど回収困難に陥りたる事実明白にして、その債務者を一見すれば情実を以て国家の預金を私したる因縁系統は、容易にこれを看取するを得べし。これ恰《あたか》も銀行重役が細民の預金を、濫費して銀行を破産に陥れ、預金者に損失を与うるものと択《えら》ぶ所なし。銀行を監督する職責を負える大蔵省が、政商政客相結託して国家の預金を情実に絡《からま》れて濫費するに至っては、悪政を超えて公盗なり。また大正十三年五月の総選挙に際し、南満州鉄道株式会社の機密費を急遽増加せしめて、某々政党の選挙費用に搾取したることも公然の事実なり。

右の二件は新聞に公表せられたる、国民周知の醜事なれども、この他大小の秘悪際限なかるべし。大官巨党相比周して、白昼公盗を敢《あえ》てす。かくのごとくして民心の悪化を避けんとするは、油を注ぎて火を防がんとするに等し。

政権に接すれば漁利を専にし、百の術策ありて一の誠実なし。民心の安定せざる故なしとせず。独《ひと》り至尊をして社稷《しゃしょく》を憂えしむ。速に国家を泰山の安きに置かんとせば、上下一致我が皇室の叡慮を体して、これを実践躬行するにあり。仁者無敵とは我が皇室の謂《いいなり》也矣。

（24）　陳呉の徒　陳勝呉広　中国秦末の陳勝が呉広と共に挙兵し、秦帝国崩壊の契機となった、という故事から、他国の王家は、すべて武力で前王朝を倒して成り上がったものの子孫であると今村は主張する。

(25)　徳川慶喜（とくがわ　よしのぶ）　一八三七―一九一三　徳川幕府一五代将軍。水戸藩主徳川斉昭の七男。一橋家に養子に入り、将軍継嗣問題で伊井直弼らに敗北。一八六三年政局の変転で将軍後見職に就任。六六年徳川家茂の死で将軍職に就任し、幕政改革を推進する。翌年大政奉還で国政の主導権確保をはかるが、薩長主導の王政復古の大号令発布や、戊辰戦争の敗北で失敗。徳川幕府は崩壊した。

(26)　シーメンス事件　一九一四年第一次山本権兵衛内閣を総辞職に追い込んだ、外国からの海軍艦船購入をめぐる汚職事件。ドイツのシーメンス社社員の恐喝未遂事件を発端に、海軍艦船製造会社決定をめぐって、海軍将校が外国造船会社代理店ビッカース社、三井物産から収賄を受けていたことが判明した。事件により世論の海軍への不満が高まり、山本および斉藤実が予備役に編入される。

(27)　大浦事件　第二次大隈内閣内相大浦兼武の汚職事件。一九一四年二個師団増設成立案のため、当時農商務省の大浦は政友会内の法案賛成派に贈賄し、法案の成立をはかろうとした。翌一五年総選挙が行われ、内相大浦は、法案賛成派の白河友一の対立候補に贈賄、立候補を断念させたとされる。政友会村野常右衛門の告発で刑事事件となり、大浦は公職を一切辞職、陰栖し、起訴猶予となる。

(28)　満鉄事件　一九二一年に問題化した満鉄（南満州鉄道株式会社の略、満州支配の中心となった国策会社）幹部の背任事件。当時満鉄の実権を握っていた、原敬首相の腹心、中西清一が塔蓮炭鉱、鳳山丸および日本電気化学工業撫順工場を評価価格以上の価格で買収、政友会関係者に不当な利益をもたらした、とするもの。第一審では有罪となるが、東京控訴院では無罪。

(29)　アヘン事件　関東庁のアヘン売買をめぐる疑獄事件。一九一九年大連民政署署長中野有光が、拓殖局長官、アヘン輸入販売事務機関の宏済善堂の理事らと組み、売買に厳しい統制のあるアヘンの密売、密輸出で利益をあげ、私したとするもの。事件関係者が原首相と親しく、政友会代議士の関与も噂され、内閣、政友会攻撃の格好の材料となった。

芻言後記

今村　力三郎

昭和二十二年九月五日

後記

『芻言』執筆の目的は、一、幸徳難波の二大逆事件は、皇室に恨むところがあって企てられたものにあらざること。二、此二つの大逆事件は、警察と裁判とが國家の権力を以て思想に暴壓を加へたるが為め、彼等を僘して以て斯る重大本件を迫出したるものなること。三、嚴刑酷罸は、犯罪の防止とならず却て反對に逆効果を生ずるものなること。四、幸徳難波両事件は、関聯したる事件たることの四点につき、卑見を述べて識者の注意を促したものであったが、今や時勢は一大轉換を為し、天皇は主権者たる地位を去り、裁判も警察も民主主義を信條として其職に従ふのであるから、最早明治・大正の如き暴壓政治は具痕を絶ち、過を再びせざることでせうから、『芻言』で苦言し杞憂したことは、歴史の一夢として世に傳へるに過ぎないので、今更改めて老人の癡言を繰返すことは、識者の笑を招くに過ぎないと思ひますが、今は黴の生へた古臭いもののやうに扱われてゐる明治憲法でも、國民の言論の自由や裁判の獨立は、明文を以て堅く保障されて居るのです。其憲法の保障を官憲の蹂躙に任して、羊の如く盲従したのが日本國民であります。此盲従主義の日本國民が、敗戰の餘澤として外力に依て教へられた民主主義憲法を強く正しく遵守し、發展して行くことが出来るでせうか。憲法に改まっても之を守る日本人が依然として呉下の旧阿蒙であっては、憲法が憲法たる真價を發揮することが出来ないと思はれます。言論自由の最後の城壁は、國家の司法権に依て擁護せられるのであるが、明治・大正・昭和の三時代を通じて、我司法権は果して人権擁護の任務を盡したでせうか。司法の大本山たる司法省は、完全に檢事に占領せられ、裁判官は檢事の鼻息を窺い、自己の地位を保つに汲々とし、少しでも骨のあるものは、地位を棄てヽ他に去ると云ふ憂ふべき様相が、裁判所を覆うた時代も遠くではありません。現在でも、裁判官たる自覺と誇りを失った裁判官が、絶無とは誰も断言できません。私は、最近法學博士渡邊鐵藏氏の著書『自滅の戰』を讀んで同氏の舌禍事件の概略を知り、獨りで長嘆致したのであります。舌禍事件の内容を詳細に爰に轉載することは、相当長文ですから略しますが、事按の第一は、同氏が精確なる内外の資料に依り、大本營海軍部の戰果發表の誤謬を指摘したることを以て、裁判所は造言蜚語と認定し、第二は、同氏が多方面より蒐集したる資料に依り、獨逸の屈服を豫言し、日本の戰争継続を不利とする意見を以て、裁判所は人心を惑乱する事項を流布したるものと認定して有罪の判決を降し、大審院は上告を棄却して同氏は懲役一年執行猶豫三年の有罪判決が確定したのであります。常識の解釋では、造言蜚語とは、不正確又は無根據の事実を以て真實らしく他人に語ることを意味し、又人心の惑乱とは、不正確無根據の談話を以て聴者を誤まれる方向に導く虞あることを意味すると解すべきであります。故に渡邊氏の談話を以て造言蜚語と為し人心惑乱と断定するには、先決條件として、同氏の談話せる事實の不正確・無根據を立証することが、有罪論者の責任であります。然るに、原告官たる檢事が一言半句も反証し得ざるに反し、却て渡邊氏の談話は、内外の精確なる資料と該博なる智識と國家を思う忠誠より迸ばしり出でたる結論であって、憂國の至情は人をして感激に耐へざらしむるものであります。終戦後の今日より見るも、渡邊氏の先見は一ツとして外れたものはないのである。真に尊敬すべき國士と謂ひつべきである。然るに檢事は、軍部の口吻に習い一億決死を唱し、裁判所は獨立の見識を失い、檢事の意を迎へて有罪の判決を降したのである。其無氣力は寧る憐むべきである。又判決主文より観るも懲役一年執行猶豫三年の判決は、裁判官に自信なきことを表白してゐます。其理由は、若し渡邊被告が真に不正確なる無根據の造言蜚語を放ち、人心を惑乱して國家に不利を與へんとしたならば、懲役一年・執行猶豫三年の判決は軽きに失することは、局外者たる素人にも容易に看取せられることであろうから、裁判所が檢事の三年の求刑を斥けて一年とし且執行猶豫を與へたるは、裁判官も公訴事實を承認ぜさるも、断乎として無罪とする勇氣を欠き、有罪として檢事の顔を立て、執行猶豫として被告へ申譯的に安價の同情を表したのであって、裁判としては最卑しむべき裁判である。此裁判に對する上告裁判所の棄却理由は、筆者の知る所でないから、爰に批判することは出来ないが、若し第一審判決と同様の批判を降し得るならば、大審院も同一の訴を免れ得ないのである。

以上、永々と渡邊舌禍事件を援用したのは、明治・大正・昭和を通じて、我國の裁判所が、思想や言論の自由に就て如何なる理解と態度を執ったか、其一例として茲に擧げたのである。此外類似の事件は數へきれぬほどあります。渡邊氏の所説は、軍部に對する國諌であります。良薬は口に苦く忠言は耳に逆ふ。國諌を斥けて牢獄に投ずるのは、古の暴君である。次に來るものは、乱世と亡國の外はない。暴君を助けて亡國を招くものは、阿諛面諂の佞臣である。裁判所が國諌を誣ひて造言蜚語と為し、人心惑乱と云ふに至っては、古の暴君政治を想起して慄然たらざるを得ない。言論の自由を擁塞して國民を聾唖にし、何處に上下一致・一億一心を求め得るでせう。管野すがの一葉落ちて天下の秋を知ると言ひ、難波大助が、大逆の陰謀のみに止まる幸徳事件で若き二十四名の生命に對し死刑の宣告を下すは、暴虐非人道其以上の残忍な法律が世界の何處にあるかと叫びたるは、今にして深酷な警告と思はしめるものがあります。憲法は改まり、軍國主義の旧套を脱ぎ去り、民主主義の新衣を飾る日本國民も、最後の城壁たる裁判が、時勢や権力に阿附追随する醜態依然たるものであっては、民主主義の達成も甚だ心許ないものがあります。新らしい器には新らしい酒が盛りたい。従来多くの裁判官中には、終身官と獨立とを誤解し、老朽若朽を問はず、停年まで俸給に衣食するを以て終身官と心得、又判決の誤判や失當に責任を負はざるを獨立と解し、自省自戒の念に乏しきもの鮮なからずあったのであります。誤判の事例は聞いても、裁判官が誤判の責任を負うた事例は、未だ曽て聞いたことがありません。裁判官を終身官とし獨立官としたのは、裁判を神聖ならしめんとする精神的立法であって、老朽若朽の保護や誤判の無責任を保障したものではありません。否却て獨立なるが故に、道徳上の責任は重大であります。古来奴隷に責任はありません。裁判向上の途は一にして止まらないが、裁判官が誤判に道徳上の責任を敏感ならしむることが、前進の第一歩であります。司法民主化を高唱し強調するならば、先ず裁判官の向上進歩であり、裁判官の向上進歩は、道徳上の責任を自覚自省するにあると確信いたします。幸徳・難波両事も、温故知新として司法民主化に少補するところあらば、望外の幸慶であります。

昭和廿二年九月五日

今村力三郎識

冤罪考

今村　力三郎

冤罪考

昌泰三年、右大臣菅原道真を大宰権師に貶《おと》したのは、流刑に処せられたのであるから、一の刑事裁判である。法皇がこれを聞きたまいて、即夜来り拯《すく》い玉わんとしたのは、道真のために弁護せられんとしたのである。道真の貶謫《へんたく》は、藤原時平の讒訴《ざんそ》に因るものであるから、誣告《ぶこく》の成効である。道真が大宰府にて薨《こう》去《きょ》したる後、本官を追復したり、祠を北野に建てて天満大自在威徳天神として祭られたのは死後に冤罪が雪《そそ》がれたので、現代でいえば、非常上告が成効したのである。こんな風に考えると裁判の形式は今日も昔も大なる共通点を発見するが、私が菅原道真を借りて来たのは、その方面を説くのではなく、菅原道真こそ我が国の歴史的冤罪者として、最も代表的の存在であることをいいたいのである。道真が配所にありて、九月十三夜の月を詠じた「去年今夜侍清凉。秋思詩篇独断腸。恩賜御衣今在此。捧持毎日拝餘香。」との七言絶句は、知らないものはないほど有名なもので、これを解するものは、恩賜の御衣を筑紫の辺陬《へんすう》まで捧持して日々餘香を拝して君恩の辱きを謝し、冤罪を蒙りても怨まず、憤らず益々公の精忠を見るというのである。道真は一代の巨人であり、高徳であるから怨んだり、嘆いたりする人でないにしても、この詩を読んで深き哀調を感ずることは千万人皆しかりであろう。この詩を読むまでもなく、配所にありて道真の胸中を往来したものは、公的には小人の専権を憂いたであろうが、私的には花に、月に、親戚友人に、都の空を思わぬ日とてはなかったであろう。道真ほどの高徳の人であるから、鬼界ヶ島の俊寛のような怨嗟悲憤の態度はないにしても、冤罪者の胸中がいかに哀れに、いかに悲しきものであるかは、言語や形容に絶したものである。冤罪で死刑に処せられ絞首台上の露と消えた後、真犯人が現れた実例もある。冤罪を蒙りて絞首台上に載せられる時の、本人の憤惋《ふんわん》、懊悩《おうのう》、苦痛はドンナであろう。最近淀橋の殺人事件で、第一審で死刑を言い渡された被告が、第二審で無罪になった事実があるが、死刑から無罪、実に極端から極端である。第一審の裁判官は果して、確信を以て死刑の宣告をしたであろうか。第二審で無罪を言い渡すほどであるから、第一審当時においても、疑問が絶無とは信じられない。裁判官が確信を得ずして判決を下すことは、危険千万である。毫厘の微といえども疑を存して判決することは、神聖なる裁判官の職責を汚すものである。

冤罪、誤判の実例は遺憾ながら乏しくない。

第一例　昭和五年四月二十六日、朝鮮忠清南道青陽県飛鳳面瀧川里、博石山の頂上に、年齢十五歳くらいの朝鮮人少年の変死体を発見した。所轄青陽警察署は、加害者として同県化城面龍道里、趙起俊（三十六年）と飛鳳面中墨里、韓百源の妾、高玉丹（二十一年）の両名を検挙した。殺害の動機は、被害者少年は忠清南道保寧県青所面聖縁里、朴陰中の長男朴昌銖（十六年）であって、この少年は予《かね》て被告趙起俊と高玉丹との密通を知りて、これを韓百源に密告したことがあるので、被告両名は共謀してこの少年を殺害したというにあった。公判において、昭和五年七月、趙起俊は光州地方法院において、懲役十年に処せられ、高玉丹は、覆審法院において、懲役十五年に処せられ、判決確定して両人とも服役中であったが、昭和五年十一月に至って、殺害されたはずの少年朴昌銖が、ブラリと帰って来たので、趙起俊、高玉丹に下したる判決が、誤判であった事が判明し、検事より再審の請求をなし、昭和六年七月二十六日に至り、被告両名に無罪の判決が下った。

第二例　昭和四年十月、福岡県八女郡にて、支那行商人某が、強盗のため殺害せられた事件があった。佐世保海兵団脱走兵、斉藤保（二十五）が嫌疑者として検挙せられ、軍法会議において無期懲役の判決を言い渡され、服役中、昭和六年八月に至って真犯人が現れた。真犯人は、同県浮羽郡大石村、矢野太郎（二十一）同郡御幸村、遠藤好（二十三）の両名で、昭和七年四月二十一日、福岡地方裁判所において、両名は支那の行商人強盗殺人犯として、いずれも無期懲役の判決を言い渡され、斉藤保に対しては、軍法会議の検察官より、再審の請求があって無罪の言い渡しを受けた。

第三例　昭和七年十二月二十七日、仙台市弓野町、高橋渉所有の空家より出火して全焼したことがあった。保険放火と判定せられ、高橋渉は宮城控訴院において、懲役四年に処せられたが、大審院において事実審理をなしたところ、警察署にて拷問されて不実の自白をなしたことが証明せられて無罪になった。

この外にも類似の実例を求むれば、決して少ないものではない。

世人は冤罪とは、常に全然無実の罪に陥ったもののみのように考えているが、我々専門家の言う冤罪とは、ある罪を犯したる事実はあっても、裁判官の認定が事実の真相を誤ったり、あるいは法律の適用を誤ったりして、相当刑よりも過重の刑罰に処せられたる場合も等しく冤罪とするのである。犯罪者といえども自己の犯したる罪よりも重き刑罰に処せらるべきものではない。これが法治国民の幸福であり、人権である。感情や誤認のため、相当刑より重き刑罰を科することは、これまた一種の誤判であって、部分的冤罪とすべきである。裁判はどこまでも、事実の真相を直視して、正しき法律の適用を要求するのである。裁判は強制にあらずして心服でなければならぬ。もとより法律的には、裁判が強制であることは勿論であるが、国民が心服せざる裁判は、裁判としての実質的価値は零である。裁判は罪人の悔過遷善を目的とするのである。心服するから反省する、反省するから悔悟するのである。心服は悔悟に導く唯一の門である。強制は反抗を招き、反抗は自棄に終る。同一の裁判で、心服と強制とは、正反対の結果を見るのであるから、裁判を強制と心得てはならぬ。

最近の実例として、五・一五事件を挙げて読者の明鑑に訴える。五・一五事件の突発したとき陸軍、海軍、司法の三省会議なるものが再三再四開催せられたことは、読者の記憶に新たなるところであろう。この会議の内容は我々門外漢の与《あづか》り知るところでないが、そのうちには法律の適用が重要なる議題となったと見ることは、外れた推測ではあるまい。しかるにこの三省会議において、法律適用の見解が一致するに至らず、軍法会議においては、検察官は反乱罪を適用し、通常裁判所においては、検事は、殺人および爆発物取締罰則違反を以て起訴するに至ったので、起訴の当時より識者の物議を招いたのであった。そして昭和十年十月二十四日、大審院の最高判決は軍法会議の見解と一致したのである。法律専門家に非ざる軍人を加えて構成する軍法会議の見解が正しくて、法律専門の検事の見解が誤ったことになったのであるから、近来の一奇観たるを失わない。

ここでまた一つの推測を下すのであるが、通常裁判所の検事が、軍部の見解に反対し裁判不統一の批難を甘受しながら、敢て殺人および爆発物取締罰則違反なる破廉恥罪で起訴したのはなぜであるか。想うに、検事局は近来暗殺が続出して、原敬、濱口雄幸、(1)井上準之助、(2)団琢磨、(3)犬養毅等の名士が相次いで斃《たお》されたので、この際五・一五事件の被告を政治犯として取り扱ったならば、暗殺者を遇するに国士を以てすることとなり、彼等一味の虚栄心を鼓舞して、益々類似の犯罪を頻発するであろう。彼等に負わすに破廉恥罪を以てし、将来を警戒せんに如かずとの刑事政策的見地より、敢て殺人および爆発物取締罰則違反を以て、公訴を提起するに至ったのであろうとは、私の推測であるから、もしこの推測が違っていたら是正して頂きたい。

かくのごとき刑事政策の当否は、議論の存するところであるが、ここではその当否を論ずるのが目的ではない。たとえ検察当局が刑事政策の見地よりいかなる公訴を提起しても、裁判官は飽くまで冷静に法律の命ずる所に忠実でなければならぬ。大津事変のとき、児島惟謙が時の政府大官の総掛りの圧迫干渉を排して正しき法律の適用を貫徹したことは、日本の裁判史に永久の光輝を放つものである。大津事変の政府と裁判官の争いも、一言に約すれば政策と純理といずれが重きかに帰着する。政策は一時的であり、純理は永久的である。裁判は正義の権化である。政策のために正義を枉《ま》ぐれば裁判の生命は失われたのであり、五・一五事件はすでに大審院において、反乱罪として処罰したのであるからもはや多言は要しないが、陸海軍少壮軍人等の目的は、都下に戒厳令を布《し》き、憲法を停止して独裁政治を行わんとするにあるのであるから、これが軍刑法の反乱罪に該当することはいささかの疑問もない。しかるに第一審の神垣裁判長およびその部員たる判事は、検事の刑事政策的公訴を、そのままに鵜呑みにして、殺人および爆発物取締罰則違反として判決を下し、第二審の吉田裁判長およびその部員たる判事は、騒擾《そうじょう》罪として判決を下した。第二審の判決も大審院にて破棄せられたのであるが、第一審判決と比較すれば、検事の刑事政策的公訴に羈束《きそく》せられざる、独立性を有する点において、敬意を払うに足るものがあるが、神垣秀六判事等の第一審判決に至っては、実に甚《はなは》だしき誤判であった。

従来我々の判決に対する攻撃は、上級審においてこれを行い、まれに法律専門雑誌に判例批評をなす程度であったが、裁判の神聖、裁判の是正は国家国民の休戚に関する大問題であるから、この機会に寸毫《すんごう》も忌憚《きたん》なき私見を述べる。

人伝いに聞いた耳学問であるから、多少の違いはあるか知れぬが、ウィルヘルム一世がポツダムに離宮を造ったところ、離宮の門前に粉屋の風車があって甚だ目障りであるので、宮廷の官史を使いとして、その取り払いを命じたが、粉屋の老爺は頑として応じない。再三の王命を拒んでどうしても取り払いますと言わない。ある日、王が狩猟の帰りに偶然この粉屋の老爺に途上で邂逅《かいこう》したので、王は、先頃から侍臣を遣わして風車を取り払えと申すのになぜ取り払わぬかと直談判を始めた。粉屋の老爺は、陛下よ、陛下は最近この地へ離宮をお造りでありますが、私の家は三代前からここで粉屋を致しております。後から来られた陛下が、三代前から住んでいる私に風車を取り払えと言われるのは無理であります。それとも陛下がなんでも取り払えと仰せられるならば、陛下の裁判官に裁判して貰いましょうと答えた。流石《さすが》は名君で、この老爺の言を聴いて、独逸（ドイツ）国民は朕の裁判官をこれほどまで信用するのかと、非常な御満足で、爾来《じらい》この風車は国宝的存在として今日まで保存されてあって、私は留学生よりこの風車の絵葉書を送られたこともある。独逸国民が裁判官を信用する限り独逸は永久に滅びない。我々の同胞が裁判官を信用することが、この老爺に劣らざることを切望する。

国家の官吏として、自己の理想を実現し得るものは、裁判官に如《し》くはない。この点が裁判官を崇高ならしめ、尊厳ならしむる所以《ゆえん》である。しかるに人々の理想なるものは、千種万態一人として同一のものはない。裁判官中にも温情に富むあり、冷酷なるあり、形式に傾くあり、実質に重きを置くあり、主観主義あり、客観主義あり、検事に偏するあり、検事に拘らざるあり、公判を中心とするあり、予審を信ずるあり、世情を解するあり、解せざるあり、責任を重んずるあり、しからざるあり、古の酷吏に似たるあり、寛厚にして慈父のごときあり、職権の城壁に立籠るあれば、毫も辺幅を飾らず旧知の友人のごときあり、人心の同じからざるその面のごとし。一人として同じものはない。そしてこの裁判官の個性が日々の裁判事務に現れ来るのであるから、裁判官の甲たり、乙たるによって、被告の利害は実に毫厘千里の差を生ずるのである。しかし同一または類似の事件が、裁判官の甲たり乙たるによって、審理が鄭重であったり、粗末であったり、判決が軽くなったり、重くなったりすることがあっては裁判の威信が保たれない。故に裁判官たるものは、極端なる自己本位であってはならぬ。何事によらず世間には通り相場というものがある。並外れた自己本位は、それが他人と交渉を持つ場合には、そこに被害者を生ずることを免れない。裁判にも通り相場がある。相類似した犯罪に科する刑期は全国を通じて同程度である。証拠調べでも、被告の訊問でも裁判官によって著しき懸隔《けんかく》があってはならぬ。しかるに裁判官の個性の相違はいかんともしがたいもので、被告人や弁護人の間で、有罪判事といえばその名を言わずして判る人さえある。これは判事の個性より来るものであるが、裁判官としては大いなる欠点である。裁判は一方においては被告人を心服せしめ、一方においては時代の通り相場を外れてはならぬ。前に挙げた誤判のごときは僅少なる事例に過ぎないが、すべて誤判とせらるる裁判は後から調べて見ると、どこかに粗漏とか独断とか誤判の由て来る欠陥を発見するのである。もし裁判官に被告に満足を与えよう、被告を心服せしめよう、との親切心があったならば、決して誤判なぞするものではない。裁判を強制と心得るから凡百《はんぴゃく》の弊害がこれより続出するのである。

裁判官の第一要件は自己を空しうするにある。ある判事は転向したる共産党被告に向って、転向は事後のことであるから、減軽の理由とならぬと説示したと伝聞したが、刑事訴訟法は、犯罪後の状況によっては、公訴を提起しないでも宜しいとまで規定してあるのだから、現行法の精神を尊む人ならば、転向は減軽の理由とならぬなぞと、放言することは出来ない筈である。想うにこの判事のごときは、犯罪を憎悪する個性が強くして、不知不識、かかる言葉が流露したのであろう。もとより犯罪は、共同生活を毒するの甚だしきものであって、その根絶を希望すべきことは勿論であるが、犯罪に必ずその由て来る原因があるのであるから、その原因を考えずして、犯罪人のみを憎むのは、一種の復讐心に燃ゆるものであって、裁判官としては慎《つつし》まねばならぬ。

五千年も昔に、孔夫子は訟を裁くことはむつかしいことではない。訴訟の起らないようにするのが政治の要諦だと喝破している。昭和の聖代に、原因と結果とを混同して厳罰主義に惑溺《わくでき》し、牽《ひ》いて誤判に陥《おちい》るものあるは慨嘆に堪えない。

ある高僧の歌に、

慈悲の眼に憎しと思ふ人もなし罪ある身こそなほふびんなれ

というのがある。裁判官としてはこの心掛けがなければならぬ。

前に部分的冤罪として挙げた、五・一五事件に見ても、第一審は懲役十五年、第二審は禁錮七年、大審院は禁錮五年、第一審は殺人および爆発物取締罰則違反、第二審は騒擾《そうじょう》罪、大審院は反乱罪と、刑期と罪名に霄壌《しょうじょう》の差異のあるのは、一に裁判官の個性の相違より来るものであるから、己を空《むな》しうすることの出来ない、人並外れて自我の強い人は、裁判官として適格者ではない。

憲法や裁判所構成法において、裁判官の地位を安固にして独立を確保したるは、行政官や上司の圧迫を恐れざらしむる保障であることは勿論である。独立なるが故に、道徳上の責任は、一層重かるべきである。古来奴隷が無責任なるは、独立したる人格がないからである。独立は対外的であり、責任は内省より来るのである。独立に藉口《しゃこう》して責任を免れんとするは、かえって憲法や構成法の精神に反するものである。しかるにいまだかつて、誤判の責任を負うて職を辞したる裁判官あるを聴かない。たとえ一事件といえども、著しき誤判をなすがごときものは裁判官の資格を欠いたものである。

検事は判事ほどに、憲法や構成法で保護せられてはいないが、それでも構成法に、刑法の宣告、または懲戒の処分に由らなければ免職されないことになっているが、道徳上の責任は負わなければならない。最近五・一五事件において、検事は陸海軍の軍法会議の意見に反して、殺人および爆発物取締罰則違反等の破廉恥罪名で起訴して、第一審は、検事の主張通りになったが、上告審では、最初検事の反対した軍法会議の解釈が是認せられるに至って、検事の面目は丸潰れである。加之《しかのみならず》聞くところによれば、検事総長は、近日第一審にて確定したる他の被告のために、非常上告の手続きを執るとのことであるが、非常上告とは刑事訴訟法第五百十六条に、

判決確定後、其ノ事件ノ審判法令ニ違反シタルコトヲ発見シタルトキハ、検事総長ハ大審院ニ非常上告ヲ為スコトヲ得

とある条文によるものであって、検事は先に自己の主張したる、殺人および爆発物取締罰則違反が誤りであって、自己の反対したる反乱罪が正しいとして、非常上告するのであるから、法律を以て職務とするものとしては、このうえなき失態といわざるを得ない。かかる前後矛盾の行動は、検事総長として相当考慮せらるることであろうが裁判所構成法第四十八条に、

大審院ニ於テ裁判ヲ為スニ当リ、法律ノ点ニ付テ表シタル意見ハ、其ノ訴訟一切ノ事ニ付下級裁判所ヲ羈束《きそく》ス

とあって、検事を羈束するとはないが、法律の統一を目的とする立法の精神を尊重して、すでに確定したる他の被告のため、非常上告の手続きを執って裁判の是正をなすことは、公益の代表者たる検事の当然の責務である。もしそれ検事の失態曝露を恐れて、非常上告をなすことを躊躇するがごときことあらば、さらに失態の上塗りをするものであって、天下後世の史家の筆誅を蒙るであろう。

検事総長が非常上告をなすと否とを問わずすでに大審院が叛乱罪なりと明断を下した以上は、検察当局

の失態は掩《おお》うべからざるものであって、かかる失態を演出したる検事が無責任であっては、国家の風教上におよぼす影響も大いに考慮しなければならぬ。人を責むるものはまず己《おのれ》を正しうせよとは、不磨の道徳的規範である。公益の代表者であって、刑事裁判の原告官たるものが、自己の過誤について馬耳東風の態をなすあらば遺憾に堪えない。世人と共に今後の推移を監視することにしよう。

筆の序《ついで》に、一言するが、近来司法省は大臣以下枢要《すうよう》の地位は殆んど検事の占むるところとなり、また裁判所においても、大審院長、東京控訴院長のごとき要職が悉《ことごと》く検事出身者の占むるところとなって、司法省や裁判所に、検事偏重の勢いが旺《さか》んである。河村善益、水上長次郎等の検事長級の人々が貴族院議員となっても、横田秀雄、牧野菊之助、和仁貞吉のごとき歴代の大審院長が、毫《ごう》も顧《かえり》みられないのは、司法部が検事偏重となった証拠である。検事は職制上、命令服従の関係であるから、学説としては検事一体論である。判事は独立ではあるが、独立は時として孤立に等しいので一体の検事勢が孤立の判事陣に対して、優位を占むるのは自然の勢いである。立法者は予《あらかじ》め慮かるところがあって、構成法第八十一条に、

検事ハ如何ナル方法ヲ以テスルモ、判事ノ裁判事務ニ干渉シ、又ハ裁判事務ヲ取扱フコトヲ得ズ

と明文を以て、判事と検事の職務の限界を明らかにしてある。この条文は、職務上における検事の干渉を防禦したるものであるが、たとえ特定の裁判事務に干渉せざるも、監督官たる大臣や、院長が悉《ことごと》く検事出身たるがごときは、この法律の精神に鑑みて堅く避けなければならない。

冤罪や誤判を防がんとすれば、第一に判検事の道徳上の責任を明らかにし、第二に検事偏重の弊を撓《たわ》めることが肝要である。

菅原道真は天満宮として、日本国中いかなる僻村でも、一村に二三社祀られないところはない。道真の国家における勲業は、中臣鎌足と比較して、その右に出づるものとは思われないが、それが全国的に国民崇拝の的となったのは、冤罪を蒙って筑紫の辺陬《へんすう》に窮《きゅう》死《し》したる、冤罪者に対して国民の同情が、しからしめたのである。この反面に我々の同胞が、冤罪を悲しむの精神を見ることが出来る。切に裁判に関与するものの自省を禱る。

（1）浜口雄幸（はまぐち　おさち）　一八七〇―一九三一　大正、昭和時代の官僚、政治家。帝大卒業後、大蔵省入省。逓信次官を経て、立憲同志会に参加。憲政会総務を長く務め、一九二四年加藤高明内閣の蔵相になり、緊縮財政政策を推進。二九年首相就任、英米協調外交と金解禁を実施、政党内閣全盛期を築く。ロンドン軍縮条約批准に不満を抱く愛国社員佐郷屋留雄に狙撃され、この時の傷がもとで死亡する。

（2）井上準之助（いのうえ　じゅんのすけ）　一八六九―一九三二　大正、昭和初期の財政家、政治家。帝大卒業後、日本銀行入行。横浜正金銀行頭取を経て、日銀総裁となる。第一次大戦後や金融恐慌後には財界救済の政策を実施する。浜口、若槻両内閣で蔵相を務め、金解禁、緊縮財政政策と同時に、世界大恐慌対策としてドル買い問題に対処する。血盟団の小沼正に狙撃され死亡する。

（3）団琢磨（だん　たくま）　一八五八―一九三二　明治時代から昭和初期の実業家。マサチューセッツ工科大鉱山学科卒。工部省入省、三池炭鉱の三井払下げと同時に同鉱事務長になる。鉱山開発成功を機に、三井財閥の鉱山部門のリーダーとなる。三井合名会社設立と同時に参事に就任、血盟団菱沼五郎に狙撃され死亡する。

原書出典

・大逆事件判決書以外は原則として、仮名遣いは現代仮名遣いに、字体は新字体に改めた。
・其、此、於、曾、など一部の漢字をひらがなに改めた。ただし、引用資料は字体を新字体とするだけで、歴史的仮名遣いとして元の形を残すようにした。
・明らかな誤植は訂正したが、今村が常用していた当て字などはそのままにした。

▼大逆事件の裁判の経緯と争点　日高義博（専修大学今村法律研究室編『大逆事件㈡』専修大学出版局、平成十四年（二〇〇二年））

▼大逆事件と今村力三郎　矢澤曻治　書き下ろし

▼今村公判ノート　今村力三郎／森長英三郎編（専修大学今村法律研究室編『大逆事件㈢』専修大学出版局、平成十五年（二〇〇三年））

▼大逆事件判決書　大審院特別刑事部　明治四十四年一月二十一日（専修大学図書館所蔵・専修大学今村法律研究室編『大逆事件㈠』専修大学出版局、平成十三年（二〇〇一年））

▼芻言　今村力三郎（今村力三郎私家本　孔版印刷　昭和元年（一九二六年）・神崎清宛の今村力三郎直筆本　専修大学図書館複製　昭和四十六年（一九七一年）・専修大学今村法律研究室編『大逆事件㈡』専修大学出版局、平成十四年（二〇〇二年）・専修大学今村法律研究室編『今村力三郎と「法廷五十年」』専修大学出版局、平成五年（一九九三年））

▼芻言後記　今村力三郎（今村力三郎直筆草稿　専修大学図書館所蔵　昭和二十二年（一九四七年）・専修大学今村法律研究室編『大逆事件㈡』専修大学出版局、平成十四年（二〇〇二年））

▼冤罪考　今村力三郎（『中央公論』昭和十年（一九三五年）十二月号・専修大学今村法律研究室編『今村力三郎と「法廷五十年」』専修大学出版局、平成五年（一九九三年））

大逆事件と今村力三郎
訴訟記録・大逆事件　ダイジェスト版

2012年3月9日　　第1版第1刷

ⓒ編　集　専修大学今村法律研究室
　　　　　代表　家永　登

発行者　渡辺　政春

発行所　専修大学出版局
〒101-0051 東京都千代田区神田神保町3-8
㈱専大センチュリー内
電話　03-3263-4230㈹

印　刷
製　本　藤原印刷株式会社

Printed in Japan ISBN 978-4-88125-267-3